EL LIBRO DE
CANTAR DE LOS CANTARES

FRANZ J. DELITZSCH

Comentario al texto hebreo
del
Antiguo Testamento
por C. F. Keil y F. J. Delitzsch

Traducción y adaptación de Xabier Pikaza

EDITORIAL CLIE
C/ Ferrocarril, 8
08232 VILADECAVALLS
(Barcelona) ESPAÑA
E-mail: clie@clie.es
http://www.clie.es

Publicado originalmente por Franz Delitzsch bajo el título *Bíblischer Commentar über Die poetischen Bücher del Alten Testaments IV: Hoheslied und Koheleth*. Dörffling und Franke, Leipzig 1875.
Texto hebreo de: Interlinear B. (https://biblehub.com/interlinear/o). Texto español de: Reina-Valera 1995.
Adaptado por el traductor, conforme a la interpretación de F. Delitzsch.
Traducido y adaptado por: Xabier Pikaza Ibarrondo.

© 2025 por Editorial CLIE. Todos los derechos reservados.

«Cualquier forma de reproducción, distribución, comunicación pública o transformación de esta obra solo puede ser realizada con la autorización de sus titulares, salvo excepción prevista por la ley.
Diríjase a CEDRO (Centro Español de Derechos Reprográficos) si necesita fotocopiar o escanear algún fragmento de esta obra (www.cedro.org; 91 702 19 70 / 93 272 04 45)».

Esta es una edición para uso comunitario y aplicación pastoral, no de recreación filológica de la obra de F. Delitzsch para un estudio universitario, pero conserva el aparato crítico del libro alemán, con la ventaja de presentar los textos en hebreo (con las traducciones griegas y latinas, cuando sea necesario). No exige un conocimiento de alto nivel del hebreo bíblico, aunque es conveniente un conocimiento inicial de dicha lengua.

COMENTARIO AL TEXTO HEBREO DEL ANTIGUO TESTAMENTO
CANTAR DE LOS CANTARES
ISBN: 978-84-19779-80-9
Depósito Legal: B 11043-2025
Comentario bíblico / Antiguo Testamento / Poesía y literatura sapiencial
REL006770

Impreso en Estados Unidos de América / *Printed in the United States of America*

25 26 27 28 29 30 31 32 33 34 / TRM / 14 13 12 11 10 9 8 7 6 5 4 3 2 1

Querido lector,

Nos sentimos honrados de proporcionar este destacado comentario en español. Durante más de 150 años, la obra monumental de Keil y Delitzsch ha sido la referencia estándar de oro en el Antiguo Testamento.

El Antiguo Testamento es fundamental para nuestra comprensión de los propósitos de Dios en la tierra. Hay profecías y promesas, muchas de las cuales ya se han cumplido, como el nacimiento y la vida de Jesucristo, tal y como se registra en el Nuevo Testamento. Algunas se están cumpliendo ahora, mientras que otras se realizarán en el futuro.

Los autores, Keil y Delitzsch, escribiendo cuando lo hicieron, solo podían imaginar por la fe lo que sucedería cien años después: el renacimiento de Israel como nación y el reagrupamiento del pueblo judío en la Tierra. Este milagro moderno continúa desarrollándose en nuestros días. Desde nuestra perspectiva actual podemos entender más plenamente la naturaleza eterna del pacto de Dios con su pueblo.

Según nuestro análisis, los escritos de Keil y Delitzsch parecen haber anticipado lo que vemos hoy en Tierra Santa. Donde su interpretación es menos clara, es comprensible dada la improbabilidad, desde el punto de vista natural, de que la nación hebrea renaciera y su pueblo se reuniera.

En resumen, le encomendamos este libro de referencia, solo añadiendo que lo involucramos desde la perspectiva de la realidad de lo que ahora sabemos acerca del Israel moderno. De hecho, el Señor está comenzando a levantar el velo de los ojos del pueblo judío.

Sé bendecido con el magnífico comentario de Keil y Delitzsch, ya que estamos ayudando a que esté disponible.

John y Wendy Beckett
Elyria, Ohio, Estados Unidos

CONTENIDO

PRÓLOGO DEL TRADUCTOR (X. Pikaza) vii

    Amor que humaniza, humanidad que ama.................................... viii
    Profundización. El comentario de F. Delitzsch xiv

INTRODUCCIÓN.. 1

COMENTARIO

Título (Cnt 1, 1) 19

Primer acto: Afecto mutuo de los amantes (Cnt 1, 2 – 2, 7) 23
    Escena 1 (Cnt 1, 2-8)... 23
    Escena 2 (Cnt 1, 9 – 2, 7) 38

Segundo acto: Búsqueda mutua y encuentro de los amantes
(Cnt 2, 8 – 3, 5)... 57
    Escena 1 (Cnt 2, 8-17)... 57
    Escena 2 (Cnt 3, 1-5) 68

Tercer acto: Introducción de la novia y matrimonio (Cnt 3, 6 – 5, 1) ... 73
    Escena 1 (Cnt 3, 6-11)... 73
    Escena 2 (Cnt 4, 1 – 5, 1)... 85

Cuarto acto: Amor desdeñado, pero que vence de nuevo
(Cnt 5, 2 – 6, 9) **109**
    Escena 1 (Cnt 5, 2 – 6, 3) 109
    Escena 2 (Cnt 6, 4-9) 132

Quinto acto: Sulamitis, princesa de gran hermosura, pero humilde
(Cnt 6, 10 – 8, 4) **139**
    Escena 1 (Cnt 6, 10 – 7, 6) 139
    Escena 2 (Cnt 7, 7 – 8, 4) 157

Sexto acto: Ratificación del pacto de amor en casa de Sulamitis
(Cnt 8, 5-14) **169**
    Escena 1 (Cnt 8, 5-7) 169
    Escena 2 (Cnt 8, 8-14) 178

PRÓLOGO DEL TRADUCTOR
INTRODUCCIÓN A LA EDICIÓN ESPAÑOLA

El Cantar de los Cantares trata de los amores de *Sulamita* (Sulamitis o Salomona), —una mujer ideal y concreta, que nos sitúa en el comienzo de la creación, allí donde varón y mujer se encuentran y se relacionan de un modo directo—, con un varón al que se le identifica con Salomón, rey de Israel, aunque a veces toma la figura de pastor o de "ciudadano" importante de Jerusalén.

Este libro del amor de Sulamitis con el rey Salomón no preocupa por la idolatría externa de Israel, ni por genealogías impuras de judías con judíos (como el libro de Esdras-Nehemías), ni por matrimonios de conveniencia, ni incluye observancias sexuales de tipo moralizante (como Proverbios o Eclesiástico), ni pone a la mujer bajo el dominio patriarcal del marido, ni reduce su vida al cuidado de los hijos. Varón y mujer se describen iguales ante el amor, que aparece como signo velado y muy fuerte de Dios.

El Cantar se eleva, así como un himno de iniciación a la vida, entre un hombre y una mujer que se atraen, se buscan y se encuentran en un contexto múltiple y cambiante: corte (rey y reina), pastoreo (pastor y pastora) y ciudad (mujer y varón como personas en un contexto urbano). La mujer es siempre la misma, pero con funciones diversas: pastora, viñadora y reina (favorita del harén real), y toma la palabra para expresar sus sentimientos en un camino autónomo de búsqueda y encuentro erótico, que viene a presentarse directamente como canto elevado al amor y presencia creadora de Dios, que ha hecho al ser humano como viviente de amor, varón y mujer. También el hombre es el mismo, aunque en el contexto del matrimonio aparece básicamente como rey (conforme a la liturgia judía), pero representado también con rasgos de pastor y hombre de ciudad. La

Prólogo del traductor

mujer del Cantar no es sierva del varón, ni persona sometida, miedosa, sino persona libre, arriesgándose a salir por la noche en busca de su amado. Es mujer de campo (curtida por el sol, entre pastores), pero es también mujer de ciudad, que mira hacia la calle, tras las celosías del palacio real, pero también amada y preferida del rey en sus palabras. Recorre caminos distintos, pero siempre con libertad de amor. No está bajo un padre o marido, pues es libre, pero corre el riesgo de que sus hermanos la utilicen para guardar sus viñas, no la viña del amor, que ella pretende. Por eso decide caminar buscando a su amado pastor, ciudadano de la ciudad o rey, aunque su tez se tueste con el sol; por eso sale sin miedo, recorriendo de noche la ciudad, hasta encontrar al amigo de su alma, que canta al encontrarla: ¡qué bella estás, mi amiga, qué hermosa con tus ojos de paloma (Cnt 1, 15).

El amor es un descubrimiento de olores y miradas, el deseo de vida y de gozo, a lo largo de una historia de encuentros compartidos; es la fidelidad agradecida de la mujer al hombre y del hombre a la mujer, y de ambos a la vida, la más honda "demostración" de Dios (lo mismo que en Gn 2, 23-24: Canto de Adán). Así lo han visto y ratificado los grandes maestros judíos R. Rosenzweig (La Estrella de la Redención) y cristianos como Luis de León y Juan de la Cruz en lengua castellana.

Amor que humaniza, humanidad que ama

Humanizar el amor significa explorarlo en dimensión total: divina y humana, cósmica y corporal, psicológica y espiritual. Deben superarse las explicaciones puramente alegóricas. El amor del Cantar no trata de otras cosas, sino de sí mismo; no es una teogamia o matrimonio intradivino que vincula a la pareja primigenia de los dioses (Baal y Ashera). Tampoco se sitúa en una puramente teocósmica, no trata de las bodas que vinculan de manera sacral a los diversos elementos de este cosmos, ni es imagen del amor que ha vinculado a Dios y el hombre. El Cantar es ante todo un enigmático, profundo y sorprendente poema del amor humano, que la Biblia Hebrea ha situado al lado de los otros dos libros más enigmáticos, dolientes y luminosos de la vida humana: el libro de Job y el Kohelet o Eclesiastés.

No es un libro de argumento doctrinal, moral o filosófico, sino de cantos; una colección de cantos de búsqueda y encuentro, de enamoramiento y bodas, en un lenguaje de música y canto universal, enclavado en el antiguo oriente bíblico, pero abierto a todas las culturas de la historia y geografía humanas. Eso es lo inaudito, lo revelador: que alguien venga y diga ¡escuchemos unos cantos de amor y bodas, de un ser humano con otro, de un hombre con una mujer y viceversa!

viii

Esto es lo grande: que la misma Biblia hebrea, al lado de los textos sobre historia sagrada y sacrificios (Pentateuco), al lado de las grandes profecías y visiones del futuro de la humanidad pacificada, se detenga, cante la importancia de la unión varón/mujer. Por eso, en un primer momento, estos cantos, que llegan del origen de los tiempos y que han sido formulados en un contexto israelita en una época difícil de fijar (¿siglo V-IV a.C.?), se detenga y, sin darnos ninguna explicación política o social, legal o moralista, racial, nacional o religiosa, nos ofrezca unos cantos de amor.

Estos son cantos de *amor integral,* donde se implican los motivos de la naturaleza y de la historia israelita. Resulta claro el influjo de la naturaleza (primavera, árboles, olores...) y así lo muestra bien este comentario. También es clara la alusión israelita: se habla de Jerusalén y Salomón (Cnt 1, 1, 5; 3, 7, 9, 11), de Engadí y de Galaad, Líbano, Tirsa y Sarón (Cnt 1, 14; 2, 1; 4, 8, etc). La geografía del amor se extiende a los diversos lugares del recuerdo y vida hebreos, en evocación incluyente y pacificadora; allí donde dos enamorados se miran y se atraen, se buscan y se gozan, cobra sentido el pasado, futuro y presente del pueblo. Pero este es, al mismo tiempo, un libro de cantos universales, que traspasan las fronteras de Israel, situándonos en Egipto y en Tarsis y, especialmente, en Etiopia y Arabia, hacia Persia y la India, tierras de olores y sabores de amor.

Estos cantos trazan la más hermosa *Confesión de Fe en la vida.* No tienen que nombrar a Dios, pues Dios no se halla fuera, sino que es la misma trama de la misma vida. Aceptar la creación, poder cantarla en gozo agradecido y deslumbrante... ¡esa es la base y sentido de toda religión!

Este amor *vale en sí mismo,* no se pone al servicio de otra cosa. No hay aquí genealogías de razas y reyes, no hay cuidado angustioso por la ley de sangre (como en Esdras-Nehemías); no hay prevenciones de raza, ni observaciones moralizantes sobre la mujer (como en ciertos capítulos de Proverbios o Ben-Sira), ni patriarcalismo ni educación moralizante de los hijos. Varón y mujer aparecen como iguales, sencillamente humanos, quebradas las divisiones por sexo y las funciones sacralizadoras. Así dicen:

Ella. ¡La voz de mi amado! Mirad: ya viene saltando por los montes, brincando por las colinas; es mi amado una gacela, es como un cervatillo (Cnt 2,8).
Él. Levántate, amada mía, hermosa mía, y ven a mí, porque, mira, ha pasado el invierno, la lluvia ha cesado, se ha ido (Cnt 2, 12-15).

Ellos se llaman, cada uno quiere al otro, le desea, le invita, le espera. Todas las imágenes evocan agilidad y hermosura: es veloz el amado que salta y que llega, salvando distancias, venciendo montañas, en gesto de *frágil belleza.* No es el amado

Prólogo del traductor

un animal de fuerza (toro), un semental de cría, un fiero león... Es la hermosura rápida del ciervo huidizo, que escapa al menor ruido, pero ahora viene manso, encariñado. Esta experiencia del ciervo que llega, en gesto esperado y, al mismo tiempo, sorprendente, marca el tono de la escena. Por lo que después veremos, este es el *ciervo de la primavera*, que llega saltando con el tiempo nuevo de la vida; como invitación al amor que cruza el horizonte y lo transforma en su llegada.

> *Ella*. Está esperando resguardada detrás de una ventana, al amparo de una reja (o celosía). Quizá podamos decir que ella es casa y él campo; ella la espera, él la llegada. Toda su vida de mujer se vuelve acogimiento. Toda la vida del varón se hace presencia. Ella debería abrir la puerta y correr hacia el amado. Pero sabe que no puede apresurarse; le deja venir, aguarda.
> *Él. Voz de primavera* (Cnt 2, 10b-13b). Es ella quien repite las palabras (Cnt 2, 10a). Ha sido capaz de escuchar, ha entendido bien lo que él le dice y lo traduce con voz jubilosa: en nombre de la vida que despierta, ella canta con la primavera. Podemos evocar su voz con S. Juan de la Cruz: *mi amado, las montañas, los valles solitarios...* (*Cant. Espiritual B*, estrofa 14). La versión bíblica diría: *mi amado, primavera...*

No cantan a la naturaleza externa, sino que se cantan a sí mismos, uno en el otro, y con el otro se llaman a la vida en común. Él le dice *levántate*, como si hubiera estado postrada, encerrada en su soledad, retraída en un largo invierno. ¡Despierta! significa ¡ponte *en pie y vivamos!* No la agarra por la fuerza, no la rapta, no la lleva poseída, como objeto que se toma y arrastra con violencia. Tiene que llamarla y esperar, dejando que ella misma se decida y venga. Este lenguaje de amor es velado y fuerte, indirecto y convincente. No dice las cosas de manera plana, sino con inmenso deseo de amor, de dar y recibir la vida uno del otro, con el otro.

Este despertar de vida cósmica, divina y humana, centrada en otra persona, varón y/o mujer, supone un gesto de aceptación fuerte del mundo, es hermoso que vuelva cada año la potencia de la vida en las flores y el arrullo de palomas, en los frutos que despuntan, en los árboles y viñas... También ellos expresan el amor de primavera. Por eso dice: ¡levántate! *¡ven y sintamos juntos el latido de la tierra*, cantando el himno de la vida que por doquier nos eleva! Todo se vuelve lugar y evocación de amor: las flores, el arrullo de la tórtola y el perfume de la viña son palabras de amor mutuo. Uniéndose en amor, ellos *dicen* y *dan* sentido al mundo en primavera.

> *Él* sigue diciendo: ¡Levántate *paloma!* (Cnt 2, 13c-14). Había hablado ya. Ahora insiste diciendo la misma palabra, ¡levántate!, y llamándola con los mismos nombres (amada, esposa), pero añadiendo el de paloma. Por un

lado, la llama *mía* (pues la lleva en sí); por otro le pide que venga, *que se haga suya*, que puedan compartir y hacer (ser) la primavera, en dimensión de gracia humana.

Ella le había comparado con el *ciervo* que corre en libertad por la colina. Él la compara con la *paloma*: está escondida, inaccesible, en las quebradas de la peña. Posiblemente tiene miedo. Él la llama y dice *¡ven!*, invitándole a volar en gozo suave y fuerte entrega por el aire de la vida. Esto es amar: *volar en compañía*. La paloma que corre con el ciervo, el ciervo que se hermana a la paloma en la aventura de su vida compartida.

Las comparaciones resultan evocadoras y paradójicas. Invirtiendo un esquema normal en los mitos antiguos, la paloma/cielo es la mujer, el ciervo/tierra es el varón. Ambos tienen que mirarse. *Ella le ha visto* saltando en las colinas. Él quiere verla saliendo de la quebrada, perdiendo el miedo y volando en suavidad por las alturas. Oyó la novia y vio a su amado (Cnt 2, 8). Ahora es el novio quien desea mirarla y escucharla *porque tu voz es dulce y tu figura hermosa*. El amor aparece aquí a manera de visión y palabra. Mirarse mutuamente, descubriendo cada uno su vida en la vida del otro. Escucharse mutuamente, haciéndose palabra el uno desde el otro: este es el sentido radical de la existencia. Quizá pudiéramos decir que antes ignoraban su verdad más honda. Ciegos estaban sus ojos, cerrados sus oídos. Ahora, al mirarse y escucharse, han aprendido a ver y oír: saben lo que son, se saben, conociéndose uno a otro.

Ambos (Cnt 2, 15). Pueden hablar ya en forma unida, diciendo al mismo tiempo su deseo: ¡cazadnos las raposas! Han empezado a conjugar el nosotros, se convierten de esa forma en sujeto de una misma frase, uniendo el yo y el tú, el mío y el tuyo. Comparten la misma viña, campo donde pueden cultivar su encuentro; espacio de comunicación donde florece ya su primavera. Esta es palabra de gozosa posesión: ¡disfrutan la viña, cultivan el amor unidos de forma que no existe el uno sin el otro! Pero, al mismo tiempo, esta palabra puede convertirse en fuerte aviso: *¡cazadnos las raposas!* Hay en el campo animales que amenazan la nacida primavera: los riesgos del amor se elevan tan pronto como el amor ha comenzado. Por eso piden ¡ayudadnos! No están solos sobre el mundo. No se bastan el uno al otro. Por eso buscan la ayuda de todos los restantes varones y mujeres del entorno.

Hemos dicho que este verso lo recitan *ambos*, unidos por primera vez en la palabra compartida. Mientras gozan el amor en dulce compañía, despiertan a los otros y les dicen: *¡ayudadnos! ¡que pueda mantenerse sana nuestra viña!* Pero estas palabras pudieran proceder también de un *coro* (o grupo de personas) que canta su

Prólogo del traductor

preocupación, mientras ellos vuelan en alas del amor silencioso. Sea cual fuere el sujeto, el sentido de la frase es el mismo: el amor ya cultivado suscita un tipo de preocupación. Corre peligro el encuentro, hay que protegerlo, igual que se protege la viña florecida de los riesgos juguetones de las jóvenes raposas.

La escena culmina con *Ella diciendo*: *dodi li* (mi amado es mío) *w 'ani lo* (y yo soy suya) (Cnt 2, 16-17). Han celebrado el amor sobre el tálamo florido de la primavera, ciervo y paloma han recreado el sentido original de la existencia, mientras alguien ha guardado su viña, impidiendo que vinieran las raposas. Han culminado en matrimonio, se han casado celebrando juntos el amor.

Normalmente, estas palabras suele proclamarlas el esposo: ¡esta sí que es hueso *de mis huesos y carne de mi carne!* (Gn 2, 23). Aquí las dice *Ella*, rubricando en su voz el matrimonio ya vivido (realizado). No son signo de posesión, como parecían las de Gn 2, 23, no es él quien dice mientras ella está pasiva. No hay espera de mujer (como en Cnt 2, 8-10a), ni llamada de varón (como en Cnt 2, 10b-14). *Son palabra de acción doble que expresan el mutuo compromiso,* la entrega y posesión del uno al otro. La vida de los dos se vuelve así regalo y solo existe en forma compartida.

Pero este no ha sido encuentro eterno, no es fin de la historia, sino unión en el tiempo. Por eso, *ella* vuelve a llamar al amado en palabras de advertencia cuidadosa. Da la impresión de que él se ha ido, es un ciervo que brinca por los montes. Como guardiana de amor, ella le pide que vuelva *antes que sople el día y huyan las sombras...*El texto resulta ambiguo y no sabemos si le pide que llegue antes que la noche empiece (para entonar así el nocturno de bodas) o que la noche acabe (para iniciar una alborada de amor, en gesto que saluda al sol del día). Buenos son los dos sentidos, adaptados ambos al misterio del amor que es noche en plenitud y madrugada recreada.

Ella repite la comparación primera: ¡como gacela o cervatillo ven! (Cnt 2, 17; cf. 2, 9). En este contexto se introduce una referencia enigmática ¡sobre los montes de *Bether!* (Cnt 2, 17). Es posible que se trate de una *geografía amatoria*, este es el monte del ciervo que vuelve al amor (en palabra tomada de Jos 15, 59a, LXX). Pero es posible también que se trate de un nombre simbólico que indica *división* (cf. Gn 15, 10), superando las montañas de la ruptura, venciendo las quebradas donde todo parece retorcerse y escindirse, el amado tiene que volver a la unidad de amor, antes que el día se cierre o acabe la noche. Para los LXX, estos *montes de Bether* son *orê koilômatôn*, montaña de la división, quebrada o barranco; superando el precipicio de la vida solitaria, el ciervo del amor ha de volver cada día hacia el encuentro con su amada. Este ha sido nuestro pasaje, enigmáticamente bello, sorprendente y creativo.

¡Hablemos de Dios! piden algunos. El Cantar responde: ¡hablemos de Dios viniendo al amor! ¡Descubramos el encuentro sorprendente, emocionado, creativo de dos enamorados! Sobre ese fondo adquirirá sentido nuestra vida y podremos luego (al mismo tiempo) hablar de Dios. Desde ese fondo, el texto no se puede interpretar como una simple *alegoría*. Dios no es el esposo y la pobre humanidad la esposa, o viceversa. No hay aquí tampoco *teogamia*, ni sacralización pagana (hierogámica) del proceso de la vida. Todo es mucho más sencillo, es una *parábola*, una evocación teológica. A quien nos pida *demuéstrame que hay Dios* debemos responderle: ¡hablemos del amor! descubramos, cultivemos y gocemos su misterio en nuestra vida. Esa es la verdad, el sello y garantía de Dios sobre la tierra.

Parábola de Dios es todo Cantar, y así nos lleva hasta el principio de la creación, hasta el lugar donde Gn 1 y Gn 2–3 nos habían situado, en la raíz del tiempo. Más allá del pecado (que también tenemos), hay en nuestra vida *amor y gracia* emocionada, en ella se descubre y vuelve a ser posible lo divino. En el fondo del dolor, sobre una vida donde todo parece sin sentido, se enciende cada primavera la llama del amor. Vuelven a encontrarse el varón y la mujer sin más finalidad que descubrir y realizar en forma nueva el misterio de la gracia. Y así acabamos. Hemos abierto una puerta de gratuidad sobre el muro del dolor (Job), en el túnel de la angustia (Ec). Ella nos conduce a nuevos continentes de experiencia.

En un primer momento, estos cantos de amor que llegan del origen de los tiempos y que han sido formulados en contexto israelita, en época difícil de fijar (¿siglo IV a.C?), han de entenderse en perspectiva puramente humana, sin aplicaciones de tipo moralista, nacional o religioso. Ellos evocan el amor de una pareja que descubre en sí misma los valores y misterios de la creación originaria, amor integral donde se implican los motivos de la naturaleza y de la historia israelita.

Resulta claro el influjo de la naturaleza (primavera, árboles, olores...). También es clara la alusión israelita: se habla de Jerusalén y Salomón (Cnt 1, 1, 5; 3, 7, 9, 11), de Engadí, Líbano, de Tirsa y Sarón (Cnt 1, 14; 2, 1; 4, 8, etc.). La geografía del amor se extiende a los diversos lugares del recuerdo y vida hebrea, en evocación incluyente y pacificadora, allí donde dos enamorados se miran y atraen, se buscan y gozan cobra sentido el pasado, futuro y presente del pueblo. Cantar es una confesión de fe en la vida humana. No tiene necesidad nombrar a Dios pues Dios no se halla fuera. El amor de un hombre y una mujer vale en sí mismo, no se pone al servicio de otra cosa. No hay aquí genealogías, no hay cuidado angustioso por la ley de sangre (como en Esdras y Nehemías); no hay prevenciones de raza, ni observaciones moralizantes sobre la mujer (como en Eclesiastés), ni patriarcalismo o búsqueda de hijos como finalidad del matrimonio.

Varón y mujer aparecen como iguales, sencillamente humanos, superando las divisiones por sexo, las funciones sacralizadoras. Este amor vale en sí mismo, no se pone al servicio de otra cosa. "¡La voz de mi amado! mirad: ya viene saltando por los montes, brincando por las colinas. Es mi amado una gacela, es como un cervatillo. Mirad: se ha parado detrás de la tapia, atisba por las ventanas, observa

Prólogo del traductor

por las rejas. Habla mi amado y me dice: levántate, amada mía, hermosa mía, y ven a mí, porque, mira, ha pasado el invierno, la lluvia ha cesado, se ha ido; se ven flores en el campo, llega el tiempo de la poda y el arrullo de la tórtola se escucha en nuestros campos. Ya apuntan los frutos en la higuera, la viña florece y exhala perfume. Levántate, amada mía, hermosa mía, y ven a mí, paloma mía, en los huecos de la peña, en los escondrijos del barranco: déjame ver tu figura, déjame oír tu voz, porque tu voz es dulce y tu figura es hermosa. Agarradnos las raposas, raposas pequeñitas, que destrozan la viña, nuestra viña florecida. Mi amado es mío y yo soy suya, del pastor de lirios. Antes de que sople el día y huyan las sombras, vuelve, amado mío, como una gacela o como un cervatillo…" (Cnt 2, 8-17). Así canta el amor. Sobre ese fondo adquiere sentido la vida y los hombres y mujeres podrán hablar de Dios.

El amor que vale en sí mismo habla de Dios sin necesidad de citarle. El Cántico nos lleva hasta el principio de la creación, hasta el lugar donde Gn 1 y Gn 2–3 nos habían situado, en la raíz del tiempo. Por encima del pecado (que también tenemos), hay en nuestra vida amor y gracia emocionada, en ella se descubre y vuelve a ser posible lo divino. En el fondo del dolor, sobre una vida donde todo parece carente de sentido, se enciende cada primavera la llama del amor. Vuelven a encontrarse el varón y la mujer sin más finalidad que descubrir y realizar en forma nueva el misterio de la gracia. A veces, esas canciones se han entendido de manera espiritual (amor de Dios hacia los hombres), pero la mayoría de los exégetas piensa que deben interpretarse en sentido universal, desbordando los límites israelitas, desde una perspectiva erótica y religiosa.

La antropología del Cantar está en el fondo de toda la Biblia hebrea y cristiana, de manera que muchos la consideran como expresión suprema de la experiencia bíblica. En contra de las visiones patriarcales dominantes en otros libros de la Biblia, el Cantar de los Cantares puede ofrecer y ofrece los principios para un reconocimiento y despliegue de la igualdad entre varones y mujeres, desde la perspectiva del amor mutuo, en la línea de Gn 1, 27 y 2, 23-25. Algunos autores, tanto judíos (F. Rosenzweig) como cristianos (San Juan de la Cruz), siguiendo tradiciones de cabalistas y místicos, entienden este libro como centro y principio hermenéutico de la Biblia. Desde esta perspectiva se puede elaborar una interpretación feminista o simplemente humana del conjunto de la Biblia.

Profundización. El comentario de F. Delitzsch

La mujer de Cantar es reina y pastora, está en el campo (curtida por el sol) y es señora de la casa, depende de otros (de su madre y sus hermanos) y comparte el camino con otras mujeres (las damas de Sión) pero, al mismo tiempo, es una

Profundización. El comentario de F. Delitzsch

persona independiente: piensa, escoge, ama por sí misma, en libertad profunda, en decisión… Ella es la gran maestra, la iniciadora del varón, al que llama, dirige y madura en la vida.

Sin duda, los dos, varón y mujer, son en un momento "iguales" y en un sentido parece superior el varón (que puede presentarse como rey-Salomón), apareciendo al mismo tiempo como pastor y hombre de ciudad, pero en el fondo del texto es ella la que define el sentido de la vida humana; es la protagonista no solo del libro sino del conjunto de la vida humana. Teniendo esto en cuenta, antes de ofrecer la traducción y adaptación castellana del comentario de Delitzsch, quiero ofrecer para ayuda del lector algunas de sus características:

1. Es un comentario al texto hebreo. Esta es su nota fundamental. No existe, que yo sepa, ningún otro comentario de este tipo y de esta profundidad en castellano. F. Delitzsch, máximo especialista de la lengua y literatura hebrea del siglo XIX, nos sigue ofreciendo el mejor comentario filológico e histórico al Cantar de los Cantares, una obra para especialistas, filólogos e historiadores del judaísmo bíblico, pero también para lectores que, sin ser especialistas en sentido estricto, están interesados en el conocimiento directo del texto hebreo de la Biblia.

2. *La traducción del texto hebreo del Cantar es la del mismo F. Delitzsch*, que él va describiendo, defendiendo y precisando en cada caso, algo que deberá tener en cuenta el lector. No obstante, como ayuda para el lector no especializado, he tomado como base de la traducción la de Reina-Valera, año 1997, que sigue siendo la más fiable en lengua española. De todas formas, será una traducción razonada en cada ocasión y, en casos de necesidad, adaptada y cambiada conforme a la opción filológica e histórica de F. Delitzsch.

3. *La traducción y comentario ha de entenderse desde la perspectiva del protestantismo alemán de la segunda mitad del siglo XIX*, que es muy confesional (luterano/calvinista) siendo, al mismo tiempo, muy liberal, en el sentido kantiano/moralista del término. Debo insistir en esto. Ha pasado siglo y medio desde que F. Delitzsch publicó su comentario. Nuestra perspectiva social, cultural y religiosa es muy distinta. Sin embargo, las opciones básicas del autor pueden mantenerse: su fidelidad al texto hebreo, su forma de acoger e interpretar la revelación bíblica en sentido cultural y religioso, etc. Sin embargo, han cambiado algunos elementos importantes de su visión religiosa y cultural: la forma de entender la supremacía occidental (alemana) de la cultura, la visión triunfalista de la historia de Occidente, el moralismo idealista (kantiano) del protestantismo alemán, la forma "pietista" (piadosa)

XV

Prólogo del traductor

de entender a la mujer, sin concederle verdadera autonomía personal y religiosa, etc. Solo teniendo esto en cuenta, se pueden valorar las aportaciones auténticas no solo de la obra de F. Delitzsch, sino especialmente del Cantar de los Cantares.

4. *F. Delitzsch se inclina por una datación antigua de la obra*, que habría sido escrita por el mismo rey Salomón. La sitúa en el siglo X-IX a.C. y toma a la Sulamitis como una persona histórica individual, una pastora galilea de la que se enamora el rey Salomón. En contra de esta datación, algunos exégetas y comentaristas actuales, tanto protestantes como católicos y "liberales" piensan que el Cantar fue compuesto algunos siglos más tarde (en torno al siglo IV a.C.), considerando a Salomón y a Sulamitis como personajes simbólicos, aunque puedan tener un fondo real.

5. *Delitzsch interpreta el amor del Cantar como proceso de amor matrimonial en clave heterosexual y monogámica*, en el sentido fuerte del término. Sin negar esa posibilidad, ni el fondo monogámico y heterosexual del argumento de fondo del libro, los exégetas actuales (católicos, protestantes y agnósticos) tienden a interpretar el argumento del Cantar de un modo más libre. Lo que a su juicio parece fundamental en el Cantar no es un tipo de ley matrimonial, sino el fondo eterno de la búsqueda, revelación y despliegue, en gozo y gratuidad, entre seres humanos.

6. *El mismo Delitzsch reconoce y evoca con gran precisión otras posibles lecturas del texto*, especialmente el conflicto entre el rey dominante y el pastor que está al fondo, con una sombra y posibilidad de otros amores, con sus posibles riesgos, con sus perspectivas, como ha puesto de relieve la más honda, arriesgada y creadora literatura de la modernidad europea, desde el Don Juan Tenorio hispano (de Tirso de Molina), imitada, actualizada y transformada por grandes dramaturgos y músicos franceses, italianos y alemanes. Pienso que Delitzsch ha criticado bien esa literatura de don juanes, con enredos de amor, desde el fondo apasionado y riquísimo del Cantar. Pero ha dejado el tema planteado. Pienso que gran parte del futuro de la cristiandad moderna (y de la vida afectiva de occidente y de la humanidad) depende de la forma de interpretar y actualizar el Cantar. Delitzsch lo ha dejado en ese sentido abierto.

7. *Cantar de los Cantares es un libro judío y ha de interpretarse desde la perspectiva del canon hebreo del AT*, pero es, al mismo tiempo, un libro internacional, elaborado y escrito el diálogo con las diversas culturas del entorno bíblico: egipcia y cananea, siria y fenicia, e incluso griega. Pero Delitzsch ha insistido especialmente en el influjo de la antigua cultura

Profundización. El comentario de F. Delitzsch

árabe, en cuyo contexto ha situado expresamente el libro, tanto en un plano simbólico-religioso como social-religioso. Esta es una hipótesis que no todos aceptan pero que, a mi juicio, merece tenerse en cuenta.

8. *Delitzsch deja abierto el género literario del Cantar.* Se trata, sin duda, de un libro de cantos, pero es, al mismo tiempo, un libro con rasgos de obra teatral, que puede y debe compararse con obras semejantes no solo de la literatura semita del entorno de Israel, sino también con un tipo de helenismo y cultura oriental (persa, hindú). En ese sentido, el Cantar de los Cantares es un libro muy significativo no solo para la cultura judeo-cristiana y semita, sino también para la literatura universal.

En esa línea, desde la fuerte moralidad monogámica de los intérpretes neokantianos alemanes del siglo XIX, Delitzsch ha trazado, a mi juicio, el mejor comentario al Cantar que se ha escrito hasta el momento. No todos los lectores estarán de acuerdo con sus hipótesis y aportaciones. Es muy posible que muchos lectores hispanos o de lengua española, católicos y protestantes propongan otras lecturas e interpretaciones, atentas al insondable mito/misterio (revelación) del Cantar de los Cantares, con la ayuda no solo de San Bernardo y Lutero, sino de Luis de León, Juan de la Cruz y Tirso de Molina. Pero eso no va en contra de la lectura de F. Delitzsch, sino que nos ayuda a situarla y valorarla, como verá quien se atreva a leerla. Esta es, a mi juicio, una obra imprescindible en el panorama de los estudios hispanos del conjunto de la Biblia y, especialmente, del Cantar de los Cantares. Sea bienvenida.

Xabier Pikaza

INTRODUCCIÓN

F. Delitzsch

El Cantar es el más oscuro de los libros del Antiguo Testamento. Sea cual fuere el principio de interpretación que adoptemos, sigue habiendo un gran número de pasajes que son inexplicables, de manera que solo comprendiendo su sentido podríamos resolver el misterio del conjunto del texto. La buena comprensión de un texto implica que el intérprete conozca desde el principio la idea básica del conjunto del libro. Por eso, antes de estudiar las diversas partes del libro, será bueno que ofrezcamos una idea básica de la obra.

Este libro es un poema de amor humano. Pero ¿cómo ha podido formar parte del canon de la Biblia un canto de amor de este tipo? Esta pregunta se planteó ya en el siglo primero de nuestra era entre las diversas escuelas judías, de tal forma que surgieron dudas sobre el valor canónico del texto. No obstante, las diversas escuelas mantuvieron de un modo conjunto la canonicidad del libro porque supusieron que se trataba de un poema de amor espiritual, y no de amor secular. Eso significa que lo interpretaron de un modo alegórico.

El Targum parafrasea este libro interpretándolo como una historia de Israel desde el éxodo hasta la venida del Mesías. La novia se identifica con la congregación del pueblo elegido; y sus novios son, por citar un ejemplo, el Mesías en su abajamiento y el Mesías en su gloria. Por su parte, a Salomón se le toma como representación antropomórfica del mismo Yahvé. En esa línea, todas las veces en que aparece ese nombre, sin excepción alguna, han venido a interpretarse como designaciones alegóricas del Dios de la paz y de la plenitud salvadora de Israel (véase Norzi, *Comentario* a Cnt 1, 1).

Pero, dado que en su forma aparentemente erótica este libro ofrece contenidos misteriosos, autores como Orígenes y Jerónimo afirmaban que, conforme a un dicho judío, el argumento del Cantar de los Cantares no debía ser estudiado por nadie a no ser que tuviera ya treinta años de edad (*nisi quis aetetatem sacerdotalis ministerii, id est, tricesimun, annum impleverit*, es decir, a no ser que alguien hubiera alcanzado ya la edad para asumir el ministerio sacerdotal, los treinta años).

Por otra parte, dado que, conforme a la interpretación tradicional, su argumento comienza con la salida de Egipto, este libro ha formado parte de la liturgia de los ocho días de Pascua, de manera que forma parte de los cinco "rollos" o *megillot* incluidos entre de los *Ketubim* o Escritos (Rut, Lamentaciones, Kohelet, Ester, Cantar), y, de esa forma, ha sido organizado en la Escritura conforme a su uso litúrgico.[1]

Por su parte, los cristianos ratificaron el carácter alegórico del Cantar, pensando que ponía de relieve y describía el amor mutuo entre Cristo y la Iglesia. En esa línea, hasta el día de hoy, muchos cristianos siguen insistiendo en el carácter místico, sagrado del Cantar de los Cantares. De esa forma lo interpretó Orígenes en un *comentario* que consta de doce volúmenes. Por su parte, Bernardo de Claraval, fallecido el año 1153, dedicó al Cantar 86 sermones, que se ocupan solo de Cnt 1–2. Por su parte, Gilberto Porretano siguió comentando el Cantar en la misma línea de Bernardo de Claraval, pero solo llegó hasta el Capítulo 3, verso 10. En otra línea, Perluigi de Palestrina, en 1584, dedicó al Cantar 29 motetes musicales, recibiendo por ello el título de "príncipe de la música".[2]

En los tiempos modernos se sigue utilizando esta misma interpretación mística del Cantar, no solo en una perspectiva exegética (Hengstenberger), y no solo para la predicación (F. W. Krummacher) y la poseía (Gustav Jahn), sino también para su aplicación a la música (cf. Neukomm, 1878-1858, *Dueto, Er und Sie*, "Él y Ella") y para su interpretación artística en la pintura (Ludwig Von Maydell).

En el caso de que el Cantar se interprete alegóricamente, la Sulamitis ha de tomarse como personificación de la Congregación de Israel, conforme a una temática que puede aplicarse también a la Iglesia. Todas las restantes interpretaciones se sitúan, de alguna forma, en una línea convergente. En ese sentido, J. L. Hug (1765-1846) piensa que el "amado" es el rey de las diez tribus de Israel, que tiene el deseo de reunirse con la casa de David. Por su parte, Heinr. Aug.

---

1. El Cantar se leía en día 8 después de Pascua; Rut en el 2º de *Shabuoth* [Pentecostés]; Lamentaciones en el 9 de Ab; Eclesiastés en el 3º de Sukkot (Tabernáculos); Ester entre el 11 y 16 de Adar (Fiesta de los Purim).

2. Cf. Fernbacher, Die Reden des h. Bernhard über das Hohelied, Leipzig 1862.

Hahn (1852) afirma que el amado son los paganos de la raza de Jafet que deben vincularse con el pueblo de Israel.

Ludwig Noack (1869) llega incluso a modificar y aumentar el texto hebreo, con la finalidad de interpretarlo en la línea de las baladas campesinas, construyendo de esa forma un texto que reproduciría el argumento de una especie de novela sobre el faraón Tirhaka, que se centraría en una serie de acontecimientos que se habrían desarrollado entre el reino de Samaria y el "amante" (pretendiente) etíope Tirhaka, que fue faraón de Egipto entre los años 702, 691 y 690 a.C. Pero estas son aberraciones particulares de algunos autores que carecen de fundamento. En contra de eso, en un contexto alegórico, desde un contexto israelita, el Cantar de los Cantares solo se puede entender en referencia a la relación entre Salomón y la Sabiduría (es decir, la Hokma).

La Peschita coloca al principio del Cantar una *superscriptio* que dice "para alcanzar Sabiduría" (חָכְמָה). En esa línea, se podría suponer que la Sulamitis del Cantar es una personificación de la Sabiduría que acompaña a Salomón, como su amada, en la línea de Beatriz que acompaña a Dante/Virgilio en la Divina Comedia. Bosenmüller (1830) es quizá el partidario más reciente de esta visión. Según este enfoque, Dante (Divina Comedia) sería el que ofrecería las mejores claves para desarrollar una interpretación alegórica del Cantar de la Biblia.

Conforme a esa interpretación, Salomón, autor del Cantar, elevaría dulces cantos de amor a su amada, que sería un tipo de filosofía o pensamiento amatorio, una Sabiduría divina personificada en forma de dama o mujer, en una línea que encontramos en varios pasajes fundamentales del libro de los Proverbios (cf. Pr 24, 3-5), donde la Sabiduría aparece como mujer amada.

Pero, en contra de eso, debemos indicar que no hay nada en el Cantar que nos permita identificar, en un primer plano, a la Sulamitis con la Sabiduría divina sin más. En esa línea, podemos añadir que una expresión como "tú has de enseñarme" (= que me enseñaba, Cnt 8, 2), donde se supone que Salomón/Sabiduría ofrece su enseñanza a la Sulamitas, nos impide identificar a la iglesia cristiana con la Sabiduría, como suele suceder a veces cuando se vinculan realidades que se contraponen mutuamente entre sí: por una parte, Salomón/Sabiduría es Sulamitis, por otra parte, es Sulamitis la que enseña a Salomón.

Además, cuando la Sulamitis se identifica con la Iglesia muchas cosas quedan sin explicación en el texto: ¿quiénes son las sesenta reinas y las ochenta concubinas de Cnt 6, 8? ¿Y por qué son específicamente sesenta? Por eso tenemos que dejar a un lado esa interpretación, para comprender y aplicar el sentido del libro desde la perspectiva del amor concreto entre el rey Salomón y Sulamitis.

Por otra parte, a pesar de que tiene dos milenios de historia, la interpretación que identifica a Sulamitis con la sinagoga y con la Iglesia no ha logrado ofrecer ningún resultado para una buena interpretación del conjunto del libro,

Cantar de los cantares

sino que ha conducido más bien a muchísimas afirmaciones absurdas, especialmente cuando el Cantar describe a la amante como mujer concreta, siguiendo la identidad y forma de sus miembros femeninos, en sentido físico desde los pies a la cabeza, queriendo aplicarlos a la congregación judía o a la Iglesia.

A pesar de eso, es evidente que el Cantar contiene un elemento misterioso (cf. Ef 5, 32), en una línea que es muy semejante al amor entre el patriarca José, hijo de Jacob, y Zuleikha (mujer de Putifar, siguiendo una interpretación judía y musulmana de Gn 39). Conforme a esa interpretación, cantada a menudo por los poetas árabes, muchos místicos han interpretado el amor entre José y la mujer de Putifar como una figura del amor de Dios con el alma que está deseando unirse con él, es decir, con Dios.

En contra de eso, según el texto del Cantar, Sulamitis es un personaje histórico, pero no es la hija del Faraón, como se viene diciendo a menudo desde antiguo, tanto en el tiempo de Teodoro de Mopsuestia (muerto el año 429) como en el de Abulfaraj (Abu'l-Faraj al-Isfahani, místico persa, fallecido el 1286), sino una muchacha de pueblo, de humilde estirpe que, a causa de su hermosura y por la pureza de su alma, hizo que Salomón se enamorara de ella con un amor tal que le llevó a abandonar la vanidad de la poligamia, optando libremente, por la experiencia de un amor monogámico, que está en el principio de la vida humana, tal como aparece en el fondo de Gn 3, 23ss.

Salomón describe, en esa línea, esa experiencia de amor, y lo hace de un modo idealizado, conforme al modo en que actúan los poetas, separando lo esencial de aquello que es accidental, poniendo de relieve el núcleo y la naturaleza profunda del matrimonio, no algunas circunstancias secundarias o pasajeras. El tema de este libro (el Cantar) nos sitúa ante seis representaciones dramáticas del matrimonio, cada una dividida en dos elementos que representan, de principio a fin, el crecimiento pleno de esta deleitosa relación entre Salomón y la Sulamitis.

Esta luminosa experiencia de amor paradisíaco que Salomón experimentó por la Sulamitis vino a oscurecerse de nuevo por el carácter insaciable de su pasión amorosa, sobre todo en su vejez, cuando la pasión por muchas mujeres le hizo abandonar su fidelidad anterior. Pero el Cantar de los Cantares ha perpetuado el despliegue y sentido de este amor luminoso de Salomón con la Sulamitis, es decir, con una mujer concreta. Todos los restantes cantos de amor que Salomón ha podido dedicar a otras mujeres se han perdido, han desaparecido, mientras que la providencia de Dios ha permitido que se perpetúe este canto de amor por Sulamitis, que así aparece como corona o plenitud de todos los poemas de amor de Salomón.

Este canto eleva, según eso, una protesta en contra de la poligamia, de manera que debe interpretarse como alabanza de la monogamia, tal como puede cantarse ese amor desde una perspectiva mosaica (en la que, según la ley, se permite la poligamia). Ciertamente, la Torá de Moisés reconoce en su historia primitiva (Gn 2–3) la monogamia como forma original de vida y amor entre un varón y una mujer (cf. Mt 19, 4-6). Pero, en la historia posterior, la legislación concreta del Pentateuco no abolió totalmente la poligamia, a pesar de la insatisfacción que ella causaba en ciertos matrimonios, como se pone de relieve en la ley matrimonial de la monarquía (cf. Dt 17, 1-7).

En esa línea primitiva, el Cántico celebra la naturaleza paradisíaca de la relación entre un hombre y una mujer (en la forma en que lo hace la tradición medieval de los *Minne*, cánticos de amor natural y elegante descritos por trovadores, no de un amor sagrado o religioso). A pesar de centrarse en ese amor natural, este libro ha sido admitido en el canon de la Iglesia porque Salomón es un "tipo" de Aquel (Jesús) de quien puede afirmarse que es mayor que el mismo Salomón (cf. Mt 12, 42: aquí hay alguien mayor que Salomón).

Desde el momento en que el evangelio presenta a Salomón como tipo de Jesús, su misma realidad humana recibe una importancia y glorificación celestial, pues el amor entre Salomón y la Sulamitis viene a presentarse como signo o sombra del amor de Cristo y de su iglesia, pero no de forma directamente alegórica, sino más bien típica, como seguiré indicando.

La alegoría exige que exista una coincidencia detallada entre la representación o imagen y aquello que quiere ser representado. Por el contrario, en una relación típica no es necesario que exista una coincidencia exacta como en la alegoría, pues entre el tipo y el antitipo pueden darse diferencias, e incluso contradicciones de forma y contenido, de manera que resulta necesario eliminar del *tipo* todo lo que vaya en contra del antitipo, de manera que, *sublactis subtrahendis* (eliminando lo que debe ser eliminado) pueda ponerse de relieve la grandeza y superioridad del antitipo (amor de Jesús y la humanidad) sobre el tipo (amor de Salomón y la Sulamitis). En esa línea ha insistido el poeta romántico Julius Sturm (1816-1896), tanto en el título como en el sentido de su poema *Zwei Rosen* (1854), centrado en *dos rosas* (dos amores), que son el amor típico y el antitípico.

Cuando publiqué mi monografía sobre el Cantar (1851, reedición en Classic Reprint Series, Clark, Edimburgo, 2018), apareció una recensión de Colani en la *Revue de Théologie* (1852) que comenzaba con esta frívola observación: "*Ce n'est pas la première rêverie de ce genre sur le livre en question; plût à Dieu que ce fût la dernière*" (no es la primera vez que se publica una ensoñación de este tipo sobre este libro, quiera Dios que sea la última).

Por su parte, en 1855 Hitzig dijo que "hubiera sido preferible que un libro de este tipo (como el mío) no se hubiera publicado, porque forma parte de una literatura perversa, sin ninguna base ni elaboración científica. Pues bien, aquel antiguo libro mío, agotado y fuera de venta desde hace bastante tiempo,

Cantar de los cantares

había sido fruto de muchos años de estudio científico. El comentario que ahora ofrezco está basado en aquel libro, pero no lo sustituye, como si quisiera dejarlo a un lado, sino que lo amplía y completa, porque estoy convencido del valor de su interpretación de fondo.

Aquel libro del año 1951 se opuso a una interpretación alegorizante que, quizá en contra de su intención de fondo (propósito), siguió siendo defendida por Hengstenberg en su importante comentario *Das Hohelied Salomonis*, 1853. Mi libro se opuso también a la visión de aquellos intérpretes que pensaban que este poema bíblico (el Cantar) narraba la historia de los supuestos esfuerzos infructuosos de Salomón cuando quiso, pero no pudo, seducir a Sulamitis, pues ella estaba enamorada de un pastor, no del rey de Israel. Esta es una teoría que Hitzig quiso demostrar más tarde (1855) haciendo violencia al texto, introduciendo de un modo arbitrario nuevas personas y actores en la trama de su argumento y su desarrollo.

En contra de eso, sigo pensando que yo había logrado descubrir la auténtica llave para ofrecer una buena interpretación del Cantar de los Cantares, entendido como canto de amor concreto (básicamente monogámico) entre Salomón y Sulamitis. En contra de ellos, Otto Zöckler (*Ecclesiastes or Koheleth*, 1870) reconoció el valor de mi libro, afirmando que yo había logrado encontrar la correcta interpretación de la finalidad, es decir, la idea básica y del contenido del Cantar de los Cantares, como obra que se centra en el amor de Salomón con Sulamitis.

Desde otra perspectiva, Kingsbury, que es el autor de las notas del Cantar en *The Speaker's Commentary*, ha mantenido y desarrollado esa misma visión. Por su parte, poetas como Stadelmann (*Das Hohelied, ein dramatisches Gedicht = el Cantar de los Cantares, un poema dramático*, 1870) y J. Koch, que fue posteriormente pastor en la iglesia de St. Mary's, en Parchim (fallecido en 1873), ha reconocido en su hermosa paráfrasis alemana que mi interpretación es convincente y que está en conformidad con el texto bíblico. Por mi parte, en mi investigación posterior, a lo largo de veinte años, he seguido descubriendo que la solución que había propuesto en mi libro anterior sigue siendo verdadera, la única satisfactoria.

Conforme a mi interpretación, la Sulamita no es hija del Faraón, pues la línea de sus pensamientos no es propia de la hija de un rey, sino que es una doncella de aldea. Según eso, ella no parte de las mujeres de alcurnia de Jerusalén, no porque venga de un país extranjero, sino porque pertenece a una clase inferior del mismo pueblo israelita. Su piel es oscura no porque haya nacido de una raza de piel oscura (sur de África), sino porque ha estado expuesta al brillo del sol, a causa del trabajo que ha debido realizar guardando la viña de su familia.

Por su cuerpo y por su alma, Sulamitis ha nacido para ser princesa pero, de hecho, ella es solo hija de una humilde familia en una zona remota de Galilea. De ese fondo surge su simplicidad de tipo infantil, con el carácter rural de sus pensamientos, con su capacidad de gozar en pleno campo y por el hecho de que

Introducción

Salomón ha encontrado en ella una mujer perfecta, como no se encuentra entre millares (cf. Ec 7, 28).

Sulamitis forma parte de un estrato social muy inferior al de Salomón y, sin embargo, ella y solo ella ha logrado enamorarle. Aquello que en la Sulamitis atrae a Salomón no es solo su belleza corporal, sino la belleza y nobleza excelsa de su alma. Ella es un modelo de devoción y entrega simple, de modestia natural, no afectada, de pureza moral y de auténtica prudencia, de manera que puede compararse con un lirio perfecto del campo, más hermosa que todo lo que alcanzan y producen las noblezas y glorias del mundo.

No podemos entender el Cantar de los Cantares a no ser que percibamos no solamente los atractivos corporales de Sulamitis, sino todas las virtudes que la convierten en imagen de aquello que es más noble y gentil entre las mujeres. Así lo muestran sus palabras y silencio, su forma de actuar y de sufrir, su gozo y abnegación por los demás, su conducta como prometida, como novia y como mujer, su forma de relacionarse con su madre, con sus hermanas y hermanos menores, con su belleza de alma y cuerpo, que puede compararse con la belleza de una flor que se eleva y destaca por encima del polvo de la tierra de la que brotan las restantes flores.

Salomón eleva a esta muchacha y la convierte en reina, y de esa forma él mismo ha cambiado, viniendo a comportarse ante ella (por ella) en un muchacho real, un ser humano, dejando de ser un simple monarca político, para elevarse por amor sobre todos los restantes hombres. Esta sencilla muchacha enseña simplicidad al hombre sabio, al cortesano y rey que es Salomón. Esta mujer humilde hizo que el rey elevado se abajara y se situara en su nivel de vida verdaderamente humano, no por nobleza de raza, sino por amor, en relación con su esposa. Esta mujer pura logra que el rey impetuoso restrinja y modere sus arrebatos de violencia.

Siguiendo a esta muchacha, el rey abandona voluntariamente el tipo de vida bullicioso en que antes se movía, en el esplendor de la corte, para convertirse a la simplicidad de la vida rural, paseando y caminando alegremente por montañas y praderas a condición de ir con ella, su amada. Siempre que podía estar con ella, el rey era feliz, aunque para ello tuviera que dejar el palacio para vivir en una pobre cabaña. Según eso, el aspecto erótico del poema tiene un fondo y contenido ético, de gran moralidad y autenticidad humana.

El Cantar no es un "canto de amores" mundanos (Ez 33, 32), con un fondo de gratificaciones sensuales, sino el canto excelso de un amor personal, de enamoramiento elevado, entre un hombre y una mujer. Hay un proverbio rabínico que se opone con toda razón a la opinión de aquellos intérpretes que, partiendo de un solo versículo, separado del conjunto del libro, entienden este libro como un canto de literatura secular, erótica, sin un mensaje ético de amor personal, monogámico. Conforme a esa interpretación rabínica, el Cantar de los Cantares

Cantar de los cantares

ha *transfigurado el amor natural, presentándolo como santo, en este mismo mundo, en el contexto y camino de un amor verdaderamente humano.*

Todo aquello que se sitúa en la esfera de una relación ordenada y elevada, en forma de verdadero matrimonio monogámico, hace que el amor se convierta en el vínculo más feliz y firme de unidad entre dos almas, no solo entre dos cuerpos. Esto es lo que pone de relieve el Cantar de los Cantares: este libro nos sitúa ante el amor entre dos almas, Salomón y Sulamitis, no entre dos cuerpos, y así aparece expresado en este canto del modo más vivo y hermoso.

Como dice Herder, este canto nos hace pensar que estamos en el paraíso. La afirmación básica, que está en el fondo del primer canto de Adán (que puede resumirse diciendo: *tú eres mi segundo yo, tú eres mía,* cf. Gn 2, 23), se repite y expresa en este libro, de principio a fin, en palabras y cantos. El hecho de que este canto forme parte del canon de la Biblia no necesita ninguna justificación ulterior.

Esta recepción del Cantar en el canon podría estar favorecida también por la suposición de que el poema está aludiendo a la relación entre Yahvé y la congregación de Israel, pero eso es solo una suposición que no puede demostrarse. Más aún: esta suposición puede ser falsa, porque el libro no es una alegoría y porque Salomón no es en modo alguno Dios (ni sustituto de Dios), sino un hombre real, ante una mujer real.

No obstante, de forma figurada, la congregación cristiana puede interpretarse también como novia simbólica de Dios (cf. Jer 23, 5) y presentar a Salomón como un príncipe de la paz (Is 9, 5; Lc 11, 31). Por su parte, el matrimonio es un misterio que puede compararse con la relación amorosa entre Cristo y su Iglesia (cf. Ef 5, 32), pero eso solo puede hacerse en un segundo momento, en forma "típica". En un primer momento, en sentido literal, el Cantar de los Cantares expone el camino del amor real entre un hombre y una mujer, Salomón y Sulamitis.

Según eso, el Cantar puede y debe entenderse como un poema histórico (canto al amor de un hombre y una mujer), con un mensaje ético y un significado tipológico y místico. Pero los intérpretes deben evitar toda interpretación alegórica cerrada en sí misma, insistiendo, como ha hecho Soltz (1850), en el aspecto típico, sin imaginaciones alegóricas. La interpretación tipológica insiste en que tipo y antitipo no coinciden exactamente, sino que mantienen entre ellos una distancia que puede ser inconmensurable.

En esa línea, la tarea del intérprete debe centrarse en la lectura histórico-ética del texto insistiendo en Jesús como antitipo de Salomón. Pero, quedando eso firme, dado que Salomón es un tipo (*vaticinium reale*) del David espiritual lleno de gloria (que es Cristo), y dado que el amor de la tierra es una "sombra" del amor celeste, y dado que el Cantar forma parte de la historia sagrada del pueblo de Dios y que ha sido admitido dentro de la Escritura canónica, no podemos olvidar (ni dejar de indicar de vez en cuando) que el amor entre Salomón y su esposa es un

8

tipo de "sombra" del amor que existe entre Cristo (que es el antitipo) y su Iglesia (entendida simbólicamente como su esposa).

No obstante, la visión dominante que fue establecida por Jacobi (1771), y que ha sido desarrollada desde entonces por Umbreit (1820) y Ewald (1826) resulta diferente de la nuestra: (a) conforme a nuestra visión, el Cantar de los Cantares celebra la victoria de la pasión casta del amor conyugal entre Salomón y Sulamitis (no un amor que es pura pasión fuera del matrimonio); (b) en contra de eso, Umbreit y Ewald piensan que el amado real de Sulamitis es un pastor, mientras que Salomón actúa como tentador, que se relaciona con Sulamitis como Don Juan con Ana (en el drama hispano) como Fausto con Gretchen (en el drama de Goethe).

En consonancia con esta visión, Salomón no podría tomarse como autor del Cantar, aunque Anton Bruckner (*Das hohe Lied*, 1773), el segundo de los representantes clásicos de la hipótesis del pastor, ha pensado que Salomón, en un período posterior de su vida, pudo haber reconocido la "locura" (el error) de su vida anterior, alabando de un modo magnánimo la fidelidad de Sulamitis, que habría superado sus vacilaciones previas (por el hecho de haberse dejado cortejar por el Salomón joven, que se había comportado con ella como un falso don Juan).

Por otra parte, un intérprete judío llamado B. Hollander (1871), siguiendo al idealista alemán W. F. Hezel (1780), supone que Salomón se presenta a sí mismo (de un modo ficticio) como seductor o tentador solamente para poner de relieve el ideal de un virtuoso que triunfa sobre todos aquellos que pretenden seducir a una mujer.

De un modo semejante ha interpretado Godet (1867) el argumento del poema, apoyándose para ello en Ewald, insistiendo en que Salomón quiere presentar en este poema un tipo complejo (complicado) de relaciones humanas, de una forma simbólica, desbordando así los límites de su propia biografía. A juicio de Godet, Salomón es un mesías de la tierra (mesías político, del tiempo presente), mientras que Sulamitis representa al verdadero Israel del futuro. En ese contexto, Yahvé actúa como verdadero pastor divino del futuro, que ha de venir muy pronto en lugar del antiguo Salomón. En este sentido, las hermanas menores de Sulamitis representan a los pueblos paganos.

Estas aplicaciones y otras semejantes se sitúan en la línea de las mismas alegorías antiguas que vuelven a repetirse siempre, en formas semejantes, con nombres cambiados, por la falsa puerta trasera de la historia, en contra del sentido real del texto del Cantar. Estas "historias" de seducción nos muestran que las alegorizaciones más simplistas siguen influyendo en la lectura del Cantar. Ellas son tan imaginarias y falsas como las antiguas y no pueden ayudarnos en ningún sentido a comprender el texto, pero nos permiten situar las diversas perspectivas en la que algunos han colocado la lectura e interpretación del Cantar.

Cantar de los cantares

En esa línea, podemos recordar que Herder pensaba que el Cantar es una colección de cantos de amor salomónicos y así los tradujo, afirmando que eran los más antiguos y bellos de oriente (1778). Por su parte, Goethe, que en *Westöst Divan* (1819) había alabado al Cantar como "el más divino de todos los cantos de amor", tras la aparición del *Comentario de Umbreit* (1795-1860), reconoció que, siendo una colección de cantos diversos, el Cantar tenía también una unidad que resulta necesario explicar.

No tenemos ningún prejuicio de raíz en contra de las posibles alegorías de fondo del Cantar, pues fueron ellas las que hicieron posible que el Cantar se aceptara en el canon bíblico como un libro inspirado, pues de lo contrario hubiera sido rechazado. Solo al ser interpretado como una alegoría se podía afirmar que el Cantar tenía un argumento y una finalidad moral. Más aún: en esa perspectiva, la parte más "oscura" de la personalidad moral de Salomón podía relacionarse con la parte oscura de su vida histórica, como hombre de muchos amores falsos, contrarios al amor verdadero del Dios Yahvé.

Sin duda, una visión alegórica de los amores falsos o verdaderos de Salomón puede ayudarnos a entender su figura y su proceso personal como hombre de varias facetas vitales, pero deja sin resolver muchos problemas no solo de la vida de Salomón, sino también del texto del Cantar. Por eso preferimos tomar el texto tal como está y suponer, con la tradición judía y cristiana, que sus cantos responden al amor real de Salomón por una pastora pobre, amores que expresan su visión más honda del matrimonio, como reflejo y expresión del amor divino.

Quizá desde un momento posterior de su vida, reflejando lo que ha podido sentir en un tiempo anterior o lo que está sintiendo en el presente, Salomón descubre y canta su amor por una mujer concreta de la que se había enamorado, una pastora que forma parte del pueblo llano de la tierra, descubriendo a su luz, de alguna manera, en sentido mucho más profundo (espiritual), el significado y hondura del amor divino.

Desde ese fondo, Salomón escribe los poemas de este canto, formando con ellos una especie de drama pastoril, que constituye la hondura y trama de este libro. En ese sentido, los antiguos lo tomaron como un *Carmen bucolicum mimicum* (un canto de tipo bucólico de imitación). En esa línea, Laurentius Petraus, en su paráfrasis hebreo-danesa (1640), dice que el Cantar es un *Carmen bucolicum* (*amoibaion dramatikon,* es decir, un tipo de intercambio de cantos dramáticos). Por su parte, George Wachter (1722) dice que el Cantar es una "ópera dividida en diversas unidades escénicas, un poema de tipo pastoril y que Sulamitis es una pastora que toma a Salomón como a un pastor, y Salomón, por su parte, acepta su rol o función de pastor y así actúa en el pensamiento y en la vida de esta pastora.

Según eso, el Cantar no es, propiamente hablando, el relato de un largo romance biográfico, ni tampoco un drama extenso, con la intervención continua

Introducción

de diversos personajes. No es un idilio continuado, porque la imagen de la vida que despliega esta obra se extiende solo por un tiempo limitado, sin interrupciones, como en la obra de Teócrito (sobre Adonis, el hermoso amante) y, además, porque en el Cantar hallamos diversos lugares y personas. Por otra parte, la obra se despliega en un breve tiempo, y no parece que existan interrupciones temporales.

En ese sentido, el Cantar no se divide en escenas breves, separadas entre sí, sino que a lo largo de la obra discurren diversas figuras, vinculadas entre sí por temas de amor, figuras que van tomando cuerpo ante nuestros ojos, no solo en un plano externo, sino también en un plano interno, con sus deseos, sus miedos y sus aspiraciones de manera que al fin tiende a cumplirse la meta de sus deseos, el amor entre Salomón y Sulamitis, no solo en un sentido sensorial, sino también moral.

De modo estricto, el Cantar no es una pieza teatral, pues para serlo las escenas tendrían que haber sido más extensas y deberían hallarse mejor configuradas, en plano espacial y temporal, conforme al estilo dramático. Por tanto, en contra de una obra teatral estrictamente dicha, aquí no puede hablarse de un cambio de escenarios (lugares), tiempos (con un desarrollo y desenlace estrictamente dicho), esto es, de lugares en los que se define y despliega el argumento de conjunto. Por otra parte, en esa línea debemos recordar que el teatro (tragedia, comedia) no es una institución cultural semita, sino que tiene un origen y sentido indo-persa y griego. Los poetas judíos solo construyeron dramas en tiempos posteriores, bajo influjo alejandrino, y como imitación del teatro griego, intentando integrar a personajes distintos, a lo largo de un tiempo, para así recrear un tema desde diversas perspectivas.

Considerando esto, la polémica de H. Grätz (*Schir ha-schirim: Oder, das salomonische Hohelied*, 1871) en contra del carácter teatral-dramático del Cantar resulta plenamente justificada. El Cantar no es un drama, sino un poema de amor entre el rey Salomón y la pastora Sulamitis. De todas maneras, tanto aquí como en el libro de Job, podemos descubrir que, dentro de la misma Biblia, partiendo de la lírica, se está dando un proceso que podría conducir al drama, en la línea de lo que ha sucedido, por un lado, en Grecia (con el paso de la lírica a la tragedia y comedia) y, por otro lado, en la India (con el paso de la épica al drama).

En el libro de Job, los coloquios que podrían desembocar en un drama son todos de carácter narrativo. El despliegue de la narración exige que, en un momento dado, la dinámica del relato se exprese y despliegue en forma de diálogo entre los personajes. En contra de eso, la situación en el Cantar es diferente. No es el relato el que se convierte en diálogo, sino que es la experiencia y despliegue narrativo de cada personaje el que exige que el canto se convierta en un tipo de intercambio teatral de poemas.

En Job tenemos un relato que, en un momento dado, se convierte en diálogo por la intervención personal de los diversos protagonistas, de forma que

11

Cantar de los cantares

la misma narración desemboca en una frase como "y Job respondió y dijo...". Por el contrario, en el Cantar no es la narración la que lleva al diálogo, sino el deseo y petición de un personaje que ruega a otro, pidiéndole que intervenga, como en el caso de Cnt 2, 10: "Respóndeme, amado y dime". De esa forma, el canto de un personaje se convierte en un diálogo entre cantos de diversos personajes, no solo entre Salomón y Sulamitis, sino también entre otros, como las hijas de Jerusalén o los hermanos de Sulamitis.

Los antiguos manuscritos griegos ofrecen un testimonio involuntario de este carácter dramático del Cantar cuando, antes del discurso o intervención de un personaje, algunos textos ponen el nombre de la persona que va a intervenir, ya sea el esposo o la esposa (el novio o la novia). Por su parte, la traducción etíope divide el Cantar en cinco piezas separadas y lo hace probablemente (como muestra el Códice Sinaítico) siguiendo el ejemplo de la LXX, que lo divide en seis actos, conforme al esquema o modelo que sigue:

- Afecto mutuo de los amantes (Cnt 1, 2 – 2, 7), con la conclusión: "Yo os abjuro, hijas de Jerusalén".
- Búsqueda y encuentro mutuo de los amantes (Cnt 2, 8 – 3, 5), con la conclusión: "Yo os abjuro, hijas de Jerusalén".
- Búsqueda de la novia y matrimonio (Cnt 3, 6 – 5, 1), comenzando con "quién es…" y terminando con "bebe y embriágate, amado".
- Amor despreciado, pero que vence de nuevo (Cnt 5, 2 – 6, 9).
- El texto empieza con Sulamitis la atractiva y hermosa, pero humilde princesa (Cnt 6, 10 – 8, 4), de la que se dice "quién es…" y termina con "yo os abjuro, hijas de Jerusalén".
- Ratificación del pacto de amor en la casa (Cnt 8, 4-14), comenzando con "quién es…".

Zöckler distingue en el centro del Cantar cinco actos, porque unifica Cnt 5, 2 – 8, 4 en uno solo, aunque reconoce que las razones que tiene para hacerlo no son del todo convincentes. Según eso, el Cantar se dividiría en 7 partes, al igual que Job: prólogo, epílogo y cinco partes intermedias. Pero la comparación de Cantar con Job no parece nada decisiva, de modo que esta división del texto resulta problemática. Por su parte, Thrupp (1862) divide el Cantar en seis partes: (1) Anticipación: Cnt 1, 2 – 2, 7; (2) Despertar: Cnt 2, 8 – 3, 5; (3) Desposorio y consecuencias: Cnt 3, 6 – 5, 1; (4) Ausencia: Cnt 5, 2-8; (5) Presencia: Cnt 5, 9 – 8, 1; (6) Triunfo del amor: Cnt 8, 5-12, con la conclusión Cnt 8, 13-14.

Sin embargo, no se ve la razón por la que Cnt 5, 9 deba tomarse como principio de una nueva parte. Ciertamente, ese verso ofrece la respuesta que las hijas de Jerusalén brindan al conjuro de la Sulamitis. Ese verso forma parte del

Introducción

final de la división anterior y no puede tomarse como principio de una escena nueva. Teniendo en cuenta todo eso, yo divido el Cantar en seis partes o actos que se separan entre sí de un modo natural, sin violencia alguna, de manera que cada una se divide a su vez en dos escenas, conforme al esquema que sigue:

Acto	Escena 1	Escena 2
1) Cnt 1, 2 – 2, 7	Cnt 1, 2-8	Cnt 1, 9 – 2, 7
2) Cnt 2, 8 – 3, 5	Cnt 2, 8ss.	Cnt 3, 1-5
3) Cnt 3, 6 – 5, 1	Cnt 3, 6ss.	Cnt 4, 1 – 5, 1
4) Cnt 5, 2 – 6, 9	Cnt 5, 2 – 6, 3	Cnt 6, 4-9
5) Cnt 6, 10 – 8, 4	Cnt 6, 10 – 7, 6	Cnt 7, 7 – 8, 4
6) Cnt 8, 5-14	Cnt 8, 5-7	Cnt 8, 8-14

En el libro anterior (de 1851) extendí la escena primera del primer acto hasta Cnt 1, 17, pero he advertido más tarde que esa primera escena concluye en Cnt 1, 8, porque hasta ese momento Salomón se hallaba ausente y en Cnt 1, 9 él comienza a conversar con la sulamita, mientras el coro permanece en silencio. Por eso he cambiado la extensión de la escena. Kingsbury en su traducción de 1871 coloca sobre Cnt 1, 9 esta *superincriptio*: "La entrada del rey". Pero el cambio de escena no implica un cambio de escenario, pues el Cantar no es una pieza de teatro:

—   *El primer acto* se desarrolla en dos espacios: en el comedor y en la habitación de bebidas, propia de las mujeres del palacio real.
—   *En el segundo acto*, Sulamitis está de nuevo en casa.
—   *En el tercer acto*, que representa el matrimonio, la esposa vuelve a entrar en Jerusalén viniendo del desierto, y lo que se dice después trata de aquello que sucede durante la celebración de la fiesta del matrimonio.
—   *El cuarto acto* se desarrolla en Jerusalén, pero sin más precisiones sobre el lugar.
—   *El quinto acto* se desarrolla en el parque de Etan y después en la casa de campo que Salomón posee allí.
—   *En el sexto acto* vemos que los nuevos esposos están, primero, de camino hacia Shulem y, después, en la casa familiar de Sulamitis.

En las tres primeras escenas de esta visión dramática Sulamitis va ascendiendo de nivel humano hasta alcanzar una situación de igualdad respecto a Salomón. En la segunda mitad de la obra, Salomón desciende de nivel hasta alcanzar la igualdad con Sulamitis. Al final de la primera parte, ella aparece residiendo en el palacio del rey. Al final de la segunda, Salomón reside en la casa de su esposa en Galilea.

En la monografía del 1851 probé que el Cantar contiene signos claros de su origen salomónico: la familiaridad con la naturaleza, la hondura y extensión de sus referencias geográficas y artísticas, la mención de tantas plantas exóticas y de tantos objetos extranjeros (en especial de objetos muy lujosos como los caballos de Egipto), nos invitan a pensar que el autor del libro es el mismo rey Salomón.

El Cantar comparte con el Sal 72 el hecho de utilizar muchas imágenes de plantas. Con el libro de Job comparte una ficción o forma dramática y, finalmente, con Proverbios tiene en común el hecho de asumir muchas alusiones a la temática y motivos centrales del libro del Génesis. En el caso de que no haya sido escrito por el mismo Salomón, parece evidente que proviene de su tiempo, pues la parte primera y más antigua de Proverbios (Pr 1–9), escrita en tiempos del rey Josafat (909-883 a.C.), lo mismo que el suplemento de Pr 22, 17 – 24,v22, muestra un buen conocimiento del texto del Cantar. Eso prueba que Cantar es un libro antiguo, escrito por el mismo Salomón o por un autor de su entorno, que conoce bien las tradiciones personales y sociales más antiguas de Israel.

En una línea algo distinta, Ewald y Hitzig niegan que Salomón sea el autor directo de este libro, pues piensan que el Cantar tiene ideas que van en contra del pensamiento propio de Salomón. Pero ambos añaden que este libro tuvo que ser escrito poco después de Salomón, en el reino del Norte (Israel), hacia el año 950 a.C., en un tiempo de florecimiento de la vida israelita.

En contra de eso, diversos autores judíos de la actualidad asumen la visión crítica de la Escuela de Tubinga, afirmando que el Cantar no pudo haber sido escrito por Salomón, como tampoco el Pentateuco en su conjunto no pudo haber sido escrito por Moisés, en contra de lo que ha venido afirmando toda la tradición antigua, judía y cristiana. Son muchos los que en esa línea creen que, al igual que el Levítico, el Cantar tiene que ser posterior al tiempo de Ezequiel, añadiendo que ha sido escrito en tiempos del triunfo del helenismo, después de las conquistas de Alejandro Magno (333 a.C.).

Así lo muestrann los helenismos que aparecen en el texto, al igual que sus semejanzas con el pensamiento bucólico de Teócrito (310-260 a.C.) y con el erotismo de los poetas helenistas tardíos. En esa línea, muchos afirman que el Cantar ha sido escrito en un tiempo en que se había extendido un tipo de vida influido por el helenismo, especialmente en la época de Ptolomeo Evegetes (247-221 a.C.).

No podemos negar, en modo alguno, la penetración del pensamiento y de la forma de vida helenista entre los judíos del siglo III a.C.; una penetración que se dio en ese tiempo no solo en Israel, sino en todos los pueblos del oriente del Mediterráneo. Pero eso no prueba, de ningún modo, que este libro como tal haya

Introducción

sido compuesto en un momento de dominio cultural y político helenista, pues los motivos centrales del Cantar son universales, no se limitan al helenismo, sino que comienzan a desarrollarse y se expresan con toda fuerza desde el comienzo de la gran cultura hebrea, es decir, desde el siglo X a.C., en el tiempo de Salomón, como ha defendido toda la tradición antigua tanto judía como cristiana.

Por su parte, Grätz (1871) ha situado el libro del Eclesiastés en un tiempo posterior al del Cantar, pues él ha encontrado en el Eclesiastés no solo palabras y pensamientos helenistas, sino también el influjo del rey Herodes el Grande (37-4 a.C.), como mostraría Ec 12, 12-14. Pero esa prueba no es concluyente, porque esos versos (Ec 12, 12-14) no forman parte del libro del Eclesiastés, sino que han sido añadidos en un tiempo posterior, cuando el libro ha sido editado e incluido en el canon de los textos sagrados. Estos últimos versos del Eclesiastés han sido añadidos en Jerusalén por los rabinos que formaron parte del Sínodo de Jabne, sea en el año 65 o en el año 90 d.C. Estas palabras son una muestra de las dificultades que se dieron para aceptar en el canon de la Escritura estos dos últimos libros de la Biblia hebrea.

Este es un tema que fue discutido ya en Jerusalén antes de la caída de la ciudad (hacia el año 65), cuando se debatía sobre el carácter canónico de estos dos libros (si manchaban las manos, siendo por tanto sagrados, o si no manchaban las manos, siendo por tanto libros profanos). Los partidarios de la escuela de Shammai tendían a decir que estos libros no eran sagrados. Por el contrario, los de la escuela de Hillel afirmaban que eran sagrados, es decir, canónicos.

En esa línea, se suele citar la "afirmación de Rabi Akiba, o de algún otro rabino que decía: "No hay día más sagrado en la historia del mundo que aquel en que fue escrito el libro del Cantar de los Cantares; porque todos los *Ketubim* son santos, pero el Cantar de los Cantares es el más santo de todos". A partir de esta cita, Grätz saca la conclusión de que el libro del Cantar no fue fijado (terminado) hasta el año 65 d.C. Pero esta conclusión es falsa, pues la palabra *Ketubim* (Escritos) no se refiere aquí solo al Cantar de los Cantares, sino a todos los libros de la Escritura que fueron aceptados como santos en torno al año 65 d.C.

Los libros que "manchan" (es decir, los que convierten las manos en sagradas) no son solo el Eclesiastés y el Cantar, sino todos los Escritos sagrados, entre los que se cuentan (incluyen) el Eclesiastés y el Cantar. Grätz tiende a pensar que los libros de la Escritura solo empezaron a tomarse como sagrados en torno al año 95 d.C., pero esta conclusión es falsa, pues sabemos por Filón de Alejandría y por Josefo que existía ya desde tiempos anteriores un canon de libros sagrados que incluía los libros de la Torá, de los profetas y de los *Ketubim*, es decir, de los escritos en general.

La diferencia de Eclesiastés y el Cantar está en el hecho de que su carácter canónico fue discutido hasta tiempos posteriores entre las dos escuelas rabínicas,

Cantar de los cantares

la de Sammai y la de Hillel, hasta que logró imponerse la opinión de Hillel, en sentido afirmativo, a lo largo del siglo I d.C.

La causa de esta discusión no está en el hecho de que se pensara que esos dos libros hubieran sido escritos en tiempos posteriores, sino en el hecho de que algunos rabinos afirmaran que su contenido no respondía al carácter e identidad sagrada de la Escritura. Dudas de ese tipo se alzaron también contra otros libros como Proverbios, Ester y Ezequiel.

La historia de la exposición del Cantar ha sido estudiada con detalle por Christian D. Ginsburg, *The Song of Songs* (Londres, 1857) y por Zockler, *The Song*, que ha aparecido en Lange (*Bibelwerk*, 1868), con un suplemento de las interpretaciones que se han hecho en lengua inglesa de la traducción angloamericana de esta obra realizada por Green. Por su parte Zunz, en su Prefacio a Bernstein (*Lied der Lieder*, 1834), ha ofrecido una visión histórica de los comentarios judíos del Cantar.

En esa línea, Steinschneider (*Hebräische Bibliographie*, 1869, 110ss.) presenta una visión aún más completa de los comentarios judíos al Cantar. Finalmente, la librería real de Munich conserva un amplio número de comentarios judíos al Cantar, escritos, entre otros, por autores como Moses b. Tibbon, Shemariah, Immanuel Eomi, Moses Calais (que se convirtió al cristianismo) y otros.

Nuestro comentario ofrece varias contribuciones novedosas a la historia de la interpretación de este libro. No hay ningún otro libro de la Escritura del que se haya abusado más, no solo en trabajos de tipo científico y de espiritualidad no científica, sino también en libros de falsa espiritualidad. Así lo dice el mismo Lutero al final de su comentario: *Quodsi erro, veniam, meretur primus labor, nam aliorum cogitationes longe plus absurditatis tabent* (si no me equivoco, merece la pena realizar un esfuerzo mayor en este campo, precisamente allí donde los errores de los otros son mayores). De todas formas, este es un trabajo que yo he querido evitar en lo posible, para ocuparme del pensamiento propio de este libro.

COMENTARIO

TÍTULO
(Cnt 1, 1)

¹ שִׁיר הַ שִׁי רִים אֲ שֶׁר לִשְׁלֹמֹ ה:

¹ El cantar de los cantares de Salomón.

1, 1. El título del libro indica desde el principio que se trata de un todo unido, y que es la obra de un mismo autor: *Canto de los cantos, compuesto por Salomón.* La conexión de genitivo שִׁיר הַ שִׁי רִים (Canto de los cantos) no puede significar aquí que se trata de un canto que consta de un determinado número de cantos, como sucede en el título de conjunto de la Biblia (Libro de los libros), que no está indicando que la Biblia en total consta de 24 más 27 libros canónicos, sino que es el libro más importante, el libro por excelencia. Tampoco aquí, el título significa que el libro del Cantar esté compuesto por un determinado número de cantos (que se diría שִׁיר שִׁירֵי שׁ), sino que el canto de este libro es el más importante de todos los cantos, que es una forma de evitar la reduplicación del genitivo. Por otra parte, si este título quisiera indicar que estamos ante uno de los cantos de Salomón, tendría que haberse titulado שִׁיר מִשִּׁירֵי, como ha explicado con toda precisión el Midrash (cf. Fürst, *Der Kanon des AT*, 1868, p. 86).

El título quiere decir que este es el más admirable, el más maravilloso de los libros, más valioso de todos los libros de cantos de Salomón. Esta construcción en superlativo tiene el mismo sentido que la famosa expresión de Sófocles, cuando habla de aquellas cosas que son ἄρρητα ἀρρήτων, las más secretas y misteriosas de todas. En ese sentido, Gn 9, 26 habla del "siervo de los siervos", es decir, del más importante de los siervos.

El plural de la segunda palabra (cantos, siervos) resulta indispensable para indicar el superlativo (cf. Dietrich, *zur hebr. Grammatik*, 12). Es necesario que la

Cantar de los cantares

palabra esté en plural, pero no que tenga artículo, que se suele omitir cuando el predicado tiene un sentido complejo, como en Gn 9, 25; Ex 29, 27; o cuando las palabras en genitivo tienen algún tipo de conexión interna (como en Jer 3, 19). Pero el artículo falta también en otros casos como en Ez 16, 7 y Ec 1, 2; 12, 8, cuando el plural no indica totalidad, sino un número indeterminado de casos. En esa línea, el título *Cantar de los Cantares* muestra que este cantar es modelo y suma (expresión suprema) de todos los cantares de Salomón.

La expresión לְ שְׁלֹ מֹ ה (= *asher lishlōmō*) no se refiere a unos cantos particulares, como en la traducción véneta que pone τῶν τοῦ, como si la expresión hebrea fuera שִׁיר מהשׁ, sino a todo el libro, que tiene el carácter de "cantar de los cantares". Una cláusula de formación y sentido semejante aparece también en 1Re 4, 2: "Estos son los príncipes *asher lo*", que pertenecían a él, es decir a Salomón.

Aquellos que no aceptan la idea de que Salomón fuera el autor del Cantar explican esta frase diciendo: "Cantar de los cantares que se refiere a Salomón, o que se relaciona con Salomón, apelando para ello a LXX B, donde se dice ὅ ἐστι Σαλ. Pero esta expresión no es más que un genitivo latente, que tiene el mismo sentido que la expresión de LXX A, τῷ Σαλ.

Ciertamente, la lamed de לִשְׁלֹ מֹ ה puede referirse a los escritos de Salomón como en Jer 23, 9. Pero esto se aplica solo en el caso de que el escrito quiera designarse precisamente como canto, salmo u otra expresión semejante. En ese y otros casos parecidos el lamed que sigue es siempre un *lamed auctoris*, aplicado al autor de los escritos. En este sentido, la idea de la relación o referencia se expresa de un modo más preciso con la partícula עַל. Según eso, podemos afirmar que la historia dramática que sigue (la fábula o melodrama que viene a continuación) se encuentra revestida de las características o rasgos de identidad de la persona a la que se alude, que en este caso es Salomón. Podemos suponer, por otra parte, que la *superscriptio* (de Salomón) ha sido escrita en nuestro caso por el mismo Salomón, que en Proverbios aparece como "hijo de David", al igual que en Eclesiastés.

Probablemente es el mismo Salomón el que se presenta como tal, es decir, como Salomón. Pero, en contra de eso, puede apelarse al hecho de que, en los restantes casos, en el cuerpo del libro, en vez de la partícula simple que es la שׁ (como en el título), tenemos la partícula completa (*asher* en vez de la simple שׁ). De todas formas, en otros casos, como en el libro de las *Lamentationes*, las dos partículas שׁ y *asher*, suelen intercambiarse. Esta partícula שׁ pertenece al antiguo lenguaje cananeo, al igual que el fenicio אשׁ que ha quedado a medio camino en su evolución hacia *asher*.[1]

---

1. Teniendo esto en cuenta, algunos suponen que *asher* es una raíz pronominal, equivalente a אֵשׁל. En contra de eso, Fleischer piensa que es un sustantivo original, lo mismo que *atar*, árabe *ithr*, asirio. Sea como fuere, *asher* está indicando aquí la persona que habla o de la que se habla.

Título (Cnt 1, 1)

En el libro de los Reyes, _asher_ se utiliza como expresión provinciana (particular) del norte de Palestina, aunque no aparezca con ese sentido en otros casos de la literatura preexílica.[2] De todas formas, en el lenguaje de los cantos y lamentaciones de tiempos preexílicos (_shirim_ y _kinah_, cf. también Job 19, 29), la partícula שׁ tiene un sentido ornamental, actúa como adorno, no para expresar una idea necesaria para entender el texto, sino como forma de embellecimiento. En la literatura postexílica aparece tanto en poesía (Sal 122, 3) como en prosa (1Cr 5, 20; 27, 27). En el Eclesiastés, forma ya parte del nuevo uso rabínico que está en pleno crecimiento. Por eso, la utilización de שׁ en el título de un libro, en lugar de _asher,_ parece algo extraña. De todas formas, eso no es signo ni demostración de un origen postexílico del libro. Tanto la historia del lenguaje como de la literatura van en contra de esa suposición.

---

2. Aquí no tomamos en cuenta el texto de Gn 6, 3. En el caso de que haya que leer בְּשַׁגַּם, estaríamos ante una שׁ que tiene un sentido semejante al que aparece en el nombre propio de Mishael/Mikael: ¿quién como Dios?

PRIMER ACTO:
AFECTO MUTUO DE LOS AMANTES
(Cnt 1, 2 – 2, 7)

Escena 1: Cantares 1, 2-8

יִשָּׁקֵ֙נִי֙ מִנְּשִׁיק֣וֹת פִּ֔יהוּ כִּֽי־ טוֹבִ֥ים דֹּדֶ֖יךָ מִיָּֽיִן׃ ²

לְרֵ֙יחַ֙ שְׁמָנֶ֣יךָ טוֹבִ֔ים שֶׁ֥מֶן תּוּרַ֖ק שְׁמֶ֑ךָ עַל־ כֵּ֖ן עֲלָמ֥וֹת אֲהֵבֽוּךָ׃ ³

מָשְׁכֵ֖נִי אַחֲרֶ֣יךָ נָּר֑וּצָה הֱבִיאַ֨נִי הַמֶּ֜לֶךְ חֲדָרָ֗יו נָגִ֤ילָה וְנִשְׂמְחָה֙ בָּ֔ךְ נַזְכִּ֤ירָה דֹדֶ֙יךָ֙ מִיַּ֔יִן ⁴
מֵישָׁרִ֖ים אֲהֵבֽוּךָ׃ ס

² ¡Oh, si él me besara con besos de su boca!
Porque mejores son tus amores que el vino.
³ Exquisitos de aspirar son tus suaves perfumes.
Tu nombre es como un ungüento que se vierte;
por eso las doncellas te aman.
⁴ Llévame en pos de ti; corramos.
El rey me ha introducido en sus mansiones;
nos gozaremos y alegraremos en ti;
nos acordaremos de tus amores más que del vino;
con razón te aman.

1, 2. Con estas palabras empieza la primera estrofa, en forma de "solo": "Que me bese con los besos de su boca". Por estas palabras percibimos desde el principio que quien habla aquí es solo una de las muchas personas entre las que Salomón distribuye sus besos, porque la *min* de מִנְּשִׁיק֣וֹת tiene sentido partitivo como, por ejemplo, en Éx 16, 27 (cf. Jer 48, 32 e Is 16, 9), como en la frase proverbial que está al fondo del pasaje, נשק נשיקה, *osculum osculari* (ofrecer, unir, dar un beso).

Primer acto: Afecto mutuo de los amantes (Cnt 1, 2 – 2, 7)

En sentido estricto, *nashak* significa unir una cosa con otra, vincular, acercar, especialmente, boca a boca. פּיהו es la forma paralela de פּיו, se encuentra tanto en poesía como en prosa, y se utiliza en este caso por razón del ritmo. Böttcher, al igual que Hitzig, prefiere ישׁקני (que él me dé a beber), pero "darme a beber besos" es una expresión menos adecuada.

En las palabras que siguen, la expresión cambia de objeto: no es ya una petición, sino un razonamiento (porque tu amor es mejor que el vino). En vez de "amor", los LXX ponen "tus pechos", porque el texto hebreo que toman como base de su traducción está escrito de manera defectiva, como en el lenguaje tradicional, poniendo דּדיך en vez de דֹּדֶיךָ de forma que podemos suponer que el dual *dadayim* o *dadiym* pudiera utilizarse en el sentido del griego μαστοί (Ap 1, 13, cf. mi trabajo en *Handsch Funde*, Heft 2, 1862), y aplicarse también a los pechos de un hombre (aunque Is 32, 12, versión Targum, no se pueda utilizar para fundamentarlo). Sea como fuere, ese lenguaje (tus pechos son mejores que el vino) parece poco apropiado en boca de una mujer dirigiéndose a un varón, y no se podría tomar como expresión de una alabanza.

Por otra parte, para indicar que דּדיך no es la auténtica lectura del texto ("porque son mejores... más amables"), R. Ismael dice, con razón, contestando a R. Akiba (*Aboda zara* 29*b*), que la palabra siguiente (1, 3) שׁמניך, exige que el texto de 1, 2 ponga דּדיך. De manera precisa, el griego veneciano pone *hoi soi erôtes* en vez de דודים, una expresión que está relacionada con אהבה al igual que *eros* con ἀγάπη y *minne* con *liebe,* en alemán.

Esa palabra, דודים, está en plural, al igual que חיים (siendo una forma plural, *plurale tantum*, pero con sentido singular), que se conecta con un predicado singular. La raíz verbal דוד tiene un sentido reduplicativo abreviado (Ewald, §118, 1); la raíz דו parece significar "moverse por empujones o golpes" (cf. *Comentario Salmos* 42, 5), o hacer que un líquido empiece a hervir, de manera que, en esa línea, דּוד ha de ser una cazuela u olla de cocina.[3] De la misma raíz proviene דּיד (David), el amado, igual que la fundadora de Cartago, llamada דידה (= דידון, Didón, Dido) la *amorosa*. El adjetivo *tov* aparece tres veces, aquí y en Cnt 1, 3, en el sentido más antiguo de *aquello que es agradable y placentero*, no solamente para el gusto, sino también para el olfato (como en árabe).

1, 3a. *Tus ungüentos tienen olor agradable.* La traducción latina dice *suaves prae vino.* Esa traducción está suponiendo que, durante el tiempo en que se canta el

---

3. Por eso se plantea la cuestión de si la palabra דד tiene en el fondo el sentido doble de pecho y de amor, no solo en hebreo, sino también en árabe, con otras palabras que significan sentir, acariciar y competir, de donde viene el árabe *dad* que significa deporte, como en francés *dada hobby,* de juego.

poema, se ofrece vino y se perfuma el lugar con aromas, pero sabiendo siempre que el amor es más valioso que el vino y los perfumes. Se ha dicho que la palabra ריח (de la raíz de *ruaḥ*) significa fragancia, olor, no simplemente perfume. En esa línea, Hengstenberger, Hahn, Hölem y Zöckle traducen: *por su fragancia, tus ungüentos son dulces.*

Ciertamente, las palabras de nuestro texto, conforme al sentido de pasajes como Jos 22, 10, Job 32, 4 y 1Re 10, 23, parecen significar "dulces de olor". Pero, en ese caso, la palabra (לְרֵיחַ)con lamed de referencia debería ir detrás de aquello a lo que se refiere y no antes, como en nuestro caso. En esa línea, Hengstenberger traduce: *ad odorem unguentorem tuorum quod attinet bonus est* (aquello que está relacionado con tus ungüentos es dulce), pero esa traducción va en contra del sentido del sujeto y de la atracción que ejerce al conjunto del tema (cf. 1Sa 2, 4, Job 15, 20). La acentuación hace que לריח deba separarse de la conexión de genitivo del texto שְׁמָגֶיךָ תּוּרָק.

Ciertamente, esta palabra (לְרֵיחַ) como el árabe *ryḥ*, significa en otros casos *odor* (olor), *hifil* הריח (*araḥ*) *odorari*, oler; pero ריח puede tener también el sentido de *odoratus* (el olfato) pues en el hebreo postbíblico הריח חוש significa el sentido del olfato. Así también en alemán, *riechen* significa las dos cosas: emitir fragancia y percibir fragancia. Nosotros traducimos el sentido de conjunto de la frase en la línea de Gn 2, 9, donde la *lamed* está refiriéndose al sentido de la vista, lo mismo que ריח se refiere aquí al sentido del olfato. Zöckler y otros contestan que, en ese caso, la palabra tendría que haber sido לריח, con artículo. Pero el artículo falta también en Gn 2, 9 (cf. Cnt 3, 6), y no es necesario que aparezca, especialmente en poesía, lo mismo que en el caso de *asher* donde el artículo no suele ser necesario.

1, 3b. *Tu nombre es como ungüento purificado.* En Cnt 1, 3a, los ungüentos eran especias que se utilizaban para perfumar el palacio. Pero, en nuestro caso, la fragancia de los perfumes queda sobrepasada por la del nombre de la amada. Las dos palabras que aquí se utilizan, שֵׁם (nombre) y שֶׁמֶן (fragancia), forman una paronomasia, por la cual la comparación de fondo del texto se sitúa en la línea de Ec 7, 1. En todos los restantes lugares, las dos palabras son masculinas. Pero antes que שֵׁם, que es con frecuencia (prácticamente siempre) "masculino" (aunque su plural sea שׁמות y parezca femenino, cf. בותא), שׁמן puede utilizarse también en femenino, aunque no tengamos un caso que lo pruebe (como sucede con las palabras *devăsh*, *mōr*, *nŏphĕth*, *kĕmāh* y otras semejantes que son siempre masculinas).

En esa línea, Ewald traduce שֶׁ מָן תּוּרָק, en el sentido de "aceite derramado", aceite de unción; pero, siendo así, hubiera sido preferible un nombre con un sentido semejante al de "aceite de rosas" (perfume de rosas), sin embargo, en hebreo no encontramos ninguna palabra formada de esa manera. De ese modo, el

Primer acto: Afecto mutuo de los amantes (Cnt 1, 2 – 2, 7)

nombre תורק no tiene en hebreo otros ejemplos semejantes, pues ni תוגה ni תובל (en el nombre de Tubal-Cain) pueden tomarse como paralelos.

Fürst imagina que había en Palestina una región llamada *Turak*, donde se producía un excelente aceite perfumado, de manera que la amante podía decir a su amado que había sido perfumado con "aceite de Turak" (שֶׁמֶן תּוּרֵק). En tal sentido, en turco, se dice todavía "aceite de rosas". Pero es muy aventurado afirmar que el nombre del amado es "aceite de Turak", para así poner de relieve la fragancia de su amor como perfume, pues resulta extraño afirmar que el nombre (persona) se use como perfume, tema que podría traducirse en latín *ut unguentum nomen tuum effunditur* (como unción, como perfume de Turak se expande tu nombre, tu persona), pero en hebreo esa expresión resulta menos apropiada.

Así traducen, sin embargo, Hengstenberger, Hahn y otros: *tu nombre es un aceite de unción*, que se toma (se saca) de su depósito, de su frasco, para así derramarlo (verterlo) sobre la persona amada (un tema que ha sido desarrollado por Mc 14, 3-9 en la unción de Betania, aunque en ese caso la persona que derrama el aceite perfumado, como signo de amor, es la mujer, no el varón.

Ciertamente, el texto evita intencionadamente la expresión רקום מֹשׁ quizá porque el idioma hebreo antiguo no es φιλομέτοχος (amigo de crear participios) y, además, מורק suena mal con el sentido más común de מרק (para quitar, para borrar). Quizá se evita también intencionadamente la expresión מֹשׁ רקוּי por la elisión de dos sonidos débiles (la nun y la yod). Por su parte, la palabra nombre (*shēm*) deriva del verbo *shāmā*, que significa ser elevado, prominente, digno de ser recordado. En este contexto se dice que los cielos (*shamayim*) son elevados, dignos de ser recordados (cf. Coment. Sal 8, 2). Por eso, el encanto atractivo y la gloria hacen que el amado tenga un nombre que ha de ser recordado. De esa manera, se sigue diciendo: por eso te aman las doncellas (Cnt 1, 3c, עַל־כֵּן עֲלָמוֹת אֲהֵבוּךָ). Estas palabras nos recuerdan las de Pr 45. עלמות (sing. Is 7, 14), de עלם (árabe, *ghalima*), *pubesceré*: doncellas creciendo en madurez. La forma intransitiva de אהבוך, con significado transitivo, está poniendo de relieve un tipo de *pathos*. El perfecto no se puede traducir como pasado, *dilexerunt*, sino que ha de traducirse según Gesen. §126, 3: ellas han suscitado amor por ti, te aman, como interpretan los traductores griegos: ἠγάπησάν σε. El hecho de que haya personas que canten ese amor está indicando que ese amor existe.

Con estas palabras termina el primer pentastico del poema. La interpretación mística piensa que este es un canto de alabanza y de afecto amable, que la Iglesia eleva por su propio impulso dirigiéndose a Cristo, el más digno de los hijos de los hombres. El Targum empieza pensando, ante todo, en el canto de alabanza que los fieles dirigen a Dios por medio de Moisés (cf. Nm 23, 8). La evidencia y fuerza del amor divino se expresa, ante todo, por medio del beso. En esa línea, el hebreo postbíblico afirma que la muerte más hermosa de todas es בנשיקה, es decir, una muerte por la que Dios recibe en su seno a un alma por medio de un beso.

1, 4a. *Llévame en pos de ti y corramos juntos.* El rey me ha conducido a sus cámaras. מָשְׁ כֵ נִ י אַחֲ רֵיךָ נָּרוּצָה הֱ בִיאַ֫ נִ י הַ מֶ לֶךְ חֲדָרָ֫יו. Todos los intérpretes recientes (excepto Böttcher) traducen como Lutero: *Arrástrame detrás de ti, de manera que corramos juntos.* De esa forma traduce también el Targum: "Arrástrame tras de ti, y correremos por las vías de tu bondad (*trahe nos post te et curremus post viam bonitatis tuae*). Pero la acentuación del texto, tal como ha sido aceptada por la Peshita y la Vulgata y también por las traducciones griegas (quizá con la excepción de la Quinta), supone que el texto ha de traducirse de un modo distinto: arrástrame, es lo que yo quiero, correr detrás de ti, siguiéndote (cf. Dachselt, *Biblia Accentuata*, p. 983s.).

En realidad, esta palabra (מָשְׁ כֵ נִ י אַחֲ רֵיךָ) no necesita complemento. Por sí misma, significa "arrastrar hacia" o atraer hacía sí mismo. La palabra correspondiente en árabe, *masak*, significa: *prehendere prehensumque tenere* (agarrar, tener prendido a uno mismo). La raíz es משׁ, *palpare*, *contrectare* (palpar, agarrar). Esta palabra se utiliza en muchos lugares en un sentido espiritual, como expresión de una atracción de amor, que vincula/arrastra a otros hacia uno mismo (cf. Os 11, 4; Jer 31, 3; cf. también el griego ἑλκύειν, Jn 6, 44; 12, 32). Si se vincula la expresión "tras de ti" con "arrástrame", esta expresión indica que el amor necesita cierta violencia para llevar a la persona a la que se arrastra de su lugar a otro lugar; pero si se pone de relieve la expresión "correremos", el texto está indicando que la persona amada corre en pos del amor por medio de un impulso interior, no a través de un sometimiento al otro.

1, 4b. Coro: *nos regocijaremos y nos alegraremos…* (נָגִילָה וְנִ שְׂמְחָה֙ בָּךְ). El conjunto del coro, retomando el motivo del solo anterior, indica que la amante únicamente necesita una indicación del coro para ponerse en marcha y correr. Esta palabra del coro pone de relieve el hecho de que la amante no está aislada, sino que hay a su lado un grupo de personas que la acompañan y quieren correr con ella.

El conjunto del coro, retomando este motivo, está indicando que la amante solo necesita una indicación de deseo para lograr que aquellos que aquí hablan sean gozosos seguidores suyos: la amante exulta y se regocija por el amado. Así lo declaran las muchachas del coro que saben y dicen que el amor es más importante y gozoso que el vino (נַ גִילָה וְנִ שְׂמְחָה֙ בָּךְ נַן כֵירָה דֹ דֵיךָ מִ יַּ֫ ן). El cohortativo נרוצה (correremos) fue en principio una *apódosis imperativi*. Los cohortativos de este pasaje son *apodosis perfecti hypothetici* (apódosis de un perfecto hipotético): "En el supuesto de que esto acontezca, sucederá que…". Estos motivos se expresan más a menudo *utilizando sin más un tiempo en perfecto*

Primer acto: Afecto mutuo de los amantes (Cnt 1, 2 – 2, 7)

(cf. Sal 57, 7; Pr 22, 29; 25, 16: suponiendo que eso suceda) o incluso en futuro (Job 20, 24; Ewald, §357b) son *interiora domus* (las partes íntimas de la casa), de la raíz *hhādăr*, como חדרי muestra el árabe *khadar*, que significa retirarse hacia atrás, a la parte trasera de la vivienda. En ese sentido, la *hhĕdĕr* de una tienda es la parte trasera, separada por una cortina de la parte delantera. En el momento actual, aquellos que cantan, es decir, las *introire* y בוא, muchachas del coro, no están en la parte privada del fondo de la casa (con *acc. loci*, acusativo de lugar), sino en la parte exterior. Pero el rey introduce a una de las doncellas en la parte interior, de manera que las restantes muchachas del coro se alegrarán y se regocijarán por ella (por ti).

En general, estas palabras de Cnt 1, 4b no expresan aquello que las muchachas del coro quieren hacer sin más (por un tipo de voluntad firme), sino más bien aquello que están dispuestas a hacer y harán por el impulso interior de su corazón alegre. La secuencia de ideas (exultar y regocijarse) no es un *climax descendens* (un clímax que va bajando de intensidad), sino más bien (como en Sal 118, 24) un proceso o camino que va de lo más externo a lo más interno, un despliegue que lleva del gozo anterior a la alegría profunda de las entrañas, tal como lo expresan las palabras, con el sentido de alegría gozosa del corazón, sin violencias ni perturbaciones (נָגִילָה וְנִשְׂמְחָה cf. Friedr. Delitzsch, *Indo-german. sem. Studien,* 1873, p. 99s.).

La palabra שׂמח significa alegrarse, estar de disposición gozosa, brillante, complaciente. Por su parte גיל, palabra cognata de חיל, significa volverse (como el viento, girar, insistir en un tipo de conducta deleitosa). La preposición ב se utiliza con verbos de gozo indicando el objeto a causa del cual y por el cual uno recibe y despliega su alegría.

Eso significa que, si sucede aquello que esperan (si la amada es introducida en la parte interior de la morada del rey, ellas (las muchachas y amigas del coro) alabarán su amor más que el vino. זכר significa recordar, fijar en la memoria. En *hifil* (נַזְכִּירָה) significa "fijar" (mantener) en la memoria, con un matiz de recuerdo gozoso, en el sentido de celebración (alabar el amor de la amada por encima del vino, como en Sal 45, 18). Este es el tema de fondo de la escena de Mc 14, 3-9, la unción de Jesús en Betania.

El vino representa los dones del rey, lo que él da, no simplemente su persona. El vino es el amor que Salomón sabio ofrece a las personas que ama. Este amor personal que ofrece está por encima de todos los restantes dones que él imparte. En esa línea, siguen las palabras finales del canto (*con razón te aman*, אֲהֵבוּךָ מֵישָׁרִים): ellas, las muchachas, te aman con una verdadera y recta decisión, solo a ti, a nadie más que a ti. Heiligstedt, Zöckler y otros traducen: rectamente, ellas te aman a ti.

Pero el plural מישרים (de מֵישָׁר del que proviene el singular מִישׁוֹר, rectitud) tiene un sentido ético (amor bueno, recto; Pr 1, 3) y no significa la rectitud del

Escena 1 (Cnt 1, 2-8)

motivo del amor, sino la rectitud ética de los pensamientos, palabras y actos del amor (Pr 23, 16; Sal 17, 2; 58, 2), no en un sentido puramente jurídico, *jure*, sino en un sentido humano: *recte, sincere, candide*.

Hengst., Thrupp y otros traducen esta palabra (מִישָׁרִים) de un modo equivocado, como los LXX, Aquila, Symmaco., Theodoreto, Targ., Jerónimo, Véneto y Lutero, en forma de sujeto, como si estuviera aludiendo a las personas que aman con rectitud, no a la rectitud del mismo amor. La afirmación de Hengstenberg, según la cual esta palabra nunca se emplea como adverbio, no es cierta, como muestra una simple comparación con Sal 58, 2; 75, 3. Aquí no se puede interpretar esa palabra, מִישָׁרִים, en sentido abstracto. No se trata de unas muchachas que aman rectamente, sino del justo amor de las muchachas al amado escogido o que las escoge. El mismo amor dirigido al amante es bueno, en sentido personal y ético (מִישָׁרִים).

Y con esto termina el segundo pentastico (Cnt 1, 4) al igual que el primero (Cnt 1, 2-3), que terminaba con "te aman las doncellas". Antes, se decía que las doncellas amaban al rey. Aquí se dice que las doncellas aman no solo al amante rey, sino también a la amada (es decir, a la elegida por el rey). Con estas palabras (מִישָׁרִים אֲהֵבוּךְ) termina el primer canto, como canto de celebración de amor, que tiene un sentido ético (es amor recto), como si estuviera rodeado de una brillante nube mística. Pero esta culminación semimística plantea un problema. Sabemos que el mismo Salomón dice en Pr 27, 2: "que otro te alabe, que no lo haga tu propia boca". Pero aquí parece que es el mismo Salomón el que se alaba a sí mismo.

Pues bien, el hecho de que Salomón se alabe a sí mismo se exlica de esta forma: está celebrando aquí un feliz incidente del comienzo de su reino, un incidente del pasado de su vida, de un tiempo lejano pero no olvidado, de manera que puede situarse ante ese pasado como si perteneciera a otra persona y no a sí mismo.

1, 5-8. Soy morena pero hermosa

⁵ שְׁחוֹרָה אֲנִי וְנָאוָה בְּנוֹת יְרוּשָׁלָ͏ִם כְּאָהֳלֵי קֵדָר כִּירִיעוֹת שְׁלֹמֹה:

⁶ אַל־תִּרְאוּנִי שֶׁאֲנִי שְׁחַרְחֹרֶת שֶׁשֱּׁזָפַתְנִי הַשָּׁמֶשׁ בְּנֵי אִמִּי נִחֲרוּ־בִי שָׂמֻנִי נֹטֵרָה אֶת־הַכְּרָמִים כַּרְמִי שֶׁלִּי לֹא נָטָרְתִּי:

⁷ הַגִּידָה לִּי שֶׁאָהֲבָה נַפְשִׁי אֵיכָה תִרְעֶה אֵיכָה תַּרְבִּיץ בַּצָּהֳרָיִם שַׁלָּמָה אֶהְיֶה כְּעֹטְיָה עַל עֶדְרֵי חֲבֵרֶיךָ:

⁸ אִם־לֹא תֵדְעִי לָךְ הַיָּפָה בַּנָּשִׁים צְאִי־לָךְ בְּעִקְבֵי הַצֹּאן וּרְעִי אֶת־גְּדִיֹּתַיִךְ עַל מִשְׁכְּנוֹת הָרֹעִים: ס

⁵ Morena soy, oh hijas de Jerusalén, pero hermosa,
como las tiendas de Cedar, como las cortinas de Salomón.

Primer acto: Afecto mutuo de los amantes (Cnt 1, 2 – 2, 7)

> [6] No reparéis en que soy morena, porque el sol me ha tostado.
>
> Los hijos de mi madre se airaron contra mí;
>
> me pusieron a guardar las viñas;
>
> y no guardé mi propia viña.
>
> [7] Hazme saber, oh tú a quien ama mi alma,
>
> Dónde apacientas, dónde sesteas al mediodía;
>
> Pues ¿por qué había de estar yo como vagabunda
>
> Tras los rebaños de tus compañeros?
>
> [8] Si tú no lo sabes, oh la más bella de las mujeres,
>
> ve, sigue las huellas del rebaño,
>
> y apacienta tus cabritas junto a las cabañas de los pastores.

1, 5. *Soy morena pero preciosa, oh hijas de Jerusalén, como las tiendas de Cedar, como las cortinas de Salomón.* (שְׁחוֹרָה אֲנִי וְנָאוָה בְּנוֹת יְרוּשָׁלֶם כְּאָהֳלֵי קֵדָר כִּירִיעוֹת שְׁלֹמֹה:). Tras haber escuchado el canto coral anterior de las doncellas, que la examinaban con mirada inquisitiva, como si fuera una huésped extraña, pero no de su mismo rango, la Sulamitis dice estas palabras: morena soy, pero hermosa.

El hecho de que se dirija a las señoras del palacio llamándolas "hijas de Jerusalén" (*kerî* ירושלים en forma dual, como si evocara en Jerusalén una división interna, como עפרין en vez de עפרון, Efraím-Efróm, 2Cr 13, 19), nos lleva a concluir que, aunque ahora se encuentre en Jerusalén, ella proviene de un lugar diferente. Como podremos ver más adelante en el texto, se dice que proviene de la Baja Galilea.

En este contexto, podemos recordar (a favor de una interpretación mística) que la Iglesia, y de un modo particular sus primeras congregaciones, según las profecías, eran también de Galilea, pues sus sedes originarias eran Nazaret y Cafarnaúm. En esa línea, si el nombre Sulamitis ha de entenderse como *mashal* o comparación poético-mística, ella aparece aquí como representación de la Sinagoga que un día ha de entrar en la compañía de Salomón, es decir, de un hijo de David, de manera que las hijas de Jerusalén que aquí cantan aparecen de algún modo como Congregación de los que creen ya en el Mesías.

De todas formas, aquí nos centramos en el sentido más cercano, conforme al cual Salomón está contando su propia experiencia. Sulamitis, la muy amada, no puede enorgullecerse diciendo que es tan rubicunda y hermosa de semblante como las doncellas de Jerusalén, que acaban de alabarla diciendo que es la favorita del rey (pero ella no está tampoco tan desprovista de belleza como para no aventurarse a querer y ser querida: "Yo soy negra/oscura pero hermosa/preciosa"). Estas palabras son expresión de humildad, pero no de abyección.

Escena 1 (Cnt 1, 2-8)

Ella se llama a sí misma "negra, pero hermosa/preciosa". Se llama negra, aunque no de color tan oscuro que sea imposible de blanquearse, como una mujer etíope (Jer 13, 23). El verbo שחר tiene aquí el sentido general primario de volverse oscuro, pero no significa necesariamente que ella tenga un color negro total, como el árabe moderno *shuhwar*, hollín, color de quemado, sino que es de un oscuro menos profundo, como muestra la palabra correspondiente שׁחר, cuando se aplica al semioscuro del gris de la mañana o del atardecer.[4]

Esta palabra se distingue de la palabra árabe *fajr*, que alude a la primera luz de la mañana (cf. Is 14, 12; 47, 11). Sulamitis se presenta como una beduina, expuesta al sol, como en árabe *sawda*, y así dice "negra soy, pero hermosa".[5] En árabe, las mujeres de la ciudad son *hawaryyat* (*cute candidas*, blancas de piel). La *waw* de וְנָאוָה la hemos traducido en sentido adversativo (pero) y no sencillamente copulativo (y). De esa manera, conecta la oscuridad con su opuesto (la hermosura, la brillantez). La palabra נאוה es el femenino del adjetivo נאוי (= נאוה) que se forma doblando la tercera letra de la raíz נאי (נאו = נאה) (inclinarse hacia adelante, hacia aquello que se quiere: volverse hermosa, preciosa), como רענן, estar lleno de vida, de color verde (al contrario que las plantas mustias, que pierden su verdor).

Ambas comparaciones son paralelas *nigra* y *formosa* (negra y hermosa), *como las tiendas de Kedar,* אָהֳלֵי לִי קֵדָר. La palabra אהל significa originalmente, en sentido general, el lugar donde se habita, como בית, que significa el lugar donde uno pasa la noche. Estas dos palabras pueden intercambiarse, pues *ohel* es la casa del nómada. קדר (con *tsere,* קֵדָר) viene probablemente del árabe *kadar*: tener habilidad para algo, ser poderoso, expresado conforme a la manera hebrea, como explica Theodoreto y como traduce también Symmacus: σκοτασμός, del hebreo *kadar, atrum esse,* ser oscuro.

Este es el nombre de una tribu de ismaelitas del norte de Arabia (Gn 25, 13), de la que habla Plinio (los *Cedraei, Hist. Nat.*; cf. *Cantar* 5, 11). Pero esta tribu desapareció en la era del surgimiento del islam. El karaita judío Jefeth deja a un lado esta palabra árabe (*Karysh, Cadar, Cedreaei*), poniendo en su lugar la poderosa tribu árabe de la que brotó Muhammad y comenta, con razón: *Sulamitis compara el color de su piel con la negrura de las tiendas de pelo de cabra de los koraishitas* (la tribu de Muhammad).

---

4. Esta palabra puede provenir del árabe *sahar* que significa volverse, separarse de, como cuando se sale de la noche (o se entra en la noche). Esa palabra puede tener también un sentido mágico, como *sihar* que significa nigromantia, del latín medieval *nekromantia*, el "arte negro".

5. Al presentarse como שְׁחוֹרָה ella está evocando la palabra *hawaryyt*, adj. relativo de *hawra*, nombre que se aplica a las huríes del paraíso por el color negro de la pupila del ojo, en el centro del ojo.

31

Primer acto: Afecto mutuo de los amantes (Cnt 1, 2 – 2, 7)

Hasta el día de hoy, los beduinos llaman a sus tiendas "casas de pelo negro" (*bêt wabar*) o, conforme a una expresión más moderna, *bêt sa'r* (בֵּית שֵׂעָר), porque las tiendan estás cubiertas por una especie de mantas de pelo de cabra, que suelen ser de color negro o gris. Por otra parte, si por un lado Sulamitis se compara con las tiendas oscuras de los kedarenos, ella puede compararse y se compara también con la hermosa aparición de los יריעות o "pabellones" (tiendas hechas de cortinas) de Salomón. Esta palabra nos hace pensar en las tiendas o pequeños palacios de placer del rey, construidos en los campos.

Pabellón, del latín *papilio,* es una tienda de placer extensa, dividida en dos partes o alas como una mariposa volando. La misma palabra hebrea puede significar también las cortinas que separan una habitación de otra. Pero en el Tabernáculo o templo, las cortinas que separan el *Santo* del *Santo de los Santos* no se llaman así, sino *paroket,* פרכת y מסך, y este es el nombre que se utiliza para el tabernáculo en todos los demás lugares, aunque se emplea también el nombre יריעות que viene de ירע, temblar, estremecerse, moverse de un lado para otro, de aquí para allá, que se utiliza para referirse a un tipo de mantas o tapices que forman y adornan los lados de la tienda (Is 54, 2) o su cobertura, nombre que se puede aplicar a las mismas tiendas como tales o al revestimiento que las cubre (Hab 3, 7; Jer 4, 10. 20; 49, 29). Nuestro pasaje puede referirse, según eso, a las mismas tiendas o a su revestimiento, tal como se describe en Ex 26 y 36, o a los mismos fieles que formaban la congregación de fieles de Sión (2Sa 7; cf. 1Cr 17, 1), antes de la construcción del templo. Como pone de relieve Wetzstein (*Isaiah*, 1869, p. 698), los pabellones o tiendas construidas en Egipto gozaban en la antigüedad de una gran fama.

1, 6a. אַל־תִּרְאוּנִי שֶׁאֲנִי שְׁחַרְחֹרֶת שֶׁשֱּׁזָפַתְנִי הַשָּׁמֶשׁ. No os fijéis en que soy morena porque el sol me ha quemado. Sulamitis explica ahora a los que la están mirando de un modo inquisitivo la razón de su color moreno. Si las palabras fueran בִּי אַל־תִּרְאוּ, el significado hubiera sido: *no me miréis, no os paréis en mi semblante.* Pero אַל־תִּרְאַנִי, con שׁ (en algunos lugares con כִּי) significa lo siguiente: *no miréis mi rostro oscuro* (que soy negra, *nigra sum*). La segunda partícula שׁ se interpreta en coordinación con la primera (pues) dando una razón que explica el hecho (soy negra porque...).

Preferimos, con Böttcher, la primera explicación, según la cual la segunda frase está en coordinación con la primera, pues en el caso de que no fuera una frase coordinada, sino explicativa, el texto tendría que haber sido שֶׁהַשֶּׁמֶשׁ. La *pentalítera* שחרחרת, palabra de *quinque litterum* (de cinco letras), que se distingue de la trilítera normal del hebreo significa, a diferencia de שָׁחוֹר, aquello que es solo en parte, no totalmente negro.

Esta palabra, que expresa un tipo de color, está en diminutivo, pero indicando *id quod passim est*, aquello que es solo "passim" (en parte) oscuro, no

Escena 1 (Cnt 1, 2-8)

totalmente, sino que va creciendo hacia el color oscuro, no en sentido descendente (como en הפכפ, הפיפיך), sino ascendente: va creciendo hacia el negro. Los LXX traducen παρέβλεπσέ (Symm. παρανέβλεπσέ), como si miraran de reojo, ¿por qué? La traducción véneta dice con más precisión: κατεῖδέ με (me ha contemplado).

Pero esa última traducción al griego resulta demasiado apagada. El texto hebreo parece que está aludiendo a una mirada abrasadora del sol. Por su parte, Aquila traduce συνέκαυσέ με, el sol me ha quemado, y Theodotion: περιέφρυξέ με, el sol me ha chamuscado aquí y allí. La palabra שׁזף no significa aquí *adspicere* (simplemente mirar, como en Job 3, 9; 41, 10), sino *adurere* (al hacer reposar su calor sobre mi rostro, el sol me ha tostado). Esta palabra (de la raíz שׁדף, árabe *sadaf*, de donde viene *asdaf*, negro) tiene el sentido de poner negro (cf. דער y זער; Job 17, 1).

Esta "mirada" del sol chamusca la piel, pues sus rayos, cuando se fijan en algo, descargan allí su fuerza, como un foco. En esa línea, conforme a la Escritura, el sol de la mañana parpadea, y de modo más intenso el sol de la tarde, de tal manera que se puede afirmar que el sol tiene ojos (cf. 2Sa 12, 11), pues aparece y actúa como un gran foco de luz de los cielos, tostando con su calor la piel de los hombres.[6]

1, 6b. בְּגֵי אִמִּי נִחֲרוּ־בִי שָׂמֻנִי נֹטֵרָה אֶת־הַכְּרָמִים כַּרְמִי שֶׁלִּי לֹא נָטָרְתִּי. Los hijos de mi madre se enojaron conmigo, me pusieron a guardar las viñas y mi propia viña no guardé. Si la expresión "los hijos de mi madre" es paralela a "mis hermanos" (אחי), esa expresión tiene el mismo sentido que en Gn 27, 29, y si las dos expresiones están en aposición, como en Dt 13, 6, la idea de que se trata de hermanos naturales queda reforzada por el hecho de que la madre puede ser madrastra (no madre física de Sulamitis). En ningún lugar del Cantar se habla del padre de Sulamitis, sino solo de su madre, pero no de la madre directamente suya, como tal, sino de la madre de sus hermanos, tanto en este caso como en Cnt 3, 4; 8, 2; 6, 9.

La Sulamitis y sus hermanos tienen una misma madre, pero padres distintos, un ejemplo que se puede completar con el del hombre de 1Co 5, 5, que cohabita con la mujer de su padre, que no es madre suya. Tanto aquí como en Cnt 3, 4; 8, 2 y 6, 9 se habla de la madre de Sulamitis y de sus hermanos, por

---

6. Conforme a una visión antigua de la India, el sol es el ojo de váruna (algo semejante encontramos también en Platón, que presenta al sol como "órgano fundamental del cielo"), que así puede mirar a los hombres que retornan al sol, que es su patria por la muerte (cf. Muir, *Asiatic Journal*, 1865, p. 294, S. 309). De un modo delicado, el autor del poema está suponiendo que para la Sulamitis el sol es femenino, y así lo es, tanto en árabe como en antiguo germano, lo mismo que en hebreo y arameo, en la mayor parte de los manuscritos. Así dice ella: "Mi señora el Sol, ha sido ella la que me ha producido este color moreno de piel". En el verso siguiente, Sulamitis da la razón por la que ha sido quemada por el sol.

Primer acto: Afecto mutuo de los amantes (Cnt 1, 2 – 2, 7)

lo que podemos suponer que esos hermanos son hijos de un padre distinto. Esto nos lleva a suponer que el padre de Sulamitis había muerto y que su madre se había casado con un hombre que tenía ya hijos anteriores y que esos hijos, venidos de fuera, se habían convertido en guardianes de su joven hermana. Eso nos lleva a suponer que esos nuevos "hermanastros" son los que dirigen la vida de Sulamitis, queriendo lograr con dureza que su hermana voluble y soñadora pueda realizar algún trabajo productivo, utilizando para ello una violencia de hermanastros (no de hermanos de madre y padre).

La forma נחרו (cf. Ewald, §193c y Olsh. p. 593), deriva de חרר, *nifal* de נחר o de נחרר (Gesenius §68, nota 5). Pero el plural de este נחר tendría que haber sido, según la regla, נחרו (cf. sin embargo, son profanados, נחלו, *profanantur*). El hecho decisivo es que נחר, de חרר, expresa, en todos los restantes casos, una pasión diferente de la ira (cf. Böttcher §1060, 2, 379). Sea como fuere, el hecho es que los hermanos están enojados con Sulamitis. El verbo חרה se utiliza para expresar una pasión de ira y, en nuestro caso, נחרו (de נחרה) puede tener el sentido de נחלו (Am 6,6), vinculando la ח y la semigutural ר.

Něhěrā (aquí como en Is 41, 11 y 45, 24) que significa, conforme al tiempo medio del *nifal*, quemar profundamente, irritar hacia dentro, ἀναφλέγεσθαι = ὀργίζεσθαι. El calor del sol y la ira de sus hermanos han irritado la piel de Sulamitis. Ella habla así con una sencillez infantil y no con lenguaje técnico. En lenguaje técnico tendría que haber utilizado וישמוני en vez de שׁמני. Pero ella utiliza la palabra נטרה (de נטר), emparentada con טר = τηρεῖν (cf. Targ. Gn 7, 11 con Lc 2, 51), y no con נחרה, como se habría dicho en Judea, según Pr 17, 28, conforme a la designación de la torre que se utiliza para la protección del rebaño, que lleva el nombre de *torre de los the nōtsrīm*, de los vigías o guardias (cf. 2Re 17, 9). Esto significa que Sulamitis es de Galilea y que su forma de lenguaje es un hebreo arameizante o, quizá mejor, plat-Hebreo (es decir, un hebreo bajo), como el bajo sajón, que es un alemán popular.

De las tres formas de participios, נטרה , נוטרה y נוטרת hemos tomado la de sustantivo (Ewald, §188b: נֹטֵרָה) pero reteniendo la ē larga (con forma base: *nâṭir*). El plural אֶת־הַכְּרָמִים no implica necesariamente que ella ha tenido que guardar varias viñas. Este es más bien un plural de categoría inferior, con un artículo que designa el género. Sulamitis aparece de esa forma como una guardiana de viñas, *custodiens vineas*, una mujer joven encargada de guardar las viñas, protegiéndolas de animales salvajes y ladrones. Pero la pregunta que ella plantea es "quién guardará mi propia viña", כַּרְמִי, *i.e.*, *meam ipsius vineam?* (כָּרְ מֶי ש לִי לֹא נָטָר תִּי), es decir, la viña de su vida que ella tiene que guardar con amor.

La posesión personal de la viña se expresa con *shělli* (la que es mía), que se relaciona con *cărmī*, mi viña, es decir, aquella que me pertenece (véase Fr. Philippi, *Status constr.* pp. 112-116). Estas palabras se refieren a un hecho fundamental:

(a) los hijos de su madre han impuesto a Sulamitis la obligación de cuidar de las viñas de ellos, es decir, de sus hermanos poderosos; (b) ella guarda las viñas de sus hermanastros, pero no ha podido guardar su propia viña, no ha podido ocuparse de su propia persona, hasta que pasa por allí Salomón y la llama.

Como indiqué en mi comentario de 1851, siendo guardiana de la viña de sus hermanos, ella no ha podido ocuparse del cuidado de su propia persona, de manera que está tostada por el calor. Guardando bajo el duro sol las viñas de sus hermanos, ella no ha podido ocuparse de su propia viña, es decir, de su *kĕrĕm*, en árabe *karamat, i.e.,* de su apariencia, presentándose de una forma atractiva.

Si quisiéramos interpretar alegóricamente estas palabras, Sulamitis nos sitúa ante un tiempo cercano al de Cristo cuando los líderes de la congregación de Israel no educaron al pueblo para aceptar la enseñanza de Cristo, sino que impusieron sobre la congregación unas cadenas pesadas, con ordenamientos legales humanos, convirtiendo la fidelidad a la ley en un sistema de cumplimientos jurídicos, impidiendo que Sulamitis, la Congregación, conservara y pudiera gozar de su belleza. Entre los alegoristas destaca Hengstenberg, que ofrece en este campo una interpretación que se opone al sentido más profundo y verdadero del Cantar.

1, 7. הַגִּ֣ידָה לִּ֗י שֶׁ֤אָהֲבָה֙ נַפְשִׁ֔י אֵיכָ֣ה תִרְעֶ֔ה אֵיכָ֖ה תַּרְבִּ֣יץ בַּֽצָּהֳרָ֑יִם שַׁלָּמָ֤ה אֶֽהְיֶה֙ כְּעֹ֣טְיָ֔ה עַ֖ל עֶדְרֵ֥י חֲבֵרֶֽיךָ: Dime, amado de mi alma: ¿dónde apacientas *tu rebaño?* ¿Dónde *lo* haces descansar al mediodía? ¿Por qué he de ser yo como una que se cubre con velo junto a los rebaños de tus compañeros?

Las palabras anteriores se dirigían a las señoras del palacio, que miraban con admiración hacia Sulamitis. Estas que ahora vienen se dirigen a su amado. La amante del campo no tiene idea de la ocupación de un rey. Con toda simplicidad, ella se dirige a un hombre nuevo que pasa por allí, como si fuera el pastor más hermoso y elevado de entre los pastores. Ella no se da cuenta de que el pastor del pueblo (rey) no se distingue de un pastor de rebaños. En un sentido, la Escritura describe el gobierno de un rey con imágenes tomadas de un pastor de ovejas. Por otra parte, el mesías de Israel, que es Salomón, es un tipo de pastor muy elevado especialmente representado como el futuro Buen Pastor. Por eso, si pensamos en Salomón como aquel que está presente desde el principio de la escena, ya desde aquí, en Cnt 1, 7, Sulamitis podría decir y dice que ella sería feliz encontrándose a solas con él, separada de todos aquellos que están mirándoles. Ella gozaría ya estando a solas con Salomón, en algún lugar del campo donde nadie pudiera observarles de manera inquisitiva o crítica.

La petición de Sulamitis que dice a Salomón "dime que eres aquel a quien ama mi alma" (הַגִּ֣ידָה לִּ֗י שֶׁ֤אָהֲבָה֙ נַפְ שִׁי) como en Gn 37, 19 requiere que aquel a quien ella se dirige esté presente, pues esta pregunta solo se puede plantear de un modo directo. Pero, por otra parte, en contra de eso —en sentido estricto—,

Primer acto: Afecto mutuo de los amantes (Cnt 1, 2 – 2, 7)

Sulamitis solo pide a Salomón que le diga que le permite conocer el lugar en que se encuentra, el lugar donde reside. Desea conocer el lugar en el que le detienen sus ocupaciones, de tal forma que ella pueda ir y encontrarle. Esta petición se dirige por tanto al amante que se vuelve ausente, como lo prueba el verso siguiente (Cnt 1, 8).

Esta petición ya más concreta (dime, te ruego, donde paces, *indica quaeso mihi ubi pascis*, תַּר בְּיֵץ בְּצָּהֳרָ ים) se parece a la de Gn 37, 16, pero allí el *ubi/dónde* se expresa con איפה, mientras que aquí se utiliza איכה, que en este sentido es *un hápax legomenon*, y no indica solo el lugar donde está, donde reside, sino también la forma en que está o reside, para lo que suele emplearse la partícula איה (hebreo del norte de Palestina que se utiliza de ordinario en el libro de Oseas).

En otros lugares, esta partícula איכה significa *quomodo*, y es una palabra clave de la literatura de la *Kîna* (lamentación), que no se emplea solo en el libro de las *Lamentaciones*, sino también en textos de comparaciones y proverbios de otros libros sapienciales. En ese contento, el Cantar utiliza esta expresión, lo mismo que el libro de Ester (con איככה). Esta palabra está formada por כה con la partícula precedente אי en forma interrogativa, en un sentido análogo al de *ecce*, κεῖνος (cf. Böttcher § 530). Sulamitis quiere saber dónde apacienta el rey su rebaño, el lugar donde él descansa con sus ovejas, al mediodía, resguardándose del sol (אִיכָה תַּר בְּיֵץ בְּצָּהֳרָ ים).

El verbo רבץ (raíz רב) es la palabra normal que se emplea para el descanso común de pastores y rebaños, por la noche o en tiempos de mucho calor, como se dice en latín: *complicatis pedibus procumbere* (*cubare*), en el sentido de tumbarse, descansar con los pies cruzados. Esa palabra está en *hifil*, porque es el pastor el que hace que se tumbe el rebaño. En esa línea, la palabra árabe *rab'a* es el nombre que se emplea para indicar un campamento o lugar de descanso de pastores con sus rebaños.

El momento apropiado para la acampada es el mediodía, el tiempo de la "doble luz", de la luz intensa, que va subiendo hasta el mediodía y que después empieza a descender hasta el fin del día. Este es el tiempo que aquí se llama שָׁלְמָה, y no aparece en ningún otro lugar, en este sentido. Sulamitis quiere conocer el lugar donde su amado alimenta a su rebaño, el lugar donde él descansa con sus ovejas, para que ella no siga vagando entre los rebaños de sus compañeros y no tenga que andarle buscando entre riesgos, en medio de peligros.

Sulamitis tiene su propio rebaño, el rebaño de sus hermanastros (hijos de su madre), que le tienen sometida, bajo el sol que quema. Pero no quiere ser pastora de rebaños ajenos, sino amiga querida del pastor. No quiere perderse entre ovejas y pastores distintos, sino encontrar al pastor al que ama su alma. No quiere andar (*instar errabundae*) como una errabunda entre rebaños ajenos, discutiendo sin cesar con los pastores de ovejas (cf. Syr., Symm., Jerónimo, Véneto, Lutero),

Escena 1 (Cnt 1, 2-8)

sino descansar (reposar, amar) con el pastor a quien ama su alma. Hattendorff ha desarrollado, en esta línea, su comentario del Cantar (año 1867).

Si Salomón estuviera ya presente, esa búsqueda y esas preguntas carecerían de sentido. Pero Salomón no está aún aquí como el pastor/amado, que acoge en su lugar de descanso a la pastora querida, sino que se encuentra velado en el fondo de la escena, de forma que en este poema pastoral ella, la pastora encargada de guardar los rebaños de sus hermanastros, tendrá que buscarle para declararle su amor. Ella tiene que caminar, según eso, con su rebaño de ovejas como pastora de amor, buscando a su amado pastor.

1, 8. *Si no lo sabes, tú la más hermosa de las mujeres...* La palabra הַיָּפָה (hermosa) forma parte del saludo o de la llamada y está en vocativo. Es indispensable que vaya con artículo, porque la pastora es hermosa entre mujeres, aquella que se distingue entre ellas por su belleza, en sentido superlativo (cf. Jue 6, 15; Am 2, 16, con Jue 5, 24; Lc 1, 28; cf. también Ewald, §313c). La idea de fondo de la raíz יפה es ser íntegro, completo, porque la belleza se identifica con la plenitud bien proporcionada y la armonía de los miembros del conjunto.

Estas damas de la corte no habrían empezado hablando de esa forma al dirigirse a un hombre, pues la hermosura del hombre solo suele ponerse de relieve después de que él ha comenzado a hablar. Por el contrario, tan pronto como ven a Sulamitis, las señoras de la corte ponen de relieve la hermosura que irradian sus rasgos, que reflejan una expresión muy honda y pura de anhelo, de búsqueda. Pero las hijas de Jerusalén no están dispuestas a reconocer la ingenuidad infantil y profunda de Sulamitis.

Las palabras (אִם־ לֹא תֵדְ עִי) יֵדע לֹא sin objeto (que debe ser suplido) significan, en sentido general, "no saber" (como en Sal 82, 5; Job 8, 9). La partícula añadida nos impide entender la frase en sentido inclusivo, pues ello hubiera sido ofensivo para Sulamitis. Este dativo ético (לְךָ), tanto en este verso, en el que se emplea dos veces, como en el resto del cantar, pone de relieve el hecho de que se está hablando para bien de la persona a la que se alude, que es la Sulamitis, de la que se habla aquí de un modo agradable y cordial: si tú no conoces desde ti y para ti; si tú, desde tu sencillez y simplicidad no sabes el lugar donde reside el rey, pensando que debes buscarle en la lejanía, has de saber que está cerca de ti, pues él no se encarga de guardar ganado, sino de dirigir personas, no vayas a la ciudad real, sino que debes permanecer como pastora al lado de tus ovejas y corderos.

Uno no entiende bien esta respuesta si piensa que las damas de la corte están diciéndole a Sulamitis el buen camino que ella debe recorrer para alcanzar su objeto y llegar directamente al lugar donde se encuentra el rey amado. Por el contrario, la respuesta de las damas de la corte ha de entenderse de un modo irónico, diciéndole así a Sulamitis que si ella no es capaz de comprender la posición y

Primer acto: Afecto mutuo de los amantes (Cnt 1, 2 – 2, 7)

la importancia de su amado (ni el lugar donde él reside) es mejor que permanezca en el lugar donde ahora está, sin moverse.

Ir, עקב, (arabe *'aḳib*) sobre los tacones de las ovejas es seguirlas de cerca (בְּעִקְבֵי הַצֹּאן) es apresurarse y seguir inmediatamente detrás del rebaño, sin separarse (ק daggesh) en la nada de los animales. El hecho de que las señoras de la corte no digan a Sulamitis que vaya detrás de las ovejas o las cabras, sino de las crías (אֶת־גְּדִיֹּתַיִךְ: corderos o cabritos), es una expresión de delicadeza en relación con la hermosa pastora. Por otra parte, los animales pequeños (cabritos o corderos) son un signo erótico, muy apropiado en esta circunstancia (como pone de relieve Gn 38, 17) donde el cabrito aparece como expresión de la ofrenda apropiada en el culto de Afrodita (cf. Movers, Phönizier, I. 680).

Es como si las cortesanas dijeran a Sulamitis: si tú no puedes distinguir entre un rey y unos pastores, vete a ofrecer tu amor junto a las tiendas de los pastores, sigue actuando como una doncella de campo, si es que no sabes entender y agradecer la fortuna que has tenido cuando has recibido la gracia de ser invitada al palacio real de Jerusalén.

Escena 2: Cantares 1, 9 – 2, 7

En la escena anterior, Salomón se hallaba ausente. Ahora, en cambio, está presente. Generalmente, los intérpretes afirman que las palabras que siguen han sido pronunciadas por él:

9 לְסֻסָתִי בְּרִכְבֵי פַרְעֹה דִּמִּיתִיךְ רַעְיָתִי׃

10 נָאווּ לְחָיַיִךְ בַּתֹּרִים צַוָּארֵךְ בַּחֲרוּזִים׃

11 תּוֹרֵי זָהָב נַעֲשֶׂה־לָּךְ עִם נְקֻדּוֹת הַכָּסֶף׃

[9] A yegua de los carros de faraón
Te comparo, amiga mía.
[10] Hermosas son tus mejillas entre los pendientes,
tu cuello entre los collares.
[11] Te haremos pendientes de oro,
incrustados de plata.

1, 9. Hasta ahora, Sulamitis había estado a solas únicamente con las señoras del palacio en la cámara de los banquetes. Ahora, Salomón viene desde la cámara de banquetes de los hombres (Cnt 1, 12), y hasta Cnt 2, 7, lugar donde se extiende esta escena, debemos pensar que las mujeres del palacio siguen estando presentes,

Escena 2 (Cnt 1, 9 – 2, 7)

aunque no oigan lo que Salomón dice a Sulamitis. Salomón que, al dirigirse a ella como "mi amada" (רַעְיָתִי) está indicando que ella no es aún su esposa.

רעיה (amigo, en femenino) viene de רעה, guardar, cuidar de, atender a una persona, en sentido ético, deleitarse especialmente con alguien, complacerse (tener placer) en relacionarse con otra persona. Es una palabra formada de la misma raíz que נערה. El masculino es רעה (= *ra'j*), abreviado como רע, de donde proviene el femenino *ră'yāh* (Jc 11, 37; *ketib*, lo mismo que *rē'āh*, también en referencia a la forma originaria. .

Desde el principio, como reconoce Philip, uno descubre que Salomón es un hombre a quien complacen los caballos, un rasgo importante para indicar el carácter de la saga, como en el Corán, *Sura* 38. Más aún: Salomón aparece como un *hombre aficionado a los caballos de Egipto y de otros países* (1Re 9, 28); él poseía 1400 carros de combate y 12 000 jinetes (1Re 10, 26); el número de sus cuadras para los caballos de sus carros de combate era aún mayor (1Re 5, 6) [4, 26].

Horacio (*Oda* 3, 11) compara a una joven doncella vivaz con una ágil y tímida *equa trima* (yegua de tres años, en todo su vigor); por su parte, Anacreonte (60) se dirige a una doncella llamándole "tú, yegua de Tracia". Por su parte, Teócrito dice, en Idilio 18, 30-31: como ciprés elevado en medio de la floración del jardín, como orgulloso corcel de Tesalia ante el carro, así se mueve la graciosa y sonrosada Helena.

El hecho de que el autor del Cantar comience alabando la belleza de la pastora diciendo que ella es como la yegua del carro del faraón, solo se explica suponiendo que el autor del poema es el mismo Salomón que, como buen "hipólogo", criador de caballos, sabía distinguir y apreciar la belleza de sus corceles. Los caballos egipcios eran, en aquel tiempo, muy estimados, como han sido más tarde los árabes. No obstante, los caballos domados no eran originarios de Egipto, sino que, probablemente, fueron importados por primera vez por medio de los hicsos. El nombre egipcio de los caballos y, particularmente, de los machos *ses-t y ses-mut* (sus), así como el nombre del carro (*markabuta, rekab/merkaba*) son semíticos.[7]

סוסה (cf. לְסֻסָתִי) no es aquí equitatus, caballería (Jerónimo), como supone Hengstenberg, sino caballo. Siguiendo en su línea, Hengstenberg añade que Sulamitis se compara con toda la caballería egipcia, de manera que ella aparece como una persona ideal". Pero la primera afirmación no es cierta y la segunda es absurda. Sūs significa equus, caballo y susā puede referirse ciertamente al semental (cf. Jos 19, 5 con 1Cr 4, 31; pero obviamente, en primer lugar, significa equa, yegua. Pero ¿puede traducirse esa palabra como hacen los LXX y el Véneto como "mi caballo"? Ciertamente no, porque los carros del faraón son precisamente carros del faraón de Egipto y no del rey de Israel.

---

7. Cf. Eber, *Aegypten und B. Moses*, vol. I, pp. 221s. También *Aeg. Zeitschrift*, 1864, p. 26s.

Primer acto: Afecto mutuo de los amantes (Cnt 1, 2 – 2, 7)

En un sentido inicialmente alegórico, Sulamitis viene a presentarse a los ojos de Salomón como una yegua, la mejor de las yeguas que ha sido criada en Egipto y liberada por el Dios de Israel. Aunque no se pueden alegorizar todos los rasgos de la comparación, en el fondo de estas palabras podemos descubrir el hecho de que Sulamitis es ciertamente una hija de Israel, forma parte del pueblo que creció en Egipto, siendo liberada de la esclavitud del faraón, para convertirse en esposa de Yahvé por el éxodo y el cumplimiento de la ley, de manera que a través de la ley concebida como pacto vino a establecer una relación de matrimonio con Dios.

La transición del Cantar en 1, 10 viene mediada por el efecto de la comparación que dice *hermosas son tus mejillas entre los adornos, tu cuello entre los collares*. Las mejillas de la novia están engalanadas como las de una yegua bien enjaezada, e igualmente su cuello, con bellos collares. El conjunto de la cabeza de la yegua de carrera solía estar, en otro tiempo, muy bien adornado, como en la actualidad, con borlas de seda, flecos y otros aderezos de plata (véase Lane, *Modern Egypt* I, 149).

Jerónimo traduce, de un modo imposible, siguiendo a los LXX *pulchrae sunt genae tuae sicut* (hermosas son tus mejillas, como las de la tórtola). El nombre de la tórtola, תּוֹר, que se reduplica (*turtur*) es una palabra onomatopéyica que no tiene ninguna relación con תּוּר, de donde viene דּוּר, andar en torno, moverse en círculo. La comparación de las mejillas de la novia con las de una tórtola de paloma carece aquí de sentido, pues las aves no tienen mejillas, y a los lados de su cuello las *tórtolad* o *palomad* jóvenes no tiene adornos, sino un tipo de plumas especiales de color blanco y negro que no pueden compararse con el color de las mejillas de una mujer joven.

Los תּוֹרִים son los adornos redondos que cuelgan de la frente de la yegua a los dos lados de la cinta que rodea su cabeza o que están entrelazados entre los mechones de pelo de su frente. תּוּר, *circumire*, rodear, significa también formar un círculo o un tipo de fila. En arameo indica también, por ejemplo, el borde o bordado de un vestido o el borde pintado alrededor de un ojo.

1, 10. El *aleph* de נָאווּ, en נאוו (véase 5a) es silente (no se pronuncia), como en לֹאם y אכל. Por su parte, los חרוזים son collares de perlas, como lazos en torno al cuello. Los collares (árabe, *kharaz*) estaban compuestos por uno o más círculos de perlas, en la mayor parte de los casos por tres.

El verbo חרז significa perforar y encadenar una serie de objetos (como adornos). Así, por ejemplo, en el Talmud se habla de encadenar o vincular peces en conserva en un hilo o cuerda, para así llevarlos al mercado. Tanto en hebreo como en arameo termina siendo dominante el sentido de juntar o vincular diversas cosas por medio de una cuerda o hilo, y así se habla de un collar de perlas con חרז y de perforar perlas para encadenarlas con קדח. Este es, en árabe, el sentido primario de perforar, de manera que se habla, por ejemplo, de *michraz*, que es el punzón que utiliza el zapatero para agujerear la piel.

1, 11. Conforme a este verso, uno tiene que representar a Sulamitis embellecida con adornos de oro y plata, que son en sí mismos muy simples y modestos, porque Salomón quiere hacerla feliz adornándola de un modo sencillo, pero con ornamentos costosos y elegantes. Oro y plata estaban tan íntimamente conectados en las representaciones primitivas, que en el antiguo Egipto a la plata se le llamaba *nub het*, es decir, oro blanco.

La palabra "oro" deriva de זהב por su esplendor, según la ingeniosa palabra árabe *zahab* que significa "marcharse", aludiendo a una posesión inestable y preciosa que desaparece pronto. Por su parte, la plata se llama כֶּסֶף, de כסף, *scindere*, *abscindere*, es decir, una pieza de metal que ha sido desgajada de la piedra-madre, como en árabe *dhukra*, algo que se ha liberado de la tierra por medio de un pico o de un hacha (cf. Sal 19, 11; 84, 3).

El nombre de la plata (הַכֶּסֶף) lleva aquí, por influjo del ritmo (Cnt 8, 9), el artículo que sirve para designar la especie. El Cantar acude con frecuencia a este uso del artículo para designar la especie "plata" y no con parquedad o ahorro de palabras como hace generalmente la poesía.[8]

La partícula עם (en עִם נְקֻדּוֹת הַכֶּסֶף) pone de relieve el sentido de la plata como algo especial, pero no separado del oro. Con la expresión נַעֲשֶׂה־לָּךְ (haremos para ti), con el verbo en primera persona del plural, Salomón se incluye a sí mismo en el grupo de personas entre las que se encuentran especialmente las mujeres

8. El artículo empleado para indicar la idea de la especie en el segundo miembro del estado constructo, en singular, sin una referencia precisa a la primera palabra del estado constructo, aparece en Cnt 1, 13: "una bolsita, un manojo, de mirra"; en Cnt 1, 14: "un ramillete de flores de ciprés"; en Cnt 4, 3: "un hijo de escarlata", "un fruto de granado"; en Cnt 5, 13: "un lecho de bálsamo" (aunque de otra manera en Cnt 6, 2); en Cnt 7, 9: "racimo de uvas"; en Cnt 7, 3: "un cuenco de redondez" (un cuenco de forma redondeada); en Cnt 7, 10: "un vino de buena calidad"; en Cnt 8, 2: "vino de (con) especias".

Hay también casos en los que la especie o realidad del primer miembro del estado constructo está en plural, como en Cnt 2, 9. 17; 8, 14: "como una cría de ciervas"; Cnt 4, 1; 6, 5: "un rebaño de cabras"; Cnt 4, 2: "un rebaño de ovejas trasquiladas"; Cnt 6, 5: "un rebaño de cabras"; Cnt 6, 6: "un rebaño de corderos", es decir, un rebaño de animales que pertenece a la clase de los corderos.

Por otra parte, cuando el segundo miembro del estado constructo está indicando el lugar donde una cosa se origina o se funda, el primer miembro permanece, a menudo, indeterminado, como una de las cosas que allí se encuentra, o una parte de aquello que proviene de allí. Cf. Cnt 2, 1: "un azafrán de la pradera de Sarón, un lirio de los valles"; Cnt 3, 9: "la madera del Líbano". Los casos que siguen son dudosos: Cnt 4, 4: "mil escudos"; Cnt 7, 5: "torre de marfil". Menos claro es aún el caso de Cnt 7, 1: "la danza de Mahanaim". Aquí ofrezco finalmente otros ejemplos de diversos tipos: Gn 16, 7: "un pozo de agua"; Dt 22, 19: "una dama de Israel"; Sal 113, 9: "una madre de hijos"; Gn 21, 28, etc.

Primer acto: Afecto mutuo de los amantes (Cnt 1, 2 – 2, 7)

del palacio. Este es un plural de inclusión de persona, no un plural mayestático que se aplica no solo a Dios, sino a personajes importantes (un plural frecuente en el Corán). Ese tipo de plural mayestático aplicado a un rey como Salomón es desconocido en al AT. Salomón está diciendo que ellos (él y las damas de la corte) harán para Sulamitis unos globitos o nódulos de oro, provistos (cf. Sal 89) con puntas o amarres esparcidos sobre ellos, un adorno importante o significativo para una simple dama campesina.

1, 12. Ahora por primera vez Sulamitis se dirige a Salomón que está ante ella. Puede esperarse que ella exprese la alegría por verle cara a cara o el deseo que ha acariciado hasta ahora por verle de nuevo. El verso responde de algún modo a esa esperanza:

12 עַד־ שֶׁהַמֶּ֫לֶךְ֙ בִּמְסִבּ֔וֹ נִרְדִּ֖י נָתַ֥ן רֵיחֽוֹ׃

> [12] Mientras el rey estaba en su diván,
> mi nardo exhalaba su fragancia.

El término עַד שֶׁ o אֲשֶׁר עַד con futuro posterior significa normalmente *usque eo*, hasta que esto o aquello suceda (Cnt 2, 7; 2, 17). En el caso de que venga después un perfecto significa "hasta que algo haya sucedido" (Cnt 3, 4). La idea conectada con "hasta" puede aplicarse, sin embargo, no al momento en que termine de cumplirse lo esperado, sino a todo el período en que se está cumpliendo. Esto es lo que encontramos en la cláusula de sustantivo que sigue a continuación, que es una expresión de continuidad: *donec = dum erat*, mientras el rey estaba a la mesa. Ese mismo es el sentido que tiene también עד a solas, sin *asher*, con un participio posterior (como en Job 1, 18) o con un infinitivo (como en Jc 3, 26; Éx 33, 22; Jon 4, 2; cf. 2Re 9, 22). Sigue teniendo este sentido, pero de un modo algo distinto, cuando sigue un verbo en tiempo finito, como aparece solo una vez con perfecto (1Sa 14, 19; Job 8, 21 se explica mejor de otra manera) y otra con futuro (Sal 141, 10). Algunos autores —como Baur— explican también, en esa línea, el caso de Gn 49, 10, pero sin interpretar כִי עַד en sentido de duración limitada.

La palabra וּבְסָמָב es una forma flexionada de מסב que, al igual que la palabra postbíblica מסבה, significa el "circuito" (entorno) de la mesa, sentarse en torno a la mesa, al diván (reclinarse en torno a un tipo de mesa/cama/diván, con *sabib*). En ese sentido, סבב significa también, según 1Sa 16, 11 (como muestran rectamente los LXX cuando ponen οὐ μὴ κατακλιθῶμεν), sentarse alrededor de la mesa (reclinarse en torno a la mesa, *sabib*).

En este contexto debemos recordar que la costumbre persa de reclinarse ante las mesas solo se introdujo en Israel en un tiempo posterior, en el período

Escena 2 (Cnt 1, 9 – 2, 7)

greco-romano. En un tiempo anterior, los israelitas no se reclinaban, sino que se sentaban ante la mesa (cf. 1Sa 20, 5). En un tiempo posterior, los israelitas ricos *se reclinan en torno a un diván*, en gesto de comida (amor). La conocida expresión "tres y tres reclinados a la mesa" forma parte del lenguaje misnáico posterior (*Berachoth* 42b; cf. *Sanhedrin* 2, 4). La Torá es contraria al hecho de que el rey se recline a la mesa. Sea como fuere, la traducción de nuestro texto es, por tanto: *mientras que el rey estaba sentado ante la mesa (reclinado en su diván de comida/ amor) mi nardo expandía su fragancia.*

La palabra נרד (cf. נֵרְדְּי) es hindú: *naladâ*, y significa "aquello que emite fragancia", en persa *nard* (*nârd*), en árabe antiguo *nardîn* (*nârdîn*). Nardo es el aceite aromático de una planta de la India, llamada valeriana, *Nardostachys 'Gatâmânsi* (nardo de pelo trenzado). Muchos intérpretes tienden a representar a Sulamitis con un tallo o brote de nardo en su mano.

Hitzig piensa que el nardo al que aquí se alude ha sido derramado primero sobre ella, añadiendo que aquel que habla forma parte del grupo de mujeres del coro. Pero, según el texto, no se puede hablar de que Sulamitis se haya perfumado a sí misma con nardo, ni se puede decir que ella lleve en su mano un tallo de nardo (*spica nardi*), ni como algunos han dicho, una espiga de nardo, pues ella viene de una región donde no crecen los nardos, y resulta inimaginable que una muchacha de campo lleve consigo aceite de nardo.[9]

Según Horacio, Virgilio promete un *cadus* (unos 35 000 litros) del mejor vino por un pequeño recipiente de ónix lleno de perfume de nardo. Por su parte, Judas estima que el costo de un pequeño recipiente de perfume de nardo (que, según Plinio, solía estar con frecuencia adulterado) tenía el valor de unos 300 denarios (300 jornales de trabajo suficientes como para alimentar a una familia durante un año). Este fue el coste del perfume de nardo que María de Betania derramó sobre la cabeza de Jesús, rompiendo el pomo de alabastro donde se contenía, de manera que toda la casa quedó llena del olor del perfume de la unción (Mr 14, 5; Jn 12, 2).

Aquí en Betania el amor que está deseando darlo (sacrificarlo) todo queda expresado en el perfume de nardo. Según eso, el nardo es una figura de la felicidad del amor y su fragancia es un signo del anhelo del amor. Utilizando el lenguaje de las flores, Sulamitis expresa su amor con la figura preciosa del perfume que ella emitía de un modo oculto para Salomón cuando él estaba ausente, y que ahora que él está presente lo emite para él con toda fuerza.[10]

---

9. La planta de nardo crece en la zona norte y este de la India. La parte pilosa del tallo, que viene inmediatamente después de la raíz, es la que contiene el perfume (cf. Lassen, *Indische Alterthumskunde*, I, 338s., III, 41s.).

10. En árabe, la expresión *ntn* = נתן, olor (en nuestro caso emitir un perfume, una fragan-

Primer acto: Afecto mutuo de los amantes (Cnt 1, 2 – 2, 7)

1, 13-14

צְרוֹר הַמֹּר ׀ דּוֹדִי לִי בֵּין שָׁדַי יָלִין׃ [13]

אֶשְׁכֹּל הַכֹּפֶר ׀ דּוֹדִי לִי בְּכַרְמֵי עֵין גֶּדִי׃ ס [14]

[13] Mi amado es para mí un manojito de mirra,
que reposa entre mis pechos.
[14] Racimo de alheña en las viñas de En-gadí,
es para mí mi amado.

1, 13. Muchos intérpretes, sin tener en cuenta las lecciones de la botánica, piensan que Cnt 1, 13 se está refiriendo a un pequeño ramo de mirra. Pero ¿cómo podría obtener la Sulamitis un ramo de mirra? La palabra *myrra*, מֹר, viene de מרר, moverse uno a sí mismo, de aquí para allí, en un plano horizontal, o ir avanzando de un modo gradual. Esa palabra puede aplicarse a un líquido que fluye y se extiende sobre un plano (cf. Schlotmann, *Stud. und Kritiken*, 1867, p. 217). La mirra, como el incienso, pertenece a las plantas amiridas, que son también exóticas en Palestina, y provienen de Arabia y de la India. La mirra árabe, que es mejor, suele estar adulterada con mirra de la India.

Lo que es aromático en la mirra (*Balsamo dendron myrrha*) son las hojas y las flores; pero la resina (*Gummi myrrhae*, o meramente *myrrha*) no puede ser atada en forma de ramo. Eso significa que la mirra solo puede entenderse aquí en el mismo sentido que en Cnt 5, 5. Además, como pone de relieve Hitzig, la palabra צְרוֹר no puede ser algo que se ata (como un ramo), sino más bien algo que uno encierra como en un saquito.

No hace falta suponer que Sulamitis lleva consigo un saquito de mirra (cf. Is 3, 20) o una cajita de incienso (Lutero: un pomo de perfumes), sino que ella compara a su amado con un recipiente de mirra, que ni de día ni de noche se separa de su seno, sino que penetra en su interior (en su vida entera) como un aroma que fortalece su corazón. De esa manera, ella piensa constantemente en su amado, porque el deleite mayor para ella es pensar en su amado, sintiendo su presencia (o aroma) como perfume de nardo.

---

cia: mi nardo emitió su fragancia נִרְדִּי נָתַן רֵיחוֹ), tiene un significado específico de "emitir mal olor" (*mintin, foetidua*), lo que ha hecho que un intérprete árabe, al centrarse en estas palabras (mi nardo ha emitido su perfume) haya pensado que se trata de un olor desagradable y que Salomón ha tenido por ello que retirarse (conforme a una interpretación de Goldziher, cf. Cnt 2, 13 y 7, 12). Pero el olor al que se refiere nuestro texto es un perfume que atrae. Con su fragancia de nardo, Sulamitis quiere atraer a Salomón, dándole a entender que él está continuamente presente en su pensamiento.

Escena 2 (Cnt 1, 9 – 2, 7)

1, 14. Presenta el mismo pensamiento. En el verso anterior el amado se comparaba con un manojo de nardo, ahora se compara con un racimo de alheña, la flor más hermosa. כפר es la hoja de un arbusto de la familia del ciprés en forma de racimo. En griego se dice κύπρος, palabra que según Fürstenbereg proviene de עפר = כפר, ser blanquecino, del color blanco/amarillento, del color de las flores del ciprés, que los botánicos llaman *Lawsonia* y en árabe *Alḥennā* (alheña), flores de color amarillento que provienen de las ramas de un arbusto tipo ciprés. Las mujeres musulmanas (cf. información bibliográfica en Defrémery, *Revue Critique*, III 2, 1868, p. 408) tiñen sus manos y sus pies con el líquido que se obtiene de las ramas, hojas y flores de esos árboles.

La palabra אשכל (cf. אֶשְׁכֹּל הַכֹּפֶר) de שׂכל, entrelazar, está indicando algo que está tejido, trenzado, como un racimo o una guirnalda de flores. Tampoco aquí debemos suponer que Sulamitis lleva en sus manos o pechos un ramo de flores, situándose de un modo imaginario en una viña que Salomón ha plantado, en la zona de terrazas de la colina de Engedi, que se encuentra en la zona oriental del Mar Muerto (Ec 2, 4), donde escoge un ramo de flores de alheña que crecen en aquella zona de clima tropical, indicando y diciendo que su amado es para ella, en su interior, aquello que son para ella, en un sentido externo, las flores de ciprés.

El hecho de llamar a Salomón "su amado" y de pensar en él es para Sulamitis el mayor de todos sus placeres. Él en persona es para ella la más grande de todas las fragancias. Así se presenta ante su amado, a fin de escuchar lo que él quiera decirle:

1, 15-17

15 הִנָּךְ יָפָה רַעְיָתִי הִנָּךְ יָפָה עֵינַיִךְ יוֹנִים׃

16 הִנְּךָ יָפֶה דוֹדִי אַף נָעִים אַף־ עַרְשֵׂנוּ רַעֲנָנָה׃

17 קֹרוֹת בָּתֵּינוּ אֲרָזִים [רַחִיטֵנוּ כ] (רַהִיטֵנוּ ק) בְּרוֹתִים׃

15 ¡Cuán hermosa eres, amiga mía! ¡Qué bella eres!
Tus ojos son como palomas.
16 ¡Qué hermoso eres, amado mío! ¡Y qué delicioso!
Nuestro lecho es de flores.
17 Las vigas de nuestra casa son de cedro,
y de ciprés los artesonados.

1, 15. Esta es una *comparatio decurtata*, comparación acortada, como cuando decimos "pies como gacela", es decir, pies que tienen la rapidez propia de los pies de la gacela (Hab 3, 19). Pero aquí, en vez de decir "ojos como palomas", se dice directamente "tus ojos son como palomas". Si dijera que la pupila de tus ojos se

Primer acto: Afecto mutuo de los amantes (Cnt 1, 2 – 2, 7)

compara con las plumas de la paloma (Hitzig) o si siguiera diciendo "la vivacidad de tu ojo se compara con el movimiento de la paloma, que va de aquí para allí (Heiligstedt), el elogio de Sulamitis se mantendría dentro de los límites de lo dicho previamente. Pero ahora se dice que los ojos de Sulamitis son palomas, de un modo directo; los ojos de Sulamitis son ellos mismos palomas porque a ellos se les atribuye la pureza y nobleza de los ojos de la paloma, el deseo y la simplicidad que se expresa en ellos.

La paloma es con el mirto, la rosa y la manzana un atributo de la diosa del amor, una figura de aquello que es verdaderamente femenino. Por eso, יְמִימָה (el nombre árabe de paloma, *columbina*) y otros nombres de mujeres como *columba* y *columbari*, son palabras de cariño que definen directamente al amor. Pues bien, ahora, en lo que sigue, Sulamitis responde a Salomón devolviéndole su elogio y alegrándose con él ante la perspectiva de pasar su vida en comunión de amor a su lado.

1, 16. ¡Cuán hermoso eres, amado mío, y tan placentero! Si esta frase no fuera un eco del deseo de Sulamitis por Salomón, sino que ella se refiriera a otra persona, el poeta no habría utilizado la expresión הִנְּךָ sino הִנֵּה. En este contexto, Hitzig pone de relieve que hasta "mi amado" (דוֹדִי), las palabras de uno y otro aparecen como de mutua cortesía, de manera que Sulamitis añade la palabra נעים (encantador) para distinguir a su amado del rey, palabra que ella no puede soportar (pues no quiere a un rey, sino a un amado). Pero si un hombre y una mujer están juntos y él dice הִנְּכָךְ y ella dice הִנְּךָ, esto no es más que un intercambio de saludos, como indicando que ellos son dos y no tres.

Él alaba su belleza, pero a los ojos de ella es él quien es bello, más aún, encantador. En esa línea, ella se alegra de antemano por aquello que él le dice. ¿En qué otro lugar podría encontrar espacio su felicidad, sino en las escenas rurales de la Sulamitis? A ella no le agrada la ciudad con su ruidoso movimiento. Ciertamente, ella sabe que su amado es un rey, pero piensa en él como si no fuera más que un pastor. Por eso ella alaba el fresco color de su futura casa de campo donde vivirán unidos: los techos de su casa serán de ciprés y sus vigas de cedro. El lecho y, en particular, la "cámara nupcial" (cf. D.M.Z xxii. 153), con la cama para dormir, los cojines para descansar y el diván (Am 6, 4), llevan en conjunto el nombre de עֶרֶשׂ (cf. עָרַשׂ cubrir), (cf. también el "entrelazado de pelos de cabra", 2Sa 19, 13 y el κωνωπεῖον de Holofernes, Jud 10, 21; 13, 9). De aquí proviene nuestra palabra canapé (*kanapee, canopy*), una cama cubierta con un tipo de red, para cubrirse y protegerse de los κώνωπες, los mosquitos, רַעֲנָן, que aquí aparece como adjetivo en femenino y acentuado en la última sílaba.

Esa palabra no se refiere al color de la red (del lecho extendido y protegido), sino al hecho de que es una protección que se extiende con suavidad (como *lentus in lenti salices*, como sauces lentos…). No existe, a mi juicio —en alemán— una palabra que combine con esas ideas de suavidad y de frescura, de balanceo y elasticidad, de abandono y de placer de un lecho de amor, que pueda vincularse imaginativamente con los sauces llorones.

1, 17. Las vigas se denominan קרות, de קרה, cruzarse, entrelazarse para sostener el lecho (cf. *congingere* y *contignare*, entrelazarse, entretejerse…). Por su parte, los רחיטנו (o רְחִיטֵנו conforme a otra lectura, los רח, de רחי, con *kametz* inmutable o con un *dagesh virtual*) es una palabra del norte de Palestina (*kerî*, רְחִיטֵנו) son los artesonados (Éx 2, 16).

El texto samaritano pone רחטים (cf. *sahar* y *sahhar*, *circumire*, rodear, como *zahar* y *zahhar*), de donde viene en siríaco el nombre de escarlata. Si no es un plural defectivo (Heiligstedt), esta palabra se utiliza aquí como un singular colectivo para referirse a los huecos o paneles de un techo en forma de artesonado, como φάτναι, de donde viene en los LXX la palabra φατνώματα (Symmaco, φατνώσεις), lo mismo que en latín la palabra *lacunae* (lagunas), de donde viene *lacunaria*, que Jerónimo traduce en forma de *laquearia* (entrelazados, que se aplican a un techo/artesonado de madera). Abulwalîd glosa rectamente la palabra poniendo מרזבים, canales (de רהט, de agua que corre).

Leída así, esta expresión, al igual que los διάδρομοι de la traducción griega de Venecia, no tiene un sentido arquitectónico estricto, sino de decoración, como que se puede encontrar aún en el Talmud (véase Buxtorf, *Lex*). Por eso, no es necesario suponer que se ha dado una transposición de חריטנו a חרט, girar, tallar (Ewiger, Heiligstedt, Hitzig). Por su parte, la ת en רותימסב forma parte del lenguaje popular del hebreo del norte de Palestina (de Galilea).[11]

En Galilea (en hebreo) se intercambian también la ח con la ה. Este intercambio de guturales fue característico del lenguaje de Galilea (ver citas del Talmud en Frankel, *Einl. in d. jerus. Talm.* 1870, 7b). Sabiendo bien que una mera choza no era morada apropiada para el rey, la fantasía de Sulamitis convierte uno de los magníficos templos de la naturaleza del norte de Palestina, con sus bosques solitarios, en una espléndida morada/palacio donde ellos, su amante rey y ella, podrán vivir juntos, uno para el otro. En esa línea, agrandando las medidas de la casa de amor, ella dice en plural *battenu*, בָּתֵּינ, de forma que la interpretación mística encuentra aquí (en Is 60, 13) un apoyo favorable.

---

11. Plinio, H. N. (xxiv. 102, ed. Jan.), indica que *brathy* es el nombre de la sabina, Juniperus sabina. Wetstein piensa que el nombre Beirut, derivado de ברות, es el nombre de un pino dulce, de la familia de las sabinas, que resulta común en el paisaje de los campos de Siria. Las sabinas que crecen en las colinas arenosas de Siria evitan que las ciudades se llenen de las arenas flotantes que vienen de los desiertos. Actualmente, en árabe, el ciprés se llama ahora sanawbar. Sobre los nombres antiguos de los árboles y de su significado en lenguaje figurativo de amor, cf. *Comentario* a Is 41,19.

Primer acto: Afecto mutuo de los amantes (Cnt 1, 2 – 2, 7)

2, 1

Lo que ahora dice Sulamitis confirma lo que acaba de expresar en el capítulo 1. Ciudad y palacio con su esplendor no la complacen. Bosque y campo la deleitan. Ella se presenta como tierna flor que ha crecido en la quietud de la vida rural:

אֲנִי֙ חֲבַצֶּ֣לֶת הַשָּׁר֔וֹן שֽׁוֹשַׁנַּ֖ת הָעֲמָקִֽים׃   ¹

¹ Yo soy rosa del Sarón, y lirio de los valles.

No traducimos "la" rosa, "el" lirio, porque ella no se presenta como la única, sino como una de su clase, de un modo indefinido. No se define a sí misma, en exclusiva con un artículo definido, cosa que suele hacerse con la segunda palabra de una cadena de palabras en genitivo.

La expresión מלאך ה (véase en Cnt 1, 11; Hitzig en *Coment.* a Sal 113, 9 y mi *Coment.* a Gn 9, 20) puede significar tanto "un ángel" como "el ángel de Yahvé" y, por su parte, שׁי בת puede significar "una virgen" o "la virgen de Israel" (como personificación del pueblo). En ese sentido se entiende *hhăvatstsĕlĕth* (חֲבַצֶּלֶת), que proviene quizá de *hhivtsēl*, quadrilítera de *bĕtsēl*, que significa formar bulbos (plantas bulbosas). La Peshita siria en Is 35, 1 usa *chamsaljotho*, que es un tipo de azafrán de campo, *colchicum autumnale*. Esta es una flor de color amarillento, de tallo sin hojas que, cuando se siega la yerba, cubre los campos de zonas cálidas.

Le llaman *filius ante patrem* (hijo antes del padre) porque las flores salen antes que las hojas y antes que las cápsulas con las semillas. Sulamitis se compara con una planta tan simple y común como el azafrán o rosa de Sarón, es decir, de una región cuyo nombre deriva por aféresis de Sharon, o sea, de una región que por aféresis deriva de Yisron (ישרון).

La llanura más célebre de este nombre se sitúa cerca de la costa del Mediterráneo, entre Jope y Cesarea. Pero hay también otra zona llamada Sarón en la zona transjordana (1Cr 5, 16). Y, conforme a los datos que ofrecen Eusebio y Jerónimo, hay otro lugar llamado Sarón entre el Tabor y el lago Tiberíades, en Galilea (véase Lagarde, *Onomástica*, p. 296 y Neubauer, *Géographie du Talmud*. p. 47).

Esta última, Sarón de Galilea, es la zona a la que alude aquí Sulamitis, porque ella es natural de Galilea y se presenta a sí misma como una flor del entorno de Nazaret. Aquila traduce: "Un capullo de rosa de Sharon". Pero la palabra שׁושׁנה (palabra que se emplea también como nombre de mujer) no puede significar aquí la rosa propiamente dicha —que solo se introdujo en Palestina en un tiempo posterior a Salomón— siendo importada de la India, a través de Armenia y Persia, de manera que pudo ser cultivada así en una zona extensa desde la India a Palestina (véase Ewald, *Jahrbuch*, IV p. 71; cf. Wüstemann, *Die Rose*, 1854).

La rosa como tal no se menciona en la Escritura (canon hebreo). La primera vez que aparece es en Sir 24, 14; 39, 13; 50, 8; Sab 2, 8 y Est 1, 6, LXX. Dado que todas las plantas rosáceas son de cinco hojas, mientras que las *liliaceaas* (lirios, azucenas, tulipanes…) son de seis, se puede suponer con Aben Ezra que el nombre *sosan* (susan) está vinculado al numeral seis, שׁשׁ, y a las plantas y flores de seis hojas, de manera que la planta y flor con la que Sulamitis se compara es un lirio/azucena y no una rosa. Sea como fuere, se tiende a representar los lirios/azucenas de oriente como rojos o violetas, aunque a veces también como blancos. La palabra española azucena, que proviene del árabe *susan*, suele aplicarse a un lirio blanco.[12]

De todas formas, la raíz puede ser la misma que la de שׁשׁ, *byssus* y שׁישׁ, mármol blanco. La comparación nos recuerda a la de Os 14, 5: "Yo seré rocío para Israel; Israel florecerá como un lirio". העמקים son valles profundos entre montañas. Sulamitis piensa humildemente de sí misma, porque aparece pequeña ante la grandeza del rey, de modo que ante él le parece vana su belleza, pero el rey retoma esa comparación y la invierte de un modo notable.

2, 2

כְּשׁוֹשַׁנָּה בֵּין הַחוֹחִים כֵּן רַעְיָתִי בֵּין הַבָּנוֹת ²

> ² Como el lirio entre los espinos,
> así es mi amada entre las doncellas

Los espinos, החוחים, no son espinos de la misma planta, pues el lirio no los tiene y las espinas de los rosales se llaman más bien *kotsim* y no *hhohhim*.[13] Por otra parte, יוֹבֶּ en (entre), va en contra de esta idea, pues los espinos forman parte de la misma planta y no están entre o en torno a ella. La palabra חוח, חוֹחִים, significa una *mata* o grupo de espinos, como en la respuesta alegórica del rey Josías a Amasías (2Re 14, 9).

Las características por la que Sulamitis sobrepasa a todas las בנות, es decir, *a todas las mujeres* (Cnt 6, 8), son la simplicidad con la inocencia y la cortesía, como el lirio de los valles sobrepasa a todos los arbustos de su entorno. Aunque las espinas le rodean, el rey puede ver a Sulamitis y, fijándose en ella, descubre

---

12. Cf. Fleischer, *Sitzungs-Berichten d. Sächs. Gesell. d. Wissensch.* 1868, p. 305. Entre la rica flora de la tierra que desciende de los altos de Hauran, Wetstein vio (Reisebericht, p. 148) un magnífico lirio (susan), de color violeta oscuro, tan grande como su puño. En este contexto, podemos recordar las palabras de Rückert: "Lirio brillante: las flores adoran a Dios en el jardín; tú eres el sacerdote de la casa".

13. El proverbio arameo "de espinos nacen las rosas y de malos padres nacen a veces hijos piadosos" se traduce en hebreo קוֹץ מוֹצִיא שׁוֹשָׁן; (véase *Jalkut Samuel*, §134).

Primer acto: Afecto mutuo de los amantes (Cnt 1, 2 – 2, 7)

su vida tranquila y la encuentra muy hermosa. Pues bien, tomando de nuevo la palabra en este intercambio de alabanzas, ella dice:

2, 3

כְּתַפּוּחַ בַּעֲצֵי הַיַּעַר כֵּן דּוֹדִי בֵּין הַבָּנִים בְּצִלּוֹ חִמַּדְתִּי וְיָשַׁבְתִּי וּפִרְיוֹ מָתוֹק לְחִכִּי: ³

³ Como el manzano entre los árboles del bosque,
así es mi amado entre los jóvenes.
A su sombra placentera me he sentado,
y su fruto es dulce a mi paladar.

2, 3a. El manzano, cuyo nombre es חופח, está formado por נפח, se denomina así por la fragancia de su flor y por sus frutos, apareciendo de esa forma como rey entre los árboles frutales, conforme a la visión de Sulamitis.

Por su parte, יער (de la misma raíz יער, que significa rugoso, áspero, desigual) es un tipo de desierto boscoso, donde pueden encontrarse también algunos árboles frutales, aunque la mayoría son salvajes y sus frutos no son comestibles. Pero el árbol del manzano vincula su forma agradable con sus buenos frutos, de manera que, como árbol noble, es objeto y signo del amor de Sulamitis.

2, 3b. *A su sombra placentera me he sentado, y su fruto es dulce a mi paladar.* Las palabras *concupivi et consedi* vinculan el verbo principal (deseé) con otro verbo coordinado (me senté), en vez de hacerlo con un adverbio o con un infinitivo, como en otros casos (cf. Is 42, 21 y Est 8, 7; cf. también Ewald, § 285). De todas formas, las palabras *concupivi et consedi* no tienen simplemente el sentido de *concupivi consedere* (quise sentarme), porque no se trata solo de sentir placer al sentarse bajo el manzano, sino de sentarse placenteramente a la sobra de este árbol concreto que es el manzano.

El *piel* חמד, que aparece solo en este caso, expresa la intensidad del deseo y del placer del que se sienta así bajo el árbol del manzano. La sombra es un signo de protección (frente al sol que quema), y el fruto (las manzanas) es una figura del gozo que se obtiene por el gusto de las manzanas que se comen.

El gusto se indica con חך = חנך, que significa gozar de una comida (de algo dulce, placentero), llenarse de gozo. En esa línea, la comida de algo se dice מתוק, expresión que vincula el masticar con el placer que produce aquello que se come. El uso del lenguaje ha tendido a descuidar imágenes como esta, que responden al sentido natural y físico de las expresiones, especialmente en los casos en los que, como en este, se pasa del sentido físico de los hechos a su sentido anímico —lo que produce en el interior.

Escena 2 (Cnt 1, 9 – 2, 7)

En este caso, el "gusto" en la comida viene a convertirse en una figura del poder de percepción del alma (αἰσθητικόν). Así, por ejemplo, se dice que el hombre tiene frutos, como el árbol… Pero esos frutos no son ya materiales, como las manzanas de un árbol, sino palabras y aquellas obras por las que el hombre expresa de un modo personal, espiritual, su naturaleza interior.

El fruto de un hombre son aquellas palabras y obras que son como los frutos de su vida. Y este fruto es dulce para aquellos en quienes las obras de un hombre causan una impresión positiva y agradable. Pues bien, en este caso, la persona del rey no solo ofrece a Sulamitis un deleite muy grande, sino que le llena de un gran placer.

2, 4

4 הֱבִיאַ֙נִי֙ אֶל־ בֵּ֣ית הַיַּ֔יִן וְדִגְל֥וֹ עָלַ֖י אַהֲבָֽה׃

⁴ Me llevó a la bodega,
Y su bandera sobre mí fue amor.

Después que hemos visto a las damas del palacio en la fiesta, en la que se ha ofrecido vino, y después que Salomón, hasta ahora ausente, ha entrado en la sala del banquete (árabe, *meglis*), no podemos entender la expresión בית היין (casa del vino, *cella vinaria*) como "viña", pues la viña debería decirse *bēth hă gephānim* o *bēth hā 'ănāvim*, como en Hch 1, 12, Peshita, que llama al Monte de los Olivos *bēth zaite*.[14]

El rey ha introducido a Sulamitis en el lugar donde él recibe de un modo regio a sus amigos. Sabiendo bien que ella, pobre doncella semiquemada por el sol, no forma parte de un lugar como ese, de manera que, si pudiera, se escaparía de allí, el rey la libera del miedo y de la timidez cubriéndola con su propia bandera, que inspira un gran temor y lo hace con el fin de protegerla. Pues bien, esa bandera que el rey hace ondear de manera protectora sobre Sulamitis es la bandera del amor. Según eso, el amor del rey se cierne o eleva sobre ella para protegerla como un pendón. Y tan grande, tan sobrecogedor, es el deleite del amor que la penetra y transporta que la Sulamitis empieza a exclamar:

---

14. En hebreo, יין , no indica originalmente el vino, sino una planta (la vid), como en etíope *wain*, de donde viene *asada*, huerto de vino, viña, como pone de relieve Ewald. Por el contrario, Dillmann, de un modo inapropiado, traduce "planta de viña", en alemán del sur kamerte, viña interior. En hebreo, בית היין , es la casa o establecimiento donde se bebe vino.

Primer acto: Afecto mutuo de los amantes (Cnt 1, 2 – 2, 7)

2, 5-6

5 סַמְּכוּנִי בָּאֲשִׁישׁוֹת רַפְּדוּנִי בַּתַּפּוּחִים כִּי־ חוֹלַת אַהֲבָה אָנִי:

6 שְׂמֹאלוֹ תַּחַת לְרֹאשִׁי וִימִינוֹ תְּחַבְּקֵנִי:

> [5] Sustentadme con pasas, confortadme con manzanas;
> porque estoy enferma de amor.
> [6] Su izquierda está debajo de mi cabeza,
> y su derecha me abraza.

2, 5. Ella utiliza este lenguaje tan intenso porque es una persona que tiene gran necesidad de que la reanimen, que le den ánimo, porque su vida está como hundiéndose. סמך es el intensivo de סמך, que significa propiamente apoyar, sostener, elevar. Por su parte, רַפְּדוּנִי es el intensivo de רפד (raíz רף), elevar, alzar (véase Pr 7, 16), ofrecer firmeza, ayudar.

La manzana es, en Grecia, un atributo de Afrodita, diosa del amor. Pero aquí significa comida o aroma refrescante, de manera que aparece como una forma de mantener vivo el ánimo de las personas. Los pensamientos de amor están conectados con el árbol del manzano (cf. Cnt 2, 3; 8, 5). Este simbolismo se entiende desde el ámbito rural del que proviene Sulamitis. En vez de manzanas, Böttcher piensa que Cantar se está refiriendo a membrillos, mientras Epstein supone que los frutos son más bien limones. Pero estas referencias tendrían que haber estado mejor precisadas e indicadas con algún añadido como en Pr 25, 11.

Las אשׁישׁות (de אשׁשׁ, establecer, afirmar, cf. Is 16, 7; Os 3, 1) son uvas exprimidas y curadas, como pasteles, y se distinguen de צמוקים, que son uvas secas (cf. en este contexto los דבלה, pasteles de higos, árabe *dabbûle*, una masa exprimida y apretada de higos. Cf. también πλακοῦς, *placenta*, que se refiere a frutos o cosas que están exprimidas, apretadas). Los pasteles de frutas se encuentran entre los dones que, según 2Sa 6, 19, David distribuyó al pueblo con ocasión del traslado del arca a Jerusalén. Todavía hoy en el monasterio del Sinaí se ofrecen pasteles de fruta como refresco para los viajes.

El texto dice que Sulamitis se reanimó. Pero no estamos seguros de si esas palabras han de entenderse de un modo literal, pues no parece claro que la enfermedad de amor se pueda curar con rosas y manzanas. De todas formas, debemos recordar que el sentimentalismo (es decir, un tipo de susceptibilidad de amor) no pertenece solo a tiempos del romanticismo posterior, sino que se daba también en épocas antiguas, especialmente en oriente. Unos síntomas de este tipo los encontramos también en los profetas, cuando proclamaban sus amenazas de juicio. Basta con recordar los trances de tristeza que aparecen en Is 21, 3 y que, mirados con espíritu crítico y desprecio, pueden tomarse como expresión de histeria.

Más aún, la poesía erótica india, persa y árabe (cf. por ejemplo, la novela *Siret 'Antar*) ha sido tan sentimental como la alemana a lo largo del tiempo. Pues bien, el tema del Cantar que estamos evocando no es la curación de la enferme-dad de amor, sino la serenidad corporal. Sulamitis grita pidiendo que le ayuden a tranquilizarse, para que pueda soportar la profunda agitación de su vida física, una agitación que no proviene de su enfermedad de amor, sino de su felicidad de amor. Ese grito o petición de ayuda no se dirige a las hijas de Jerusalén, sino a otras personas (aunque eso sea gramaticalmente posible, porque סמכוני tiene el mismo sentido que סמכנה אתי, pues en el caso contrario hubieran sido llamadas por su propio nombre).

El texto supone que alguien debió venir en ayuda de Sulamitis, que ha-bía tenido un desfallecimiento, cayendo en un estado de fuerte debilidad, para ayudarle con uvas y con perfume de manzanas, logrando que superara su decai-miento. El llamamiento de Sulamitis debe, por tanto, interpretarse de esta forma: venid pronto en mi ayuda, refrescadme, de manera que pueda revivir, pues estoy enferma de amor.

Hay personas que han experimentado también esta enfermedad de amor en un plano espiritual. San Efrén se sintió una vez inundado con un gozo espiritual tan fuerte que gritaba: "Aparta, Señor, un poco tu mano de mí, pues mi corazón está muy débil para soportar un gozo tan grande". Por su parte, a J. R. Hedinger († 1704) le sobrevino en su lecho de muerte una corriente de gozo tan fuerte que gritaba: "¡Qué bueno es el Señor, oh qué dulce es tu amor, mi Jesús! ¡Qué dulzura! Yo no soy digno de ella, mi Señor. Déjame solo, déjame solo". Igual que el gozo espiritual de amor, así también el deseo de amor espiritual puede consumir el cuerpo (cf. Job 19, 27; Sal 63, 2; 84, 3).

Han existido, de hecho, seres humanos que han sido derribados bajo un anhelante deseo del Señor y de su eternidad. En un estado de éxtasis de amor como este, Sulamitis pide refrigerio, quiere que le ayuden, porque tiene miedo de sucumbir, de no poder soportarlo. Era tan grande el contraste que ella veía entre sí misma —pobre e indigna— y el rey que aparecía ante ella como ideal de belleza y majestad —que le elevaba hacia su altura—, que ella sentía que su vida se hallaba amenazada.[15]

---

15. Hay un tipo de *ro'b* o parálisis nerviosa (רעב, así en Damasco, o *ra'b* en Hauran y entre los beduinos), que es un estado del alma que entre nosotros se da con menos frecuencia, pero que es psicológicamente notable entre los árabes. Este "Wahm" o experiencia del carácter irresistible ante una emoción o peligro es tan grande entre los árabes que de pronto ellos pierden todo control sobre el cuerpo y el alma, cayendo en un estado de absoluto desamparo, de forma que pierden todas sus defensas. Así, de pronto, el 8 de julio de 1860, en unas pocas horas, unos 6000 cristianos fueron asesinados en Damasco, sin que ninguno de ellos elevara su mano o elevara su voz pidiendo ayuda. De esa forma, me han dicho médicos nativos y europeos que el miedo causa muchas muertes en

Primer acto: Afecto mutuo de los amantes (Cnt 1, 2 – 2, 7)

Si aquella que se presentara ante el rey fuera la hija del faraón o la reina de Saba, el sentimiento de igualdad social hubiera impedido que se produjera una alarma tan fuerte. Pero Sulamitis se encuentra admirada y temblando ante el esplendor de la corte del rey y se siente desconcertada. De esa forma, le sucede lo mismo que al vidente de Patmos en Apocalipsis 1, 17. La belleza, combinada con la impresión de dignidad de quien se aparece, ha producido, entre naturalezas que no se encuentran pervertidas, un sentimiento fuerte de veneración y temor y si a todo esto se añade el poder del amor, entonces surge una combinación de miedo y gozo, como la que Safo describe diciendo: Φαίνεταί μοι κῆνος ἴσος θεοῖσιν ἔμμεν ὠνήρ (me parece que aquel es igual a los dioses. El que está sentado frente a vos...). De esa manera, sin proyectar modernos sentimentalismos en la antigüedad, podemos suponer que Sulamitis cayó en manos de un tipo de paroxismo a causa de su sentimiento de amor y admiración ante Salomón, que la sostuvo y elevó, mientras ella exclamaba:

2, 6. *Esté su izquierda bajo mi cabeza y su derecha me abrace.* Con su mano izquierda Salomón sostiene su cabeza (la de Sulamitis) que ha caído hacia atrás, y con su derecha la abraza (תְּחַבְּקֵנִי, *herzet*) como Lutero rectamente traduce no solo aquí, sino cuando se refiere al profeta *Habakkuk*ֽ nombre que viene de la misma raíz y que significa "el que abraza", abrazador. La raíz חבק significa propiamente estrechar, rodear y, más en concreto, "abrazar con amor" o también acariciar con cariño con la mano, como suele decirse en hebreo חלה, en latín *mulcere*, rozar.

La situación es aquí semejante a la de Gn 29, 13; 48, 10. En estos casos, se alude a las manos que rodean y abrazan expresando amor. Este es el primer signo, la primera expresión del amor que se muestra a través del abrazo. Este gesto de simpatía, de abrazo gentil, ejerce sobre Sulamitis una influencia tranquilizadora, de manera que ella puede expresar sus más hondas emociones, sobreponiéndose a su miedo. Solo en este primer momento de deleite gozoso y de felicidad ella puede dirigirse a todos los testigos de su alegría:

Arabia, y yo mismo puedo confirmar este dato. Frecuentemente, produce un debilitamiento de las piernas, con un tipo de inmovilidad crónica, una parálisis que recibe el nombre de ro'b. Hay médicos que para curar a estos enfermos llevan un tipo de "copa de terror" (*tâset er - ro'b*), cubierta de sentencias gravadas en ellos, con unas veinte campanillas que resuenan. De esa forma logran un tipo de influjo mayor en los enfermos, consiguiendo incluso que se curen. Este tipo de curas tienen a veces un resultado positivo (Wetstein).

Escena 2 (Cnt 1, 9 – 2, 7)

2, 7

הִשְׁבַּ֨עְתִּי אֶתְכֶ֜ם בְּנ֤וֹת יְרוּשָׁלַ֙͏ִם֙ בִּצְבָא֔וֹת א֖וֹ בְּאַיְל֣וֹת הַשָּׂדֶ֑ה אִם־תָּעִ֧ירוּ ׀ [7]
וְֽאִם־תְּעֽוֹרְר֛וּ אֶת־הָאַהֲבָ֖ה עַ֥ד שֶׁתֶּחְפָּֽץ׃ ס

> [7] Yo os conjuro, oh doncellas de Jerusalén,
> por los corzos y por las ciervas del campo,
> que no despertéis ni hagáis velar al amor,
> hasta que quiera.

A los israelitas se les permite jurar, נשבע, solamente por Dios (Gn 21,23), pero puede adjurarse, השביע, por aquello que no es Dios, aunque este ejemplo es quizá el único de abjuración en la Escritura. Por otra parte, צבא (femenino *tsabaōth*), forma suavizada de *tsebajōth*, es el nombre para la gacela por la elegancia de su forma y de sus movimientos. אילות es la forma conectiva de אילות, y su *yod* consonántica se suaviza en asirio y en sirio con el diptongo *ailuv, ailaa*.

El genitivo "del campo" (הַשָּׂדֶה, en בְּאַיְלוֹת הַשָּׂדֶה), no se utiliza para distinguir, sino para describir a estos animales, por lo que también el primero carece de artículo (ambas, gacelas y ciervas). Se utiliza para no repetir la expresión (os abjuro por…, como en Cnt 3, 5; 8, 4 y 2, 9) y para dar a esta declaración de "abjurar" la mayor importancia. Esta es una declaración escrita con mucha precisión, con términos que varían en cada caso, dando un sentido de intensidad a todo, de manera que las imágenes precedentes quedan sobrepasadas por las siguientes (véase Pr 30, 31).

Al ocuparse de este verso, Hengstenberg afirma: *la amante no abjura por las cabras, ni mucho más por el conjunto de los animales de la escena*, pues no es ella quien abjura, sino que quien lo hace es Salomón, pero no es capaz de encontrar una prueba para sostener su afirmación. En contra de eso, el hecho de que se abjure por las gacelas muestra que quien habla es alguien que habita en el campo y el bosque y que este "abjuramiento" es propio de Sulamitis, que quiere proteger así el descanso de amor de su rey, de su amante.

Eso muestra que quien habla no es el rey (contra Hitzig) ni la reina madre (Böttcher), pues ninguno de los dos ha aparecido hasta ahora. La abjuración tiene una finalidad: que el amor de la amante por el amado, y el amor del mismo amado, no se vea amenazado ni sea alborotado por ninguno de los animales que discurren con libertad por los campos. Zöckler, con quien en este punto concuerdan Grätz y otros como Böttcher y Hitzig, se siente aquí capacitado para elevar en este momento su más grande advertencia en contra de aquellos que excitan/indisponen en su amor a los amantes (cf. latín *irritamenta veneris, irritata voluptas*) hasta que

Primer acto: Afecto mutuo de los amantes (Cnt 1, 2 – 2, 7)

el mismo Dios les despierte y los corazones de los amantes se encuentren/vinculen en simpatía uno con el otro.

Pero la circunstancia en la que está colocada Sulamitis no concuerda bien con el tipo de moralismo que esos autores introducen en el conjunto de la escena. La abjuración se repite en Cnt 3, 5 y 8, 4 y siempre que Sulamitis se encuentra cerca de su amado, yaciendo en sus brazos. ¿Qué otro medio puede utilizar ella, de qué otro medio puede valerse el Cantar para impedir que otros poderes adversos perturben el gozo de amor de la amada?

En vez de תעירו, אתכם y תעוררו·podrían ser más exactas, por su género, otras palabras como תעוררנה y תעוררנה, pero en hebreo la distinción gramatical de los géneros no se mantiene de un modo invariable, pues encontramos también en otros casos esta misma *synallage generis* (uso de un género en apariencia inadecuado, cf. Cnt 5, 8; 7, 1; 4, 2; 6, 8, etc.).

En el Cantar, el uso de la sinálage puede responder al fondo popular de algunos textos en los que no se respeta bien la función de los géneros. Esto ocurre también en árabe con formas femeninas como *jaktulna* y *taktulna*, que corresponden a תקטלנה y que han caído fuera de uso. Con העיר, *expergefacere*, despertar, sacar del sueño, se conecta la idea de interrumpir el sueño, mientras que con עורר, *excitare*, la idea va más allá y se une a la de introducir al que antes dormía en un ritmo rápido de vida.[16]

En un caso, la abjuración tiene la finalidad de que no se rompa el dulce sueño del amor. En el otro caso, se procura que los que estaban inmersos en el sueño del amor no sean despertados para quedar de esa forma absorbidos en las tareas dominantes y egoístas de su vida mundana, en vez de vivir en amor. El *pasek* situado entre מעירו y la palabra siguiente וּרְרוֹעֶת ־סאֵן ׀ וּרִיעֶת ־סאֵ tiene, como en Lv 10, 6, la finalidad de mantener separadas las dos *waws*, de manera que las dos frases no se unifiquen, sino que queden independientes. Como decía Ben Asher, se trata de asegurar que cada letra, cada frase, tenga su propio sentido, su propia independencia. Finalmente, האהמה no es una forma de utilizar lo abstracto *pro concreto*, sino un medio para poner de relieve la identidad del amor mismo en su sentido concreto de dar y recibir.

Con esto termina la segunda escena del primer acto. Sulamitis yace entregada a su desfallecimiento sin otra ayuda que los brazos de amor de Salomón. Pero dormir (terminar la vida) en manos de Salomón es para ella (Sulamitis) su verdadera vida. Perderse en él y encontrarse en él de nuevo, esta es su felicidad.

---

16. La distinción entre estas palabras ha sido bien explicada por Lewisohn (*Investigationes Linguae*, Wilna, 1840, p. 21). Con מעיר את־הישן se indica solo que se interrumpe el sueño de alguien, dejando al que se ha despertado la tarea de superar el sueño anterior. Por el contrario, מעורר implica no solo sacar a uno del sueño, sino lograr que el sueño no le domine de nuevo.

SEGUNDO ACTO:
BÚSQUEDA MUTUA Y ENCUENTRO DE LOS AMANTES
(Cnt 2, 8 – 3, 5)

Escena 1: Cantares 2, 8-17: Los amantes

Con Cnt 2, 8 comienza el segundo acto, que termina con el llamado "canto del sueño" (Cnt 3, 5), como el acto anterior. En esa línea, la advertencia proverbial sobre la necesidad de apresurarse en las montañas indica que el acto termina.

El escenario no es ya la ciudad regia (del rey), sino la tierra y casa de Sulamitis, donde ella se encuentra de nuevo con su enfermedad de amor, con sus familiares y amigos, de entre los que ha destacado ya a sus hermanos (Cnt 1, 6). La casa se eleva solitaria entre rocas, en la hondonada de una cadena de montañas. En torno a ella, están las viñas que sus familiares han plantado y los pastos de la colina sobre la que ellos alimentan sus rebaños. Desde aquí mira ella con amor hacia su distante amado que se acerca, y exclama:

2, 8-9

קוֹל דּוֹדִי הִנֵּה־ זֶה בָּא מְדַלֵּג עַל־ הֶהָרִים מְקַפֵּץ עַל־ הַגְּבָעוֹת: 8

דּוֹמֶה דוֹדִי לִצְבִי אוֹ לְעֹפֶר הָאַיָּלִים הִנֵּה־ זֶה עוֹמֵד אַחַר כָּתְלֵנוּ מַשְׁגִּיחַ מִן־ הַחֲלֹּנוֹת מֵצִיץ מִן־ הַחֲרַכִּים: 9

[8] ¡Una voz! ¡Mi amado! He aquí, él viene,
saltando por los montes,
brincando por los collados.
[9] Mi amado es semejante a una gacela
o a un cervatillo.

Segundo acto: Búsqueda mutua y encuentro de los amantes (Cnt 2, 8 – 3, 5)

He aquí, se detiene detrás de nuestro muro,
mirando por las ventanas,
atisbando por las celosías.

2, 8. La palabra קוֹל, en la expresión קוֹל דּוֹדִי, ha de entenderse como llamada del amante que se aproxima (Böttcher) o puede referirse al sonido de sus pasos que se acercan (Hitzig). Esta es una cláusula de interjección (voz de mi amado), en la que *kōl* es una exclamación, con un sentido parecido a *"se oye"* —en alemán *horch*— (cf. *Coment* a Gn 4, 10). La partícula זֶה tras הִנֵּה tiene el sentido de הִנֵּה, a modo demostrativo. זֶה como en latín *ecce = en ce*.

El verbo עֹמֵד cumple aquí una función de participio, como muestra la acentuación femenina (cf. Jer 10, 22). Por su parte, דִּלֵּג es la palabra usual para *saltando*. El paralelo מְקַפֵּץ significa propiamente *contrahere* (cogn. de קָמַץ, de donde viene *kametz*, que alude al hecho de apiñar los músculos de la boca y, de un modo especial, los de los labios, o de apretarlos, en general, para preparar una carrera). En esa línea, en el tiempo actual, tanto en el lenguaje de la ciudad como en el árabe de los beduinos, *kamaz* y también *famaz*, se utilizan para indicar el salto de las gacelas que se expresa como levantador de las piernas estiradas perpendicularmente (cf. D.*M. Zeitung*, xxii. 362); *wahu jegmiz gamazât el - gazâl*, "salta con el tipo de salto de una gacela".

2, 9. *Mi amado es como una gacela…* Esta figura, utilizada en Cnt 3,8, continúa aquí en Cnt 2, 9. El término צְבִי significa gacela, nombre árabe que nos ha llegado probablemente a través del español *gacela* (que es distinto de *ghasele*, que viene del persa *ghazal*, que es un poema de amor).

עֹפֶר es el joven ciervo, como el árabe *ghufar* (*ghafar*), un tipo de *rebeco* de poca edad, llamado así por su piel peluda, como el joven león al que se llama כְּפִיר. Sobre la utilización de אוֹ pasando de una figura a otra (cf. *Coment* Cnt 2, 7). El significado del texto אוֹ sería más completo si uniéramos Cnt 2, 9 con 2, 8, y también con Is 35, porque las figuras son de animales que caminan con velocidad (cf. 2Sa 2, 28; 1Cr 12, 8, con Hab 3, 19).

Por su parte, Cnt 2, 9 pone de relieve la velocidad de la gacela, mientras Sulamitis mira y sus ojos buscan al amado a quien no puede olvidar. La palabra כֹּתֶל (*compingere, condensare*) significa apretar, amasar, de donde viene, por ejemplo, el árabe *mukattal*, lo que está oprimido, redondeado, en francés, *ramassé*. Sobre la raíz כת, cf. *Coment* a Sal 87,6 y en arameo כּוּתְלָא (con Jos 2, 15, Targum, en vez de קִיר).

Sulamitis se refiere a la pared de la casa, no al muro que rodea el huerto de su entorno. Ella está dentro, y su marido está al otro lado del muro, delante de la misma casa. Tympe dice *ad latus aversum parietis*, es decir, al lado contrario de la pared. El amante se encuentra al otro lado, mirando a través de las ventanas,

Escena 1 (Cnt 2, 8-17)

una vez por una, otra vez por otra ventana, para poder ver a Sulamitis y fijar sus ojos en ella.

Aquí tenemos dos verbos que expresan de manera muy precisa el sentido hebreo de ver, con השגיח de שגח, que aparece solo tres veces en el AT. Por el sentido de las raíces, que pueden ser שך o שק, ese verbo está indicando la idea de agujerear o romper, de donde viene también שגע, estar furioso, en sentido estricto agujereado, _percitum esse_; cf. _oestrus_, picadura de tábano, que produce un tipo de locura, palabra árabe que se aplica a un tipo de demencia (estar "picado" por algo, fijado en algo, centrando la mente o reflexionando sobre algo). De esta raíz proviene también השגחה, una palabra que en hebreo postbíblico se aplica a la providencia divina.

La palabra הציץ, que en otros lugares significa centellear o florecer, tiene aquí simplemente el sentido de mirar, dirigir rápidamente la vista hacia alguna cosa y, en ese sentido, de mirar con rapidez; una palabra que está evocando una visión rápida, un brillo repentino. En ese sentido Goethe, en Werther, habla del brillo de la pólvora cuando se dispara (Weigand).[1]

Las fórmulas plurales _fenestrae_ (ventanas) y _transennae_ (celosías) han de entenderse por sinécdoque (_totius pro parte_, el todo por la parte). Estas palabras pueden entenderse como "plural de categoría". La palabra חלון significa ventana, como apertura o hueco en el muro, de חלל, _perforare_, perforar. La palabra חרכים podemos relacionarla (cf. Pr 12, 27) con el árabe _khark_, _fissura_, como si estuviéramos aludiendo a una ventana que está abierta a través del muro. En el contexto rural, las ventanas son, en gran parte, huecos abiertos en el muro que ofrecen una entrada de luz entre marcos de madera. No podemos pensar en un tipo de "ventanas venecianas", con rejillas o persianas que se pueden ladear, a fin de ver por los huecos lo que está al otro lado (שבכה). La palabra הציץ significa mirar a través de esos huecos abiertos en el muro. Ahora continúa Sulamitis:

2, 10

[10] עָנָה דוֹדִי וְאָמַר לִי קוּמִי לָךְ רַעְיָתִי יָפָתִי וּלְכִי־ לָךְ:

[10] Mi amado habló, y me dijo:
Levántate, amada mía, hermosa mía, y ven conmigo

---

1. En este sentido, mirar rápidamente se dice en el Talmud הציץ (esta es la única prueba que Grätz aduce para sostener que el Cantar es un libro de origen tardío). Pero la palabra סמדר es original del antiguo hebreo, y que luego ha sido preservada en el Talmud.

Segundo acto: Búsqueda mutua y encuentro de los amantes (Cnt 2, 8 – 3, 5)

Las palabras muestran que esta primera escena no es inmediatamente dramática, sino solo de un modo simbólico, pues Sulamitis habla en forma de monólogo, aunque lo hace de un modo progresivo, narrando un acontecimiento que sucedió entre el comienzo de su relación de amor y el momento en que ella llega a la casa del amante.[2]

Ella no relata lo que dice en forma de sueño y quizá tampoco lo que ella dice es un sueño. Salomón pasa de nuevo ante la casa de Sulamitis en la montaña de Galilea, posiblemente en una expedición de caza, a través de las montañas del norte, después del tiempo de invierno con sus lluvias que habían hecho inaccesible el paso por aquella zona de montañas, sin que otros le vean, de manera que solo Sulamitis puede verle, advirtiendo y sabiendo de nuevo que Salomón viene a invitarle a que pase con él la estación de la primavera.

ענה, al igual que ἀποκρίνεσθαι, no significa solo responder a las palabras de otro, sino también hablar con ocasión de que aparezca de nuevo una persona para conversar con ella. Esa palabra puede indicar también cantar y, de un modo más estricto, cantar con modulación nasal. La raíz que está al fondo significa replicar, y tiene el mismo sentido que ענן, nube. La misma presencia de la nube aparece así en forma de pregunta. Por medio de la palabra קוּמִי el rey se dirige a Sulamitis, la saca de su estupor diciéndole וּלְכִי־לָךְ, en francés *va-t-en*, es decir, que le siga.

2, 11-13

11 כִּי־הִנֵּה [הַסְּתָו כ] (הַסְּתָיו ק) עָבָר הַגֶּשֶׁם חָלַף הָלַךְ לוֹ:

12 הַנִּצָּנִים נִרְאוּ בָאָרֶץ עֵת הַזָּמִיר הִגִּיעַ וְקוֹל הַתּוֹר נִשְׁמַע בְּאַרְצֵנוּ:

13 הַתְּאֵנָה חָנְטָה פַגֶּיהָ וְהַגְּפָנִים ׀ סְמָדַר נָתְנוּ רֵיחַ קוּמִי [לָכִי כ] (לָךְ ק) רַעְיָתִי יָפָתִי וּלְכִי־לָךְ: ס

> 11 Porque he aquí que ha pasado el invierno,
> la lluvia cesó y se fue.
> 12 Han brotado las flores en la tierra,
> el tiempo de la canción ha llegado,
> y en nuestro país se ha oído la voz de la tórtola.
> 13 La higuera ha echado sus higos,
> y las vides en flor difunden perfume;
> levántate, oh amiga mía, hermosa mía, y ven.

---

2. Grätz interpreta mal este motivo, introduciendo otros temas semejantes, con el fin de convertir todo el poema en una cadena narrativa que Sulamitis va declarando ante las hijas de Jerusalén. Con esto el poema no solo pierde su dramatismo, sino que se convierte en un texto mucho más tedioso, introduciendo una serie de expresiones como: *yo dije, él dijo, los hijos de mi madre dijeron…*

Escena 1 (Cnt 2, 8-17)

El invierno se llama סתו, quizá del verbo סתה (de la misma raíz que סתם, סתר, que no aparece en la Biblia, a no ser en la forma סות, Gn 49, 11), que no deriva ciertamente del verbo סות, tapar, no ver, como en un tiempo "cerrado por nubes", pues en el este el invierno es tiempo de lluvias. En árabe *shataā*, se aplica a la lluvia como tal (véase *D.M. Zeitsch.* xx. 618); en la actualidad, el único nombre que se emplea para la lluvia en Jerusalén *shataā* (no *metar*). La palabra סתיו, que ha sido sustituida por el *kerí*, significa solo que no tiene que leerse סתו, sino הַסָּת, con *â* larga. Al mismo tiempo, עניו (como *anaw*, *anawim*), humilde, deriva de ענה, inclinarse hacia el suelo; mientras que שׁליו, por el contrario, se aplica a la codorniz, de שׁלה (ser y estar gordo).[3]

2, 11. Ha pasado el invierno (הַגֶּלֶת תָּלַח מֶשׁׂלֹגָה רָבֵע (ק ינתְּסָה) [כ נתְסָה] הַנֵּה). Aquí se menciona de un modo especial la lluvia, con el nombre de *gĕshĕm*, de *gāshām*, ser espeso, masivo (cf. *revivim*, de densidad). Con עבר, pasar, se intercambia חלף que, como el árabe *khalaf*, significa propiamente apretar, oprimir, aplicándose también a "moverse" al otro lado, esto es, a separarse o salir del lugar en que antes se hallaba.

La expresión הָלַךְ לוֹ está construida con dativo ético, conforme al cual la acción vuelve al sujeto que la realiza. En este contexto, la lluvia se toma como si fuera una persona, como si ella volviera a sí misma.

2, 12. נצן, con la terminación nominal acabado en *an*, tiene el mismo sentido que ניסן, y significa flor, y en este caso alude al mes de las flores, *floréal* (que corresponde a nuestro mayo). Por lo que respecta al uso de la palabra, נצן con נץ y con נצה, probablemente se refiere a una flor pequeña que se relaciona con una más grande.

En *hăzzāmīr* aparece la idea del canto de las aves (como en árabe *gharad*) y esto debe tenerse en cuenta. Los LXX, Aquila, Symm., Targ., Jerónimo y el Véneto traducen *tempus putationis,* es decir, el tiempo de la poda de las viñas, una terminología muy utilizada (cf. זמר, podar las viñas, con מזמרה, el cuchillo de podar) con variantes como אסיף , recoger el fruto. De todas formas, en este caso,

---

3. Como el árabe *karbsh*, arrugarse, está formado por *karb*, plegar, y *karsh*, plegarse, así pasa en hebreo con ס . Wetstein me dijo: "Un día le pregunté a un árabe de dónde venía la palabra *karnasa*, arrugarse, y él me respondió que venía del estómago de una oveja que habían matado de noche. El estómago de la oveja sacrificada quedó toda la noche sin limpiarse y por la mañana lo encontraron encogido…". Por eso decimos que un rostro arrugado es como el estómago de una oveja sacrificada. Esta anécdota de Wetstein nos muestra que es muy difícil precisar los orígenes y sentidos de la etimología de esa palabra. Samdor que es muy extraña, por una parte, está conectada con el hecho de cerrar o velar los ojos por algo que causa terror. Por otra parte, *samd* viene de estirarse uno a lo largo. E. Meier piensa que ס es el nombre de un brote o rama y que se relaciona con סמסר, arrugarse. Pero esta opinión es tan poco probable como la de pensar que סמד es una palabra emparentada con חמד (cf. חמד, *Jesurun*, p. 221).

61

Segundo acto: Búsqueda mutua y encuentro de los amantes (Cnt 2, 8 – 3, 5)

no se invita a los oyentes a extenderse por los campos de las viñas para realizar la poda, pues el texto sigue hablando después de los primeros frutos de las viñas.

La palabra מר (זמר) tiene un sentido onomatopéyico, relacionado con el canto y con la música. En algún sentido se podría evocar aquí el canto de los hombres, aunque el texto no lo hace expresamente, sino que alude más bien al canto de las aves. El texto apela al canto de las aves porque los hombres pueden cantar también en invierno, a diferencia de las aves, que empiezan a cantar en primavera, de manera que el canto de las aves constituye un signo especial del cambio de estación.[4]

2, 13. La evocación de la primavera termina con una referencia a la higuera y a la viña, que son los signos más utilizados para recordar la prosperidad de una casa de campo (con su higuera y su parra de uvas, cf. 1Re 5, 5; 2Re 18, 31). La palabra פג (de פנג, referida a su delicadeza, no a su dureza) son los frutos pequeños de la higuera que ahora, cuando ha terminado el tiempo de la siembra y ha comenzado el de la siega (hacia el equinoccio del mes de nisán), comienzan a tomar un color rojizo. El verbo חנט no significa "crecer en forma de bulbo", como piensa Böttcher. Esa palabra significa dos cosas: *condire* (*condiri,* con el sentido de בשל: brotar, nacer) y *rubescere*, enrojecer, madurar.

Por su color amarillento de maduro ,el trigo recibe el nombre de חנטה = חטה. También en nuestro caso la razón preferente es la del color, porque la higuera no se vuelve fragante en el tiempo de la primavera, como podemos ver en la historia de la maldición de la higuera por Jesús, en el entorno de la pascua (cf. Mr 11, 13, donde el evangelista comenta: no era todavía tiempo de higos).

En ese tiempo del entorno de la pascua, las higueras cambian el color verde anterior, de manera que los frutos en formación empiezan a tomar un color más rojizo, y por su parte, en ese tiempo, las viñas סמדר, producen sus flores, es decir, están en estado de floración (los LXX ponen κυπρίζουσαι; cf. Cnt 7, 13, κυπρισμός), conforme a una expresión que se parece a la de Éx 9, 31 (ellas difunden su fragancia: Cnt 2, 13).

La palabra סמדר se toma normalmente como compuesta, formada por סם (perfume) y סמדר (floración; cf. Gesen. *Thesaurus*). Conocemos otros casos de formación de palabras compuestas como שלאנן, de שלה y שאן y חלמיש, del árabe *hams*, ser duro, y *hals*, ser oscuro o gris.

---

4. La palabra árabe *zāmăr* solo se aplica en la Biblia al canto de las aves en este pasaje y no en otros, a no ser al grito estridente de los avestruces, especialmente de las hembras. También se puede evocar en este contexto el canto de las tórtolas, que son aves de paso (cf. Jer 8, 7), y que de esa forma pueden aparecer como mensajeras de la primavera. La palabra נשמע está en tercera persona del perfecto: "se deja oír", ella misma se deja oír.

La lectura tradicional סמדר (no סמדר) va en contra de esta visión. La segunda vocal de הֲדָס (la *ā* media) es como en צלצל una vocal pretónica (Ewald, §154*a*), de manera que la palabra raíz parece una cuadrilítera, que actúa como expansión de סדר, organizar, poner en orden, colocar de forma coherente. Symmaco traduce la palabra por οἰνάνθη, y la lengua del Talmud muestra que ese nombre no viene de los primeros brotes de cinco hojas de la viña, sino de los primeros brotes de los racimos. Aquí, como muestran las palabras, las viñas difunden su fragancia" (lo mismo que se dice en Cnt 7, 14 de las mandrágoras), se está aludiendo a los brotes de los racimos de la vid que llenan la viña de su delicada e incomparable fragancia.

Al final de la invitación para gozar de la primavera, se repite la llamada. A no ser que sea un error de lectura colocado al lado del *keri*, al levantarse, יְמוּק, el *qetib* לכי ha de leerse לְכִי (cf. Sin, *in thee, levotechi,* para ti, con una *i* oculta, que es una forma de hebreo nordpalestino, en vez de לך, como en 2Re 4, 2, donde el *keri* ha sustituido la forma usual; cf. *Coment.* Sal 103, introducción).

2, 14

14 יוֹנָתִ֞י בְּחַגְוֵ֣י הַסֶּ֗לַע בְּסֵ֙תֶר֙ הַמַּדְרֵגָ֔ה הַרְאִ֙ינִי֙ אֶת־מַרְאַ֔יִךְ הַשְׁמִיעִ֖נִי אֶת־קוֹלֵ֑ךְ כִּי־
קוֹלֵ֥ךְ עָרֵ֖ב וּמַרְאֵ֥יךְ נָאוֶֽה׃ ס

14 Paloma mía, que estás en los agujeros de la peña,
en lo escondido de escarpados parajes,
muéstrame tu rostro, hazme oír tu voz;
porque dulce es tu voz, y hermoso tu semblante.

El verso empieza con "paloma mía" (וֹתָנִי). En su lugar, Castellio pone *columbula*, palomita (como *vulticulum, voculum*). Este es un nombre de cariño que Sulamitis comparte con la iglesia de Dios (cf. Sal 74, 19; 56, 1; Os 7, 11). La paloma del bosque construye su nido en las grietas de la roca y en otros lugares escarpados, como dice Jer 48, 18.[5]

El hecho de que a Sulamitis se le llame "paloma" está indicando que ella está muy alejada del trato con el mundo, morando entre montañas. חגי, חגו o también de חגו exige que exista un verbo con la forma de הגה (árabe *khajja, findere*). Por su parte, como dice el lexicógrafo Himya., סל es un paso o hendidura entre montañas, un tipo de desfiladero. Con la palabra צוּר se vinculan las ideas

---

5. Wetstein (*Reisebericht*, p. 182): "Si la paloma de Siria no encuentra un palomar en forma de torre, περὶ στερεῶνα, ella edifica sus nidos en las paredes de los precipicios rocosos o en los muros de rocas profundas y extensas. Cf. también su obra *Nord-arabien*, p. 58: "Muchas montañas difícilmente accesibles de Arabia se llaman *alkunnat*, nido de rocas".

Segundo acto: Búsqueda mutua y encuentro de los amantes (Cnt 2, 8 – 3, 5)

de inaccesibilidad y lejanía. Con סלע se expresa un lugar escondido, pero también una residencia apropiada y conveniente.

מדרגה son un tipo de "escaleras", de rocas ascendentes/descendentes, como los acantilados rocosos de las peñas arenosas de la región de Rügen, que se desploman perpendicularmente hacia el mar, y se llaman *Stubben-kammer* (cámaras de los muñones), una corrupción de la palabra eslava *Stupnhkamen*, es decir, las rocas escalonadas. El amante le dice "déjame ver…", añadiendo con palabra emocionada "tu rostro", con este comentario: "porque tu rostro es amable".

La palabra מַרְאַיִךְ (así acentuada) está en singular y significa "tu semblante". La *yod* penúltima es la letra final de ראי, que aquí se retiene porque se está refiriendo al ojo. No se puede concluir, partiendo de *ashrēch* en Ec 10, 17, que la terminación אַיִךְ de Cnt 2, 13 pueda ser un sufijo plural, lo que es aquí imposible, lo mismo que *êhu* en Pr 29, 18. En los dos casos, el singular *ĕshĕr* ha sido sustituido por *ashrē*. Por otra parte, de un modo inverso, *mǎraīch* no puede ser singular, porque el singular es simplemente *marēch*.

Tampoco *mǎrāv* (Job 41, 1) puede ser singular, porque el singular es *marēhu* (Job 4, 16; Cnt 5, 15). Por otra parte, la determinación de formas como מראיני o מראיהם resulta difícil, porque pueden ser tanto singulares como plurales. En nuestro pasaje, מראים es un plural no numeral como פנים (que no es rostros, sino rostro). De todas formas, *panīm* es un plural de extensión, no de número como Böttcher le llama. Es el rostro, el semblante, en su extensión total y en la totalidad de sus partes. Lo mismo se aplica a *marīm* (cf. וּמר), como *marōth*, visión (véase *Dietrich*, p. 19). Se trata, por tanto, de un plural amplificativo, mirado desde la plenitud de su belleza, desde su impresión sobrecogedora.

2, 15-16

15 אֶחֱזוּ־לָנוּ שׁוּעָלִים שׁוּעָלִים קְטַנִּים מְחַבְּלִים כְּרָמִים וּכְרָמֵינוּ סְמָדַר:

16 דּוֹדִי לִי וַאֲנִי לוֹ הָרֹעֶה בַּשּׁוֹשַׁנִּים:

[15] Cazadnos las raposas, las pequeñas raposas,
que echan a perder las viñas;
porque nuestras viñas están en flor.
[16] Mi amado es mío, y yo suya;
él apacienta entre lirios.

2, 15. Sigue así una *cantiuncula* o cancioncita. Sulamitis se adelanta y saluda con estas palabras de canto a su amado. Su amor debe celebrar una nueva primavera. En esa línea, ella desea que se destruya y deje de existir todo aquello que pueda

Escena 1 (Cnt 2, 8-17)

impedir la felicidad del amor. Si el rey viene ahora a visitar a su amada, mientras realiza su campaña de caza, la palabra "cazadnos" se refiere a todas las personas de su séquito, es decir, a todos los que le acompañan.

Pero esta es, más bien, una cancioncilla de viñador, vinculada a la experiencia de Sulamitis como guardadora de la viña, empeñada ante todo en mantener su propuesta de amor. Las viñas de la primavera, hermosas por la fragancia de sus brotes, son un signo de despliegue de amor. Por su parte, las raposas, las pequeñas raposas, se refieren a todos los enemigos que pueden amenazar las viñas, es decir, a los peligros que pueden impedir que crezca el amor que está en su germen, antes de que alcance la madurez de su gozo completo.

La palabra שׁעלים puede aplicarse no solo a las raposas, sino también a los chacales que destruyen o amenazan las viñas, tanto de un modo directo como indirecto, excavando agujeros o pasos inferiores que estropean el suelo, impidiendo que las viñas crezcan y prosperen (Hitzig). Esta palabra viene de שׁעל (raíz שׁל), perforar, abrir agujeros. Las pequeñas raposas aluden quizá a los chacales, que suelen llamarse *tănnīm*, que por su forma y altura pocas veces alcanzan más que veinte centímetros.

Ciertamente, la palabra chacal no tiene nada que ver por sí misma con lo que actualmente llamamos "chacal", שׁוּעל, pues en el idioma perso-turco, *shaghal*, que viene de sánscrito *crgâla* se refiere a pequeños animales arqueados (como los topos). No obstante, se les llama rapossa porque tienen madrigueras en terrenos rocosos. Hitzig supone que Sulamitis se está refiriendo a los zorros/raposas. Es como si dijera "esperad, cogednos, cazadnos, en un momento, cazadnos todas las raposas bribonas …". Pero אחז, en arameo אחד, no significa esperar, sino agarrar, echar mano a las raposas (sinónimo de לכד, Jue 15, 4), como el león que agarra a su presa (Is 5, 29). Que la frase esté en plural se debe a que las palabras se dirigen al séquito del rey o a todos los que pueden ofrecer alguna ayuda a los amantes.

La caza del zorro es todavía, como ha sido en tiempos antiguos, un deporte de ricos propietarios. Por su parte, los pequeños propietarios han querido y quieren liberarse también de las raposas por medio de lazos o de otro tipo de trampas. Las raposas aparecen proverbialmente como un peligro para la cosecha de los campos, como muestra Neh 3, 35 (cf. 4, 3). Ellas son, por otra parte, signo de los falsos profetas (Éx 13, 4).

Las palabras יםמרכ יםלבחמ aparecen aquí en lugar de מחב כרם. En estos casos, los artículos suelen omitirse, pues a la poesía no le complacen los artículos, allí donde lo permiten los pensamientos y este estilo de narración (cf. Cnt 1, 6). Por otra parte, en este caso, tenemos cinco palabras terminando en *îm*, conforme a un uso repetitivo del lenguaje. La cláusula וכר סמדר tiene un carácter explicativo, como lo muestra la *waw* y el sujeto anterior, igual que la ausencia de verbo. La palabra final סְמָדֵר marca la pausa que sigue como חץ (Dt 28, 42).

Segundo acto: Búsqueda mutua y encuentro de los amantes (Cnt 2, 8 – 3, 5)

2, 16. Este versículo conecta bien con Cnt 2, 15. En este canto pentastico Sulamitis celebra su relación de amor (*mi amado es mío, y yo soy suya; él apacienta su rebaño entre los lirios*), retomando el motivo de Cnt 2, 15 e introduciendo el de Cnt 2, 17. Lutero traduce: "Mi amado es mío y yo soy suya. Él apacienta su rebaño entre rosas". Según eso, Lutero ha convertido los lirios de la Vulgata en rosas. Pero el problema de fondo no está en apacentar entre rosas o lirios, sino en el sentido del verbo en forma media הָרֹעֶה בַּשּׁוֹשַׁנִּים. Puede tratarse de: (a) que el rey apaciente (haga pacer) a las ovejas entre lirios/rosas; o (b) de que él pace (se alimenta) entre rosas o lirios. En un sentido, parece claro que el amante/pastor apacienta a su rebaño, de manera que son las ovejas las que pacen. Pero en otro sentido, parece más consecuente que sea el mismo amado el que pace, alimentándose a sí mismo, esto es, el que encuentra su placer cuidándose en amor, en la línea de Cnt 6, 2, donde se dice que el mismo amante cuida y recoge lirios, בַּגַּנִּים.

En sentido literal, quien entra en el jardín y destruye/come sus flores las arruina, actuando como un vulgar ladrón. Los verdaderos pastores de ganado no entran en el jardín para robar o comer plantas, sino que emplean su tiempo en otros menesteres, como pueden ser los de tejer o preparar un tipo de ropa. Sin duda, Sulamitis presenta a su amante como un verdadero pastor, no como un ladrón. Pero, al mismo tiempo, siendo ella también una pastora, le presenta como alguien especial que se cuida de sí mismo y se alimenta entre lirios.

El lugar y los alrededores de su trabajo diario responden a este tipo de vida que está hecho de belleza y amor. Los lirios son el signo de una altura de amor inalcanzable en este mundo, de una pureza estremecedora, que se eleva por encima de todo lo que es común, como un rey que pasea entre lirios. Una interpretación mística toma figurativamente a los lirios como nombre simbólico de las almas santas, de forma que una planta de lirio puede aparecer como imagen de regeneración.

María, la madre de Jesús, a quien los cantos celebran como *rosa mystica*, ha sido representada justamente en las pinturas antiguas con un lirio en la mano en el contexto de la Anunciación. Los poetas judíos han cantado al pueblo de Dios como un pueblo de lirios. Por eso es normal que la madre de Jesús aparezca en esta comunidad de lirios (*communio sanctorum*), como un lirio singular, sin paralelo.

2, 17

¹⁷ עַד שֶׁיָּפוּחַ הַיּוֹם וְנָסוּ הַצְּלָלִים סֹב דְּמֵה־לְךָ דוֹדִי לִצְבִי אוֹ לְעֹפֶר הָאַיָּלִים עַל־הָרֵי בָתֶר: ס

¹⁷ Hasta que apunte el día, y huyan las sombras,
vuélvete, amado mío;
sé semejante al corzo, o como el cervatillo
sobre los montes de la alianza.

Sulamitis relata de nuevo, de un modo dramático y vivo, lo que ella ha dicho a su amado, tras haberle saludado. Con el verbo en perfecto, שֶׁיָּפֽוּחַ עַד (cf. אם עד, Gn 24, 33) significa "hasta que algo se realice" (Gn 24, 33) y con futuro "hasta que algo se haya terminado de hacer". Así dice ella a su amado que haga lo que debe hacer antes de que llegue la tarde. La mayoría de los intérpretes explican סב (סֹב דְּמֵה־), vuelve amado, en el sentido de "vuélvete a mí". En esa línea, Jerónimo, Castellio y otros traducen *revertere* (volver otra vez).

Pero el Sal 71, 21 no exige esa traducción. Por otra parte, si Sulamitis tiene ya a su amado ante ella no puede decirle que venga, sino que tendría que decirle que sea constante, que permanezca. El texto paralelo de Cnt 8, 14 pone ברח en lugar de סב, lo que significa de un modo consecuente "aléjate de aquí". Pero, en vez de eso, como expliqué en mi edición de 1851, lo que la amante quiere es mantenerse abrazada a su amado, diciéndole que no se vaya y prometiéndole que ella irá con él por los montes.

De todas formas, el texto no dice vete ni "quédate conmigo". Por eso es preferible que mantengamos lo que dice al pie de la letra. Salomón ha sorprendido a Sulamitis y le ha invitado a disfrutar con él durante el tiempo de la primavera, no a solas los dos, pues él se encuentra realizando una expedición de caza (como supone la expresión "cazadnos las raposas") rodeado por un cortejo de cazadores.

La amante sabe que el rey no tiene ahora tiempo para realizar un paseo de placer con ella. Por eso, lo que ella le pide es que termine su trabajo en lo que queda del día, de manera que se apresure a caminar por las montañas hasta que la temperatura refresque y se apresuren las sombras. Ella esperará hasta entonces para compartir el tiempo de amor tras el atardecer, con una temperatura apropiada.

El verbo פוח (cf. שֶׁיָּפֽוּחַ), con la gutural *heth* y la *labial* significa *spirare*, respirar, descansar. Ella esperará hasta que ambos puedan descansar, respirar con calma, en amor (cf. Gn 3, 8 donde la gutural *heth* está conectada con *resh*).

Las sombras huirán, haciéndose cada vez más largas, hasta desaparecer del todo con la llegada de la noche del amor (cf. Sal 109, 23; 102, 12). Hasta que esto acontezca o, mejor dicho, hasta que esto se cumpla, él tendrá que apresurarse con la rapidez de una gacela de los montes, y eso lo hará precisamente en los montes de la separación (o de la alianza), es decir, en las montañas que presentan impedimentos que el amante, rápido como una gacela, podrá superar (cf. Cnt 2, 9).

Bochart interpreta rectamente el tema diciendo *montes scissionis, ita dicti propter*, ῥωξημούς et χάσματα (son los montes de la separación, así llamados por sus alturas y abismos). Lutero interpreta también rectamente: "*Scheide berge*, son montes de separación, con picos que uno debe saltar del uno al otro".

Aquí no debemos pensar en la palabra *bithron* (2Sa 2, 29), porque este es un barranco de montaña al este del Jordán, ni tampoco en el ביתר de Bar-Cochba (como piensan Kirschbau y Landau), porque esta montaña (al sur de Jerusalén

Segundo acto: Búsqueda mutua y encuentro de los amantes (Cnt 2, 8 – 3, 5)

o al norte de Antipatris) debería llamarse ביתתר (cf. Aruch). Recordemos que en una lista Asiria de animales, al lado de ṣbi (gacela) y de *apparu* (gacela o ciervo pequeño), aparece el nombre de *bitru*, que es quizá la *rupicapra* (cabra de monte), el mismo nombre que aparece en nuestro texto.

Al final del Cantar (Cnt 8, 14), aparece de modo sorprendente el nombre de "montes de especies o aromas" (הָרֵי בְשָׂמִים), ocupando el lugar que aquí aparece como "monte de separación". Al final, ya no hay montes de impedimentos y barrancos que deban ser superados, sino más bien lo que hay son montes de flores fragantes que invitan al gozo perpetuo. La petición que aquí eleva Sulamitis expresa humildad, autonegación, modestia paciente, gozo interior y gozo de amor por el amado.

La amante no le quiere obligar, no le exige que venga hasta que culmine su obra. Pero cuando él venga a su encuentro y se asocie con ella —al igual que el resucitado con los discípulos de Emmaús—, ella se regocijará sabiendo que él será su guía por el mundo nuevamente renacido de la primavera. Toda la escena nos lleva a pensar que el Señor visita ya a su Iglesia con amor, revelándose a ella, pero que su parusía no se cumplirá hasta el anochecer del cumplimiento del tiempo del mundo.

Escena 2: Cantares 3, 1-5

En la primera escena, Sulamitis ha contado lo que externamente le ha sucedido un día cuando se aproximaba la tarde. En esta segunda escena ella cuenta lo que ha experimentado interiormente cuando ha llegado la noche. Ciertamente, ella no dice que lo ha soñado, pero se trata de un sueño, porque lo que aquí se cuenta no puede haberse realizado externamente. El lector advierte, de un modo inmediato que lo que sigue hasucedido durante el sueño.

3, 1

עַל־ מִשְׁכָּבִי בַּלֵּילוֹת בִּקַּשְׁתִּי אֵת שֶׁאָהֲבָה נַפְשִׁי בִּקַּשְׁתִּיו וְלֹא מְצָאתִיו: [1]

[1] Por las noches busqué en mi lecho al que ama mi alma; lo busqué, y no lo hallé.

Ella no puede decir que le buscó a su lado (sobre su cama), pues ¿cómo podría buscarle en su lecho una modesta muchacha de la que se dice que su amado llegó a su casa por primera vez en el acto siguiente?. Ella no le ha podido buscar ni caminando ni durmiendo.

Escena 2 (Cnt 3, 1-5)

Este comienzo es como el de Job 33, 15. Ella estaba en la noche sobre su cama, cuando un doloroso anhelo vino a dominarla. Le pareció que el amado de su alma la había abandonado. Ella había perdido el sentimiento de su cercanía, y no era capaz de recuperarlo en la noche. La palabra, לֵילוֹת, noches, no es aquí ni en Cnt 3, 8 necesariamente un plural estricto.

El significado de la frase puede ser que una pena, que brotaba del sentimiento de haber sido abandonada, volvía a dominar a Sulamitis una noche tras otra, varias veces. Ella empezó a pensar que su amado le era infiel. Pero, cuando más fuerte era el sentimiento de que el amado no le amaba, más ardiente se volvía el amor de Sulamitis hacia él, de manera que ella se levantó para buscar a aquel que la había abandonado (que había desaparecido).

3, 2

² אָק֣וּמָה נָּ֗א וַאֲסוֹבְבָ֣ה בָעִ֗יר בַּשְּׁוָקִים֙ וּבָ֣רְחֹב֔וֹת אֲבַקְשָׁ֕ה אֵ֥ת שֶׁאָהֲבָ֖ה נַפְשִׁ֑י
בִּקַּשְׁתִּ֖יו וְלֹ֥א מְצָאתִֽיו׃

> ² Y dije: me levantaré ahora, y daré vueltas por la ciudad;
> por las calles y por las plazas buscaré al que ama mi alma;
> lo busqué, y no lo hallé

¿Cómo podría compaginarse esta búsqueda nocturna, llena de intrepidez y fuerza, en la noche del amor, con la modestia de una muchacha como Sulamitis? Lo que ella relata es claramente un sueño. Por otra parte, si el amado de su alma era un pastor, ¿cómo podría ella buscarle en la ciudad, en vez de buscarle en los campos o en alguna aldea del entorno? El amado del alma a quien Sulamitis busca en la noche es Salomón, pero en el sueño, la ciudad de Salomón —Jerusalén— viene a ser transportada junto a las montañas de la tierra de Galilea donde había nacido su amada pastora. La determinación de la muchacha, expresada por "yo me levantaré" no está introducida por las palabras que podríamos esperar en ese contexto (entonces yo dije) o por un tipo de fórmula semejante. Toda la escena es, según eso, un monólogo propio de un sueño, algo que ella ha experimentado mientras dormía.

Por lo que se refiere al segundo *chatef-pathach* (וַאֲסוֹבְבָ֣) véase Baer, *Genesis*, p. 7. Por su parte, שׁוָקִים es el plural de שׁוּק (= *shavk*), como שׁוּרִים es el de שׁוּר (=*shavr*). La raíz שׁוּק (árabe, *shak*) significa presionar, seguir constantemente detrás de algo. El árabe *suwak* designa, quizá, el lugar al que se lleva la ganadería para su venta, como en el desierto o el pozo de agua para que beba (Wetzstein). La forma אֲבַקְשָׁה está sin *daghesh*, como todas las formas de este verbo a menos que sea el imperativo. La naturaleza semigutural de la letra *koph* tiene algo que se opone a la utilización de un simple *sheva*.

Segundo acto: Búsqueda mutua y encuentro de los amantes (Cnt 2, 8 – 3, 5)

3, 3

מְצָא֙וּנִי֙ הַשֹּׁמְרִ֔ים הַסֹּבְבִ֖ים בָּעִ֑יר אֵ֛ת שֶׁאָהֲבָ֥ה נַפְשִׁ֖י רְאִיתֶֽם׃ 3

> [3] Me encontraron los guardas que rondan por la ciudad,
> y les dije: ¿habéis visto al que ama mi alma?

Sulamitis relata ahora la experiencia posterior que ha tenido cuando, impulsada por su tristeza de amor, ha ido buscando a través de la ciudad. Aquí tampoco encontramos —como en Cnt 3, 2— antes de la pregunta una frase con el sentido de "y yo les pregunté diciendo", sino que el texto nos sitúa ante un monólogo que relata las cosas de una forma dramática.

Si Sulamitis describiera una experiencia externa, no en sueños, la pregunta que plantea carecería de sentido pues ¿cómo podría ella suponer que los vigías que hacían su guardia en la ciudad podían tener algún conocimiento de su amado? En este contexto, Grätz, en contra de Epstein, insiste en la anterioridad del texto respecto de Sal 127, 1; Is 62, 5 (cf. Is 21, 11), como si Sulamitis pudiera tener algún conocimiento de su amado. Pero, como he venido diciendo, nos hallamos ante un sueño y debemos recordar que el sentimiento y la imaginación se elevan por encima de la reflexión. Pertenece a la naturaleza de los sueños el hecho de que las cosas se sucedan unas a las otras sin líneas fijadas de antemano. El mismo hecho posterior de que Sulamitis haya encontrado al amado, después de haberle buscado en el sueño, constituye una combinación feliz de una serie de circunstancias que se han formado en el alma de la mujer que sueña. Se trata, probablemente, de una ocurrencia sin realidad externa, pero con una profunda realidad y verdad interior.

3, 4

כִּמְעַט֙ שֶׁעָבַ֣רְתִּי מֵהֶ֔ם עַ֣ד שֶׁמָּצָ֔אתִי אֵ֥ת שֶׁאָהֲבָ֖ה נַפְשִׁ֑י אֲחַזְתִּיו֙ וְלֹ֣א אַרְפֶּ֔נּוּ עַד־ 4
שֶׁהֲבֵיאתִיו֙ אֶל־בֵּ֣ית אִמִּ֔י וְאֶל־חֶ֖דֶר הוֹרָתִֽי׃

> [4] Apenas hube pasado de ellos un poco,
> hallé luego al que ama mi alma;
> lo agarré, y no lo solté,
> hasta que lo introduje en casa de mi madre,
> en la alcoba de la que me dio a luz.

La palabra כמעט significa *paululum* (poco después), y tiene el sentido de una sentencia entera: "Había pasado poco tiempo desde que yo les encontré (a los guardas) y sucedió que…". Si no tuviéramos la שׁ, sino que contáramos solo con la partícula כְּמַע, la frase debería traducirse *paululum fuit quod transii* (poco caminé, fue poco lo que caminé hasta que...). Pero el sentido sería el mismo, aunque en ese caso כְּמַע, *paululum*, tendría un carácter más enfático.

Dado que Sulamitis está relatando una experiencia anterior, la palabra אֲחַזְתִּי no debe traducirse por *teneo* (le he agarrado), sino por *tenui* (le agarré) y, por su parte, וְלֹא אַרְפֶּנּוּ no puede traducirse *et non dimittam eum*, como proyecto de futuro, sino como negación en pasado, וארפנו, *et non dimisi eum* o *et non dimittebam eum* (y no le solté o no le soltaba).

En Gn 32, 27 (26) encontramos el cognado שלח, que significa "dejar ir" (déjame ir). En esa línea, הרפה tiene el sentido de soltar, dejar libre. Resulta lo mismo quen traduzcamos el texto con un colorido subjetivo *donec introduxerim* (hasta que lo introdujera) o más bien en sentido objetivo (*donec introduxi*, hasta que lo introduje). En ambos casos, el significado es que ella le mantuvo agarrado hasta que lo introdujo, con violencia gentil, en la casa de su madre.

Al lado de בית el texto utiliza un paralelo más preciso (חֶדֶר) que, propiamente hablando, significa la parte más íntima de la casa (véase *Coment. Cnt* 1, 4), *recessus, penetrale*, el interior. Con אמי, mi madre, se vincula una palabra que aparece muy pocas veces en la Biblia, solo en Os 2, 7, הורה, que es participio femenino de הרה en el sentido de concebir, estar embarazada, una palabra que poéticamente puede significar "parir" o "dar a luz", es decir, *la que me concibió*.

En las bendiciones de Jacob (Gn 49, 26), tal como ahora aparecen en el texto, a los padres se les llama הורי, *los que dan a luz*, los que paren, *parentes*. Lo mismo significa el árabe *ummâni*, que son propiamente hablando "mis dos madres". En ese sentido, se utiliza en latín la palabra "parentes" los que paren o dan a luz, que son el padre y la madre, es decir, los generadores, tomados en forma de unidad.

3, 5

⁵ הִשְׁבַּעְתִּי אֶתְכֶם בְּנוֹת יְרוּשָׁלִַם בִּצְבָאוֹת אוֹ בְּאַיְלוֹת הַשָּׂדֶה אִם־ תָּעִירוּ ׀ וְאִם־ תְּעוֹרְרוּ אֶת־ הָאַהֲבָה עַד שֶׁתֶּחְפָּץ: ס

⁵ Yo os conjuro, oh doncellas de Jerusalén,
por los corzos y por las ciervas del campo,
que no despertéis ni hagáis velar al amor, hasta que quiera.

Las palabras finales del monólogo de Sulamitis se dirigen a las hijas de Jerusalén. Eso significa que, aparentemente, estamos obligados a pensar que las hijas de Jerusalén están presentes mientras Sulamitis relata el sueño. Pero, dado que Sulamitis aparece residiendo por primera vez en Jerusalén en el acto siguiente del Cantar, es más probable que ella se esté contando a sí misma su experiencia, como si estuviera

Segundo acto: Búsqueda mutua y encuentro de los amantes (Cnt 2, 8 – 3, 5)

presente de antemano en Jerusalén, sin oyentes (auditores), celebrando a solas las visiones del sueño en el que su amado ha venido tan cerca que ella ha estado a su lado a solas en éxtasis de amor, como en Cnt 2, 7.

De esa manera, en el sueño, ella eleva su imprecación en contra de todos los que pueden perturbar el éxtasis de su amor, del amor de su amado, un amor que en sí mismo es como un sueño, formado (animado) por imaginaciones placenteras. De tal forma, en dos monólogos dramáticamente construidos, el poeta ha presentado ante nosotros una visión de los pensamientos y sentimientos que iban llenando y moviendo la vida interior de Sulamitis ante la perspectiva ya cercana de convertirse en esposa y casarse con el rey Salomón.

Quienquiera que lea o escuche el Cantar, en la línea en que ha sido incorporado en el canon y en el sentido histórico en el que se ha cumplido en el NT, descubrirá el sentido profundo de la experiencia de Sulamitis, viendo en ella un espejo de la relación del alma con Dios en Cristo, con pensamientos tales como los que han sido expresados, por ejemplo, en un himno antiguo: "*Quando tandem venies, meus amor? Propera de Libano, dulcis amor! Clamat, amat sponsula: Veni, Jesu, Dulcis veni Jesu!*" (¿Cuándo vendrás por fin, amor mío? Apresúrate a venir desde el Líbano, amor dulce. Así llama, así ama la pequeña esposa: ven Jesús, dulce Jesús ven).

TERCER ACTO:
INTRODUCCIÓN DE LA NOVIA Y MATRIMONIO
(Cnt 3, 6 – 5, 1)

En este tercer acto se cumple el deseo de amor de la amante Sulamitis por su amado Salomón y, de un modo más particular, la primera escena cuenta cómo fue llevada a la ciudad del rey.[1]

Escena 1: Cantares 3, 6-11

3, 6

[6] מִי זֹאת עֹלָה מִן־ הַמִּדְבָּר כְּתִימֲרוֹת עָשָׁן מְקֻטֶּרֶת מוֹר וּלְבוֹנָה מִכֹּל אַבְקַת רוֹכֵל:

[6] Qué es eso que sube del desierto como una columna de humo,
como nube de mirra y de incienso y de todo polvo aromático?

Es posible que las palabras זאת y עלה vayan conectadas, como עני y זה en Sal 34, 7, pero este no es sin más un texto análogo al de Salmos, pues para ello tendría que haber puesto העלה זאת. Por otra parte, zoth (אתֹז) puede tomarse de dos formas: (a) puede conectarse con מי, de manera que la pregunta se vuelve más aguda y animada, como en Gn 12, 18; (b) o puede conectarse con el sujeto, como en Is 63, 1; Job 38, 2 (cf. *Coment.* a Cnt 7, 5; Jon 4, 11; Am 9, 12), acompañada de participios indeterminados.

---

1. Schlottmann (*Studien und Kritiken*, 1867, pp. 209-243) piensa, sin razón, que esta escena recoge el canto del coro de las hijas de Jerusalén, pero eso va en contra del argumento del texto.

Tercer acto: Introducción de la novia y matrimonio (Cnt 3, 6 – 5, 1)

Por otra parte, no podemos traducir con Heiligstedt *quid est hoc quod adscendit* (¿qué es esto que asciende...?), porque la partícula *mī* que aquí se utiliza está preguntando por una persona, mientras que *mā* se utiliza para una cosa y solo por un tipo de atracción puede tomar *mī* el sentido de *mā* (cf. Gn 33, 8; Jc 13, 17; Mi 1, 5). Por eso, tampoco se puede traducir *quis est hoc* (Vaihinger), *quién es "esto/este"*, pues *zoth* después de la *mem* de *mi* tiene un sentido personal. Por eso traduzco: *quis (quaenam) haec est*. (¿quién es, quién puede ser este o esta?).

Los que preguntan así saben que se trata de una mujer, aunque esté todavía demasiado lejos para que puedan verla. Saben que es mujer porque viene con una alegre procesión de fiesta de matrimonio. La mujer que así viene forma parte de una compañía o grupo matrimonial que avanza por el desierto que separa a Jerusalén de Jericó, de la zona árida del valle del Jordán, que se llama desde antiguo el *Ghor* (es decir, la *hondonada*).

Esta es una escena llena de colorido y de recuerdos porque el desierto es, desde el tiempo de la liberación de Egipto por Moisés, un signo del paso del estado de esclavitud al de la libertad, de la humillación a la gloria (cf. Is 40, 3; Os 1, 11; Sal 68, 5). La pompa es como la de una procesión ante la que se va quemando incienso.

Columnas de humo de incienso ardiente marcan la línea de separación de la comitiva, por delante y detrás. La palabra תּוֹרֲמַתְכ (cf. Norzi, Job 3), está formada por יָמַר, elevarse hacia lo alto, una palabra que proviene de la misma raíz que אמר (cf. Is 61, 6 con Is 17, 6 y Sal 94, 4). El verbo תמר, del que recibe el nombre la palmera datilera, תמר, es una formación secundaria, lo mismo que תאב אבה.

Ciertamente, esta forma תימרה (al contrario que תולדה) no aparece en ningún otro lugar de la Biblia y Schlottmann piensa que está vinculada con תמרות, de תמרה, pero esta expansión de la palabra con *ag. dirimens* no puede ser defendida. Ese término se aplica aquí a las columnas de humo/incienso que se elevan de la comitiva y tiene un carácter poético, como en Jon 3, 3 (cf. también un pilar o columna de humo en Jc 20, 40). Esta comitiva, de aquella que se aproxima, viene del desierto, siendo traída a Jerusalén que está en una altura, como las columnas de humo que ascienden hacia el cielo. Así como el humo y perfume de incienso está subiendo, así está Jerusalén elevada, como ciudad esbelta en la altura, y de una forma semejante va subiendo esta mujer a la que llevan a la altura, elevada como incienso, perfumada con mirra y fragancia.

Schlottmann piensa que מקטרת no puede significar ninguna otra cosa que "perfumada" y, por ello, insiste en introducir un mim inicial, de forma que en vez de כְּתִימֲרוֹת pone מקטרת (como traduce Aquila, ἀπὸ θυμιάματος y Jerónimo en latín). Pero en ese caso, la palabra *mekuttěrěth* debería ir acompañada de un genitivo posterior. En esa línea, al igual que la frase "alquilado con sus ropas" (2Sa 13, 31) no significa que los alquilados son los hombres, sino las ropas de los

Escena 1 (Cnt 3, 6-11)

hombres (Ewald, 288b, comparar también con de Sacy, II 321), así también aquí וגו מקט se refiere a aquellos en honor de los cuales (por los cuales) se quema y se emplea este incienso, es decir, aquellos por quienes se fumiga (se hace que arda) el perfume que acompaña a la comitiva.

La palabra מר, mirra, también en árabe (cf. Cnt 1, 13), aparece igualmente en Éx 30, 23 y Sal 49, 9, como el primero de todos los perfumes. La mirra venía de Arabia, y con la mirra se producía también un tipo de incienso especial (francincienso), llamado *levōnā*, en árabe *lubân* (al que más tarde se le llama *benzoin*). Ambos nombres son semíticos, y el hecho de que el Pentateuco exija que la mirra sea un componente del aceite sagrado del tabernáculo (Éx 30, 23), de la misma manera que el incienso, está suponiendo que ambos componentes (mirra e incienso) se traían de Arabia, lugar del que provenían (Éx 30, 34).

Por su parte, los רוכל (cf. לְכָרו תקבא) son los mercaderes, viajantes de especias, comerciantes de perfumes y aromas en general, mientras que, אבקה, relacionada con אבק (ábaco) es un tipo de polvo o tierra con piedrecitas, que podía utilizarse para distinguir o contar los números (de esa palabra proviene en las lenguas modernas "ábaco"). Con esa palabra se indican también las diferentes drogas o aromas, como mercancías de tipo sólido. En esa línea, las mercancías aromáticas sólidas, no líquidas, se dicen en griego ξηρόν, como un tipo de elixir árabe. A continuación, en Cnt 3, 7 sigue la descripción del palanquín, que los habitantes de Jerusalén presentan de manera separada.

3, 7-8

7 הִנֵּה מִטָּתוֹ שֶׁלִּשְׁלֹמֹה שִׁשִּׁים גִּבֹּרִים סָבִיב לָהּ מִגִּבֹּרֵי יִשְׂרָאֵל׃

8 כֻּלָּם אֲחֻזֵי חֶרֶב מְלֻמְּדֵי מִלְחָמָה אִישׁ חַרְבּוֹ עַל־ יְרֵכוֹ מִפַּחַד בַּלֵּילוֹת׃ ס

7 Mirad; es la litera de Salomón;
sesenta valientes la rodean,
de los fuertes de Israel.
8 Todos ellos llevan espada al cinto,
son diestros en la guerra,
cada uno su espada sobre su muslo,
por las alarmas de la noche.

Dado que la palabra אפריון, con la que empieza el verso siguiente, 9a, no tiene un sentido claramente inteligible, debemos dejar que sea el contexto el que determine su significado por medio de la palabra מטה con la que empieza 3, 7 (מִטָּתוֹ שֶׁלִּשְׁלֹמֹה), que hemos traducido como "litera de Salomón". Nos hallamos ante una figura a la que el hebreo postbíblico ha dado el nombre de כלה הכנסת (hogar o casa de la novia).

Tercer acto: Introducción de la novia y matrimonio (Cnt 3, 6 – 5, 1)

Era el novio el que solía dirigirse a la casa de los padres de la novia, para traerla de allí a su nueva casa (esta es la idea que parece hallarse en el fondo de Sal 45, tomando los palacios de marfil como la casa del rey de Israel). Pero también podía suceder que la novia fuera llevada en procesión festiva, de manera que el novio se acercaba a su encuentro en el camino, como parece suceder en la parábola de las diez vírgenes de Mt 25.[2] En nuestro caso, la novia viene de una gran distancia, de forma que no es el novio el que va a buscarla, sino que la traen sus enviados, mientras que él espera. Ella no viene como Rebeca había hecho en el tiempo antiguo, cabalgando sobre un camello, sino que es llevada en una *mittā* o carroza, rodeada por una escolta de honor y protección.

Su camino pasa ciertamente por el desierto, por lo que era necesario un convoy para protegerla del posible asalto de ladrones (con *min* en *mippahad*, cf. Is 4, 6; 25, 4). Ella necesitaba, por tanto, la protección de una compañía de soldados, cosa que no sería necesaria cuando se encontrara ya en el palacio del rey (1Cr 22, 9). Resulta claro que es el mismo Salomón quien debe costear el traslado de su prometida, como lo muestra el hecho de que los acompañantes de la novia van quemando gran cantidad de aromas, con fumaradas de incienso que marcan el paso y avance de la *mittā* o carroza que ahora se describe.

La carroza es el vehículo en el que se lleva a la prometida, que podía ir sentada o reclinada (medio sentada o medio reclinada), rodeada por una nube de incienso. Ese es el sentido que tiene la palabra *mittā* (cf. הִנֵּה מִטָּתוֹ שֶׁלִּשְׁלֹמֹה), de *nāthā*, que es reclinarse o alargarse (lugar donde uno se reclina o tumba). Esa palabra (con el sentido de asiento o lecho), puede utilizarse también para los animales (cf. 2Sa 3, 21), con la tradición talmúdica posterior. En conclusión, la palabra *mitta* significa un lecho portátil o, quizá mejor, una silla portátil, rodeada de cortinas, conforme a la costumbre de los palanquines de la India o de ciertas góndolas venecianas de origen turco.

La aposición posterior con שְׁלֹשׁ "sesenta… que pertenecían a Salomón" (véase *Coment.* a 6b), indica que se trataba de un palanquín real, no de uno propio de nobles o habitantes normales del pueblo. Los porteadores son personas de las que no se dice nada más, sino solo que son "héroes" (valientes, *gibgorim*), que forman parte de la guardia de seguridad y de honor del convoy real. Estos sesenta son la décima parte del cuerpo de guardia del rey (cf. 1Sa 27, 2; 30, 9, etc., Schlottmann).

¿Por qué son sesenta? Quizá podamos dar una respuesta adecuada diciendo que 60 es aquí, como en Cnt 6, 8, el número de las tribus de Israel multiplicado por 10, de forma que esos 60 varones distinguidos forman la mitad de la escolta

---

2. Weigand piensa que la palabra alemana *Braut* (novia) viene del sánscrito *praudha*, aquella que es llevada en un carruaje. Pero esta palabra se limita a indicar la edad madura de la persona a la que se alude.

Escena 1 (Cnt 3, 6-11)

de un rey de Israel. La expresión חרב אחזי indica que las espadas van bien sujetas, para ser utilizadas en caso de necesidad. Son signo de poder. De esa forma, puede entenderse la traducción siríaca del Apocalipsis, donde el Παντοκράτωρ, el que tiene todo poder, se traduce como "aquel que está protegido por todo poder" (cf. Ewald, 149b). Otra voz describe ahora el esplendor del lecho del transporte o palanquín que Salomón ha preparado en honor de Sulamitis.

3, 9-10

אַפִּרְי֗וֹן עָ֤שָׂה לוֹ֙ הַמֶּ֣לֶךְ שְׁלֹמֹ֔ה מֵעֲצֵ֖י הַלְּבָנֽוֹן׃ ⁹

עַמּוּדָיו֙ עָ֣שָׂה כֶ֔סֶף רְפִידָת֣וֹ זָהָ֔ב מֶרְכָּב֖וֹ אַרְגָּמָ֑ן תּוֹכוֹ֙ רָצ֣וּף אַהֲבָ֔ה מִבְּנ֖וֹת יְרוּשָׁלָֽם׃ ¹⁰

⁹ El rey Salomón se hizo una carroza
de madera del Líbano.
¹⁰ Hizo sus columnas de plata,
su respaldo de oro,
su asiento de grana,
su interior tapizado de amor
por las doncellas de Jerusalén.

El sonido de las palabras, su conexión y la descripción llevó a los comentaristas griegos (los LXX y el Véneto) y quizá también a otros a traducir אפריון por φορεῖον, literalmente palanquín (Vulgata, *ferculum*). Este *appiryon* aquí descrito tiene un pedestal de plata y un cojín de púrpura, tal como leemos en *Athenaeus* v. 13 (2ª parte, ed. de Schweigh.), donde se dice que el filósofo y tirano Athenion venía sentado "sobre un φορεῖον de pies de plata, con una cubierta de púrpura". El mismo autor dice en la segunda parte del verso 5 que, con ocasión de la procesión festiva de Antíoco Epífanes, detrás de 200 mujeres que derramaban ungüento con urnas de oro, venían otras 80, sentadas con pompa sobre palanquines de pies de oro y además 500 sobre palanquines de pies de plata.

Φορεῖον era el nombre de las costosas literas para mujeres. Suidas les llama: φορεῖον γυναικεῖον, *foreion de mujeres* que, conforme al número de porteadores, que eran seis de Capadocia y ocho de Siria (cf. Mart. II 81 y IX 2), se llamaban ἑξάφορον (*hexaphorum*, IX, 2) o ὀκτώφορον (*octophorum*, cf. Cicerón, *Contra Verres*. v. 10). Por su parte, la Misná, *Sota* ix. 14, utiliza *appiryon* en el sentido de φορεῖον, diciendo que "en la última guerra (la de Adriano) se decretó que una esposa no podía ser llevada a través de la ciudad en un *appiryon* a causa del peligro que ello implicaba; pero nuestros rabinos siguieron aprobando más tarde esa norma a causa de la modestia". En este contexto, se habla de *ser llevado en un appiryon o foreion* (en griego, προιέναι, καταστείχειν, ἐν φορείῳ).

Tercer acto: Introducción de la novia y matrimonio (Cnt 3, 6 – 5, 1)

Por otra parte, tanto en el Midrash (*Bamidbar rabba* c. 12), como en otros lugares, la palabra *appiryon* de este pasaje se interpreta con toda suerte de significados alegóricos, en la mayoría de los cuales se da por supuesta la identidad del *appyrion* como palanquín, aunque a veces se le llama פּוּרוֹן (según Aruch, cf. Is 49, 22, Targum). En un caso, esa palabra queda sustituida por פּליוֹנפא, *papilio* (*parillon*, un tipo de pabellón de lujo), pero es muy improbable que el Cantar utilice una palabra de origen griego, pues el mismo Ewald piensa que no podemos hablar de una derivación griega de la palabra.

Mucho más improbable que la palabra griega φορεῖον resulta la utilización de la palabra "litera" (*lectica*), que aparece por primera vez en el lenguaje de autores griegos de la κοινή, como Plutarco, Polibio, Herodiano y otros semejantes. Por eso, resulta mucho más probable suponer que la palabra אַפִּרְיוֹן es originalmente semítica y que se introdujo en el lenguaje griego en un momento en que empezaron a vincularse y amalgamarse términos greco-romanos y orientales.

Según eso, si *mittā* (Cnt 3, 7) significa lecho o asiento portátil, es evidente que puede tomarse como medio de transporte, llevado por porteadores y defendido por una escolta militar. En ese caso, *appiryon* solo puede ser una litera. De todas formas, no concuerda totalmente con una litera en el sentido ordinario del término, pues no encontramos en ella algún tipo de anillas (por las que hacer pasar las varas de los porteadores), sino más bien unos "pilares", es decir, un tipo de pies, como aquellos que lleva un lecho propio de una tienda de campaña, que no se utiliza para ser transportado, sino para ser colocado en una tienda o espacio protegido.

De todas maneras, Schlottmann piensa que ambas palabras *mittā* y *appiryon* son nombres diferentes que se aplican a un tipo de lecho o silla portátil. Por otra parte, las palabras "un *appiryon* ha hecho el rey Salomón…" están indicando que quien habla de esa manera no está viendo el *appiryon* delante de sí como un instrumento concreto, de manera que *appiryon* y *mittā* podrían ser cosas diferentes. Por una parte, Schlottm. se inclina a pensar que *appiryon*, en el sentido de litera, es una palabra prestada del griego. Pero ¿cuándo empezó a utilizarse? ¿En el tiempo de los primeros reyes judíos o en el tiempo posterior a la conquista de los reyes helenistas? Por su parte, Gesenius en su Thesauros piensa que esta palabra debe derivarse del verbo hebreo פרה con el sentido de andar rápidamente, correr. Pero ese significado del hebreo פרה resulta más imaginario que real.

De acuerdo con el progreso de la escena, nosotros esperábamos que aquí no apareciera una litera de transporte, sino un lecho de bodas o un tipo de trono *nupcial*. No obstante, en esa línea resulta suficiente mostrar que פּוּריא es el nombre talmúdico usual para referirse al lecho de matrimonio (e.g. Mezia 23b, donde aparece con el sentido metonímico de *concubitus*, es decir, de cohabitación), lo que ha sido rectamente explicado en *Kethuboth* 10b (cf. פרין ורבין עליה) y en otros lugares. El Targum utiliza también, en ese contexto, la forma פּוּרין (véase Levy).

Escena 1 (Cnt 3, 6-11)

Con esa palabra se designa una cama con un *canopio*, es decir, con dosel y mosquitera alrededor, de manera que pueden vincularse las ideas y representaciones de un lecho regio, de un palanquín real y lecho nupcial para novia o para bodas (cf. כילה y כילת חתנים). En sentido general, פורי, פורין, al igual que *appiryon*, puede haber sido una denominación común para ciertos muebles del hogar, con unas características parecidas.

En siríaco *aprautha*, plur. *parjevatha* (Wiseman, *Horae*, p. 255), o también *parha* (Castellio), significa un tipo de cuna o cama-cuna. Pero deberíamos precisar si, en un segundo momento, ese tipo de cama incluye una serie de características que puedan aplicarse al lecho matrimonial. De todas formas, el hebreo פרה,(raíz *pr*) significa romper (cf. Delitzsch, *Indogerman.-semit. Studien*, p. 72), rasgar, ser fructífero, traer frutos. Esta misma raíz tiene, además, el sentido de correr, como he destacado ya, y así aparece en el arameo de Palestina con la forma פרא, en vez de פרה, en arameo (véase Buxt.).

El árabe *farr* no tiene el sentido de correr, sino de huir. En sentido estricto, al igual que en alemán *ausreissen*, esa palabra significa salir, abrirse (como se abre la boca de un caballo), ponerse en movimiento. De todas maneras, por ahora no hemos encontrado un significado raíz desde el que pueden explicarse todos los sentidos o variantes de esta palabra.

Tampoco el árabe *farfàr*, un tipo de vehículo de mujeres, puede ayudarnos a resolver el tema.[3] Quizá podemos comparar mejor esta palabra con el árabe *fary*, que en *kal* y en *hifil* significa abrir, cortar (una tela) y también, figurativamente, conseguir algo extraño, algo que antes no existía, lograr o realizar algo sorprendente. También se aplica a un tipo de corte (cortar el cuero para usos diversos), trabajar la madera, etc. Pues bien, en este contexto, podemos preguntarnos: ¿por qué no han utilizado los idiomas semitas la raíz פרה, פרא en el sentidodel verbo ראב, que significa "crear", hacer que surja algo nuevo?[4]

En esa línea, se podría utilizar la palabra ראב en el sentido de cortar, esculpir la madera para formar nuevos objetos (cf. piel כרא, *sculpere*, Ez 21, 24), como en árabe *bara* y *bary* que, según Lane, significan "ser cortado" formando una capa para escribir, un bastón, un arco de guerra…

---

3. El turco Kâmûs dice de *farfàr*: "Es el nombre de un vehículo (*merkeb*), como la litera de los camellos destinada exclusivamente para mujeres". El significado de este nombre deriva del hecho de que la litera montada sobre los camellos va de un lado para otro, y adelante y atrás. En ese sentido, actualmente, tanto a *farfàr* como *farfara* tienen el sentido de mover, batir las alas, de manera que se aplica a las mariposas (cf. italiano *farfalla*), palabra que se aplica también a cosas de poco valor.

4. Cf. Delitzsch (*Indogerm.-sem. Stud.*, p. 50). De todas formas, ahora sabemos que en asirio בן, lo mismo que בר (cf. *nibru*) proviene de ברה al igual que ברא , hacer que surja (engendrar, crear) un hijo.

Tercer acto: Introducción de la novia y matrimonio (Cnt 3, 6 – 5, 1)

Esa palabra se utiliza en árabe para cortar/preparar/esculpir una madera o un trozo de cuero. A tal efecto, nos preguntamos: ¿por qué no se ha podido utilizar esa raíz para referirse al trabajo de la madera, necesario para construir un lecho, una litera, un palanquín como el que se emplea para la litera/lecho de Salomón y su amada? Pensamos que así se puede haber creado la palabra hebrea וְזֹרִהְפָא, *apirion*, que en nuestro caso se utiliza para designar el lecho/palanquín utilizado por Salomón y/ o por Sulamitis.

Según eso, la palabra פרה, que se utiliza en árabe para cortar y preparar la piel, podría utilizarse en hebreo y arameo para cortar y preparar la madera. En esa línea, al igual que חֹשֵׁבּוֹן significa una máquina (la obra de un ingeniero que trabaja y produce, de la raíz *binah/ben*), de igual manera פריון puede significar la obra de un leñador, de un carpintero, de manera que וְזֹרִהְפָא sería la obra de un carpintero (una cama, una litera…), añadiendo al principio una *alef* prostética para indicar que se trata del producto del arte de un carpintero.

No obstante, la *aleph* prostética nos llevaría a pensar que la palabra *appiryon* proviene de un lenguaje extranjero y que ha sido recreada en hebreo, pues el hebreo forma con frecuencia palabras de esa manera, como en el caso de אמגושא, *mago*; un אסמרא, un *estater* (una moneda, véase Merx, *Gramm. Syr.* p. 115). Pues bien, además de אגרטל, que tiene un sonido extraño, como κάρταλλος y de *appiryon* que se relaciona con φορεῖον, las palabras אבטיח y אבעבעה son ejemplos de auténticas palabras hebreas, con un *aleph* prostética como אכזב y otras semejantes.

Por su parte, אפדן, palacio, en Da 11, 45, es también un ejemplo análogo, relacionado con el Syr. *opadna*, al igual que con *oparsons*, siríaco, en el sentido de red (cf. Ewald, 163c). Podemos citar también el hebreo/arameo אפרסנא o אפרסנא; cf. igualmente אפתם, que se relaciona con el persa אפדום (cf. Spiegel, *Literatur der Parsen*, p. 356).[5]

Sea cual fuere el valor de algunos detalles, pienso que he probado que אפריון es una palabra hebrea que, viniendo del verbo פרה, cortar, hacer, significa "cama" y, como ha traducido también Ewald, una cama con dosel que puede ser transportada[6]. La palabra רפידה (de רפד, raíz רף, elevar desde abajo, *sublevare*,

---

5. La palabra אפוריא, citada por Gesenius, *Thesaurus, Sanhedrin* 109b, no se puede aplicar en este contexto porque es una forma contracta de אד־פוריא (en la cama).

6. Esta derivación explica el hecho de que *appiryon*, en hebreo *karaita*, puede significar una caja para pájaros, es decir, un tipo de pajarera (cf. Gottlober, בקרת ס , p. 208). Hemos dejado fuera de nuestra visión la frase אפריון נמטיי ליה, que en el uso común significa: "Nosotros ofrecemos un homenaje de aprobación, es decir, le damos gracias…". Esta frase fue utilizada por primera vez por el rey sasánida *Shabur* I, *Mezia* 119a. El mismo Rapoport, *Erech Milln*, 1852, p. 183, reconoció que esta palabra *appiryon* tenía un origen persa. En el antiguo persa encontramos también la palabra *na* o *ana* (de *frî*, amar), que significa *bendiciones* o *bendición* (véase Justi, *Handb. d. Zendsprache*, p. 51). Rashi ha glosado bien esa palabra con חן שלנו (el testimonio de nuestro favor).

dominar) es la parte superior del cabecero de la cama (LXX, ἀνάκλιτον; Jerónimo, *reclinatorium*) que, según Isidoro, es el nombre vulgar latino de *fulchra*, la zona de reclinación, es decir, donde se reclinan el cabecero y la parte de los pies de una cama de dosel.

El mismo Schlottmann termina admitiendo aquí de un modo involuntario que *appiryon* puede aplicarse —al menos en último término— a una cama o litera de dosel, porque declara lo siguiente: "Los cuatro lados de la cama estaban generalmente adornados con relieves de madera tallada, de marfil o de metal, o en los casos más corrientes, como en los divanes orientales, con paños de diverso tipo. Así dice Propercio ii. 10,11: *nec mihi tunc fulcro lectus sternatur eburno*, insistiendo que no quiere que su lecho esté adornado con un relieve de marfil.

Por su parte, מרכב (de רכב, ponerse sobre algo); es aquello de lo que alguien toma posesión, colocándose por encima de ello, de pie, sentado o tumbado, como puede ser sobre un lecho, un cojín, una sábana, etc. (cf. Lv 15, 9). En nuestro caso, se trata de un diván colocado sobre un plano elevado que puede servir no solo para sentarse, sino para recostarse y comer en un banquete amoroso (véase Lane, *Mod. Egypt*, I 10).

La púrpura roja lleva el nombre de ארגמן, probablemente de רגם, igual a רקם, como material de colores variados. Con el término "interior", תוך, de una cama se está aludiendo probablemente a la cubierta que yace por encima del cojín. רצף, colocar juntos, combinar (de aquí viene רצפה, pavimento; en árabe *ruṣafat*, un camino pavimentado). En esa misma línea se entiende στορέννυμι, στόρνυμι, στρώννυμι, colocar, disponer, de donde viene στρῶμα, que es el colchón.

La expresión רצוף אה no es equivalente a רצוף אה (conforme al modo de construcciónde 1Re 22, 20; Ez 9, 2), sino que significa "tapizado", que ha sido construido, preparado con amor por parte de las hijas de Jerusalén que son las damas del palacio: estas hijas de Jerusalén, por amor al rey, han preparado unos costosos tapices (colchas) que han extendido por encima del cojín o colchón de púrpura. De esa forma han traducido rectamente Vaihinger en su comentario al Cantar y Merx, en *Archiv.* Bd. II, 111-114.

Schlottmann piensa que esta interpretación de la partícula *min* en מִבְּנוֹת יְרוּשָׁלָֽם es rígida y dura. Pero, aunque מן en pasiva no se utiliza como el griego ὑπό, puede utilizarse con el sentido de ἀπό (Ewald, cf. 295b). Aunque no encontramos ejemplos exactos de esa forma de agradecimiento, podemos acudir a Sal 45, como ilustración de la costumbre de presentar dones, regalos, a la pareja de recién casados.

El mismo Schlottermann interpreta la palabra amor, אהבה de un modo personal, como hacen Ewald, Heiligst., Böttcher, etc. Como dice Ewald, la experiencia del pueblo sabe que el mejor y más fino adorno de una colcha o de unas sábanas del lecho de bodas es el amor, y en este caso el amor con el que las hijas

Tercer acto: Introducción de la novia y matrimonio (Cnt 3, 6 – 5, 1)

de Jerusalén han preparado sábanas, colchas y las restantes partes de la alcoba de los enamorados. De esa forma han expresado su amor las mujeres de Jerusalén, un amor que ellas han dirigido, en primer lugar, al rey y, por medio del rey, a la reina consorte.

El poeta autor de esta parte del Cantar, sabe que toda la alcoba de las bodas del rey y de su esposa amante ha sido preparada, tapizada, con amor por las hijas de Jerusalén, pero sabiendo que ella, la esposa amante, es el adorno principal del lecho. Como dice Böttcher, todo el lecho ha sido dispuesto y tapizado para ella, para la esposa del rey, por las hijas de Jerusalén. Ella, la esposa, es el verdadero adorno de la alcoba real. Todo ha sido preparado para ella, para la esposa, de manera que es ella la que llena de amor la alcoba entera. Este lecho, así entendido y preparado, puede y debe interpretarse como expresión suprema de la fidelidad del amor de Sulamitis hacia Salomón, y del amor de Salomón hacia Sulamitis.

En el lecho de Salomón para Sulamitis culmina el proceso o despliegue de amor del que ha venido tratando Cantar 3. Este es el matrimonio, como culmina-ción de la fidelidad del pastor amante, que viene a consumar y realizar como rey lo que ha comenzado como pastor, de manera que todos los elementos de amor que hasta ahora parecían condensados en la totalidad del mundo, con sus plantas y sus animales (ciervos, palomas), se cumplen y realizan ahora en ellos mismos, que son el amor personificado en forma de pareja de personas, un hombre y una mujer. El Cantar de los Cantares puede y debe entenderse así, como una procesión/proceso de amor, en línea de purificación y plenitud.[7]

Este no ha sido ni es (ni seguirá siendo) un amor de engaño. No es el amor de un hombre que se apodera de una mujer para violentarla. Ni el amor de una mujer que engaña a su marido, como en algunas interpretaciones que se sitúan en la línea de un Salomón rey que se presenta como pastor para engañar de esa manera a Sulamitis, sino todo lo contrario. El Cantar nos sitúa ante el amor total, sincero y puro de dos personas que buscan y descubren juntos la felicidad de la vida, cada uno en el otro y para el otro, sin engaño de ningún tipo, sin fingimiento alguno. Ninguno de los dos se opone al amor, ninguno miente al otro, sino que los dos van recorriendo el camino de la felicidad, cada uno en el otro y para el otro. Un camino de olvido de sí, en fidelidad y en felicidad, una procesión triunfal del amor que supera todos los impedimentos que puedan surgir en el camino.

Desde ese fondo, debemos superar la falsa novela de amor mentiroso de aquellos que suponen que el Cántico es la historia de un Salomón seductor (un

---

7. Así lo ha puesto de relieve Rocke en su libro (1851): *Das Hohelied, Erstlingsdrama aus dem Morgenlande oder Familiensünden und Liebesweihe: ein Sittenspiegel für Brautstand und Ehe*. El Cantar de los Cantares, el drama de las primicias de Oriente o los pecados familiares y la consagración del amor es un espejo moral para el estado nupcial y el matrimonio.

Escena 1 (Cnt 3, 6-11)

falso Don Juan) que se hace pasar por pastor para engañar a Sulamitis. Esta hipótesis de Salomón de pastor fingido que inventa una historia falsa para traicionar a Sulamitis, la pobre pastora, no logra entender el sentido de este despliegue de amor de Sulamitis que sube en la carroza real hacia Jerusalén para encontrarse con su rey amado. Esta hipótesis del falso Salomón pastor que engaña a Sulamitis para violentarla va en contra de toda la historia del Cantar.

En esa línea de Salomón el seductor, que se presenta como pastor para engañar y violar a Sulamitis y de Sulamitis la heroína de la virtud seducida por Salomón, no se entendería nada del Cantar. En esta novela del falso amor de Salomón y Sulamitis, centrada en la figura de la Condesa Sueca, de la novela de Gellert (cf. Ch. G. Gellert, 1715-1769, *Leben der Schwedischen Gräfin*, *Vida de la condesa sueca*, 1746), no encontramos personas reales que hacen un camino de amor sino "lugares comunes" de personas sin realidad.

En contra de eso, conforme al argumento del Cantar, tanto Salomón como Sulamitis son personas reales que hacen (recorren) un camino de amor. En la litera que viene por el desierto se encuentra Sulamitis, llena de amor y el *appiryon* es el lecho de amor de Salomón que la espera en Jerusalén para consumar el matrimonio. Lo que a partir de ahora experimentará Sulamitis, ascendiendo de su estado social más bajo al más alto con Salomón, lo seguiremos viendo en las escenas que siguen a continuación.

3, 11

צְאֶינָה ׀ וּרְאֶינָה בְּנוֹת צִיּוֹן בַּמֶּלֶךְ שְׁלֹמֹה בָּעֲטָרָה שֶׁעִטְּרָה־ לּוֹ אִמּוֹ בְּיוֹם חֲתֻנָּתוֹ [11]
וּבְיוֹם שִׂמְחַת לִבּוֹ: ס

[11] Salid, hijas de Sión, y contemplad al rey Salomón con la corona
con la cual su madre lo coronó el día de sus bodas,
el día de la alegría de su corazón.

Al final de la escena, la llamada se dirige a las hijas, es decir, a las mujeres de Jerusalén, tomadas de un modo colectivo para contemplar al rey que ahora se muestra a la destinataria de su amor (Sulamitis) y a la multitud jubilosa, en el momento en que se aproxima la procesión festiva. Viene con la corona como rey de bodas... La palabra בעטרה (con la corona), conforme a las mejores autoridades de los manuscritos, va sin artículo, y no lo necesita, pues está determinada por la cláusula de relativo que sigue.

Por su parte, חתנה es el matrimonio, el día de las bodas. Esa palabra se utiliza también en el hebreo postbíblico y se intercambia con חפה, que significa propiamente νυμφών (Mt 9, 15). Esa palabra viene del verbo חתן, que procede de la idea raíz de cortar (árabe *khatn*, circuncidar, de la raíz חת, de donde procede

Tercer acto: Introducción de la novia y matrimonio (Cnt 3, 6 – 5, 1)

חתר, חתם, חתך), indicando el hecho de ir a formar parte de otra familia, es decir, de entrar en afinidad con otra familia. Por su parte, חטן es el padre de la novia, que sale de su casa (como si fuera cortada, separada de ella) y viene a formar parte de la familia de su marido.[8]

También, en este contexto, se muestra la falsedad de la fábula de la seducción. El matrimonio con Sulamitis se celebra con el pleno consentimiento de la reina madre. Por otra parte, el tema de la corona se vincula hacia atrás con el tiempo en el que Salomón estaba casado con la hija del faraón. Así dice Heiligstedt: *cogitandus est Salomo qui cum Sulamitha pompa sollemni Hierosolyma redit, eadem corona nuptiali ornatus, qua quum filiam regis Aegyptiorum uxorem duxeret ornatus erat* (debemos pensar en Salomón, que regresa a Jerusalén para recibir la procesión del cortejo de Sulamitis, adornado con la misma corona nupcial con la que fue adornado cuando se casó con la hija del rey de los egipcios).

¿Era quizá Salomón tan pobre y avaro como para pedir que le trajeran esta antigua corona, o tan poco interesado por el honor de su legítima esposa, de igual rango que el suyo, como para llevar sobre su cabeza esta corona en honor de su rival antigua? ¡De ninguna manera! Salomón no trae sobre su cabeza la corona que llevaba el día de su boda anterior con la hija del faraón, sino una corona como aquella. La corona se la pone en su cabeza la madre, ungiéndole ahora como verdadero rey de bodas con Sulamitis. Su cabeza no está adornada con una corona que él ya se ha puesto antes, sino con una guirnalda nueva que la madre de Salomón ha colocado en la cabeza de su hijo. Los hombres han saludado y acogido ya la procesión nupcial que viene de lejos. Pero el rey con su atuendo especial atrae la atención de las mujeres. Por eso se las llama en este momento, para que observen la forma en que la nueva pareja feliz se da la bienvenida uno al otro.

---

8. L. Geiger (*Ursprung der Sprache*, 1869, p. 88) piensa erróneamente que la raíz חח (de חחם, etc) tiene el sentido de atar. El nombre árabe *khatan* significa, en primer lugar, un hombre casado y, en segundo lugar, un tipo de relación por parte de la mujer (Lane). La idea básica debe ser la misma que *khatn*, circuncidar (cf. Éx 4, 25), es decir, la idea de penetrar, que está también en el fondo de חתת, aplastar, נחת, descender (cf. e.g., *ferrum descendit haud alte in corpus*, el hierro penetró profundamente en el cuerpo; cf. también Pr 17, 1).

Escena 2 (Cnt 4, 1 – 5, 1)

Escena 2: Cantares 4, 1 – 5, 1

Esta escena incluye una conversación entre Salomón y Sulamitis, a quien al fin llama _amada_ y después, acercándola más a su vida, la llama _esposa_. Como muestra Cnt 4, 1, el lugar de la conversación es el salón de matrimonio del palacio. Ciertamente, uno no necesita suponer que los asistentes pueden escuchar la conversación entre Salomón y Sulamitis. Pero el poeta lo ha hecho, Sulamitis aparece más hermosa que nunca. Salomón alaba su belleza, empezando por sus ojos:

4, 1

¹ הִנָּךְ יָפָה רַעְיָתִי הִנָּךְ יָפָה עֵינַיִךְ יוֹנִים מִבַּעַד לְצַמָּתֵךְ שַׂעְרֵךְ כְּעֵדֶר הָעִזִּים שֶׁגָּלְשׁוּ מִן־הַר גִּלְעָד:

> ¹ ¡Cuán hermosa eres, amiga mía! ¡Qué hermosa eres!
> Tus ojos como de paloma, por entre el velo;
> tus cabellos como manada de cabras
> que se recuestan en las laderas de Galaad.

El griego veneciano traduce, en la línea de Kimchi, "mirando desde atrás tu cabellera desciende…". Así traduce también Schultens, _capillus plexus_; y lo mismo Hengstenberg, que pone como comparación πλέγμα (1 Ti 2, 9), cabellera y 1 Pe 3, 3, ἐμπλοκὴ τριχῶν, pero esas son expresiones que no responden a la figura de Sulamitis, como tampoco concuerdan con צמם, árabe ṣmm o con ṭmm que significa trenza. El último término se utiliza para el cabello que es demasiado abundante, y que se puede utilizar para hacer trenzas. No se aplica esta palabra a los cabellos como tales, ni מבעד puede referirse a los mechones o trenzas de pelo cayendo ante los ojos.

Symmaco traduce bien צמה por κάλυμμα que es el velo (los LXX traducen erróneamente con σιωπήσεως, "detrás de tu mirada", cf. Is 47, 2). El verbo צמם, árabe ṣmam significa un tipo de tapón, y el árabe _al ṣamma_, un tejido tras el cual uno se vela cuando se rodea con él (sobre la raíz verbal de la que deriva esta palabra, cf. H. Ethe, _Schlafgemachder Phantasie_, 1858, pp. 102-105).

Velo es aquello que oculta de un modo total el rostro. En arameo, la palabra צמם, en _palpel_ צמצם, significa directamente velar, como en _Bereshith rabba_ c. 45, al referirse a una matrona a la que el rey deja pasar por delante de él (cf. פניהצימצמה). Eso significa que Sulamitis está aquí velada. La novia romana llevaba un _velum flammeum_, así también la novia judía iba rigurosamente velada (cf. Gn 24, 65), donde se dice que Rebeca se velaba así misma (latín, _nubit_) ante su prometido.

בעד (cf. בְעַד לְצַמָּתֵךְ) es un nombre segolado que indica separación en el sentido de ante/delante, al igual que _post_, detrás, después. Por su parte, Ewald,

85

Tercer acto: Introducción de la novia y matrimonio (Cnt 3, 6 – 5, 1)

217m, supone, en contra del equivalente árabe, que esta palabra tiene el significado fundamental de cubrir (cognado de בגד). Pero esa palabra tiene aquí el sentido de rodear y separar, al mismo tiempo que el de cubrir aquella parte o zona del rostro que está rodeando. Por detrás del velo que cubre su rostro (véase Bachmann, *Coment.* a Jue 3, 23) brillan sus ojos que, sin necesidad de añadir עיני, se comparan con un par de palomas por su color, movimiento y brillo. A eso se añade el tema de los cabellos que descienden como rebaño de cabras del monte Galaad. Eso significa que la cabellera de la novia está descubierta. Conocemos, por tiempos posteriores, que la novia llevaba la cabellera adornada con una corona de arrayanes y rosas, o también como una "ciudad dorada" (זהבשל עיר), es decir, una ciudad adornada emblemáticamente como si fuera Jerusalén. Para indicar que esta es una comparación conveniente, debemos recordar que las ovejas en Siria y Palestina son, en su mayoría, blancas, mientras que las cabras son, en su mayoría, negras o, al menos, del color gris/marrón, como las de Mamri o Mambré.

El verbo גלשׁ corresponde al árabe *jls*, que se distingue de su sinónimo *q'd*. El primer verbo, גלשׁ, se aplica a alguien que previamente había estado sentado. El segundo, en cambio, se aplica a alguien que había estado previamente de pie y que después se sienta o acuesta. En esa línea, se dice que *nejd* tiene el sentido de *jals*, como una tierra alta, elevándose sobre el resto del territorio del entorno. Cuando se utiliza este verbo para "elevarse" uno puede pensar también en las cabras que, habiendo estado agachadas (o en una parte inferior) se elevan, empinándose sobre sus patas. La partícula מן en מהר indica que descienden de la parte alta del monte de Galaad, casi como en מדלימר (Is 40, 15).

Un rebaño de cabras, acampando sobre una montaña, va elevándose hacia la altura y así lo ve alguien que mira de lejos hacia la ladera empinada de un modo casi perpendicular; y si después el rebaño desciende desde la altura todo el conjunto ofrece una admirable visión para los observadores. Pues bien, Salomón compara esta visión de las cabras bajando de la montaña con la cabellera de su amada que desciende por sus espaldas. Ella había sido hasta ahora una pastora, a partir de aquí se irá desarrollando una segunda imagen.

4, 2

2 שִׁנַּ֙יִךְ֙ כְּעֵ֣דֶר הַקְּצוּב֔וֹת שֶׁעָל֖וּ מִן־ הָרַחְצָ֑ה שֶׁכֻּלָּם֙ מַתְאִימ֔וֹת וְשַׁכֻּלָ֖ה אֵ֥ין בָּהֶֽם׃

[2] Tus dientes como manadas de ovejas trasquiladas,
que suben del baño,
todas con crías gemelas,
y ninguna entre ellas estéril.

Escena 2 (Cnt 4, 1 – 5, 1)

El verbo קצב, como muestra el árabe correspondiente, tiene el sentido de *tondere oves*, esquilar ovejas, lo mismo que גזז. Con las ovejas esquiladas o no esquiladas y lavadas se comparan los dientes de la amada, por su limpieza y su brillo. Como regla general, las ovejas de Palestina son blancas y brillan cuando están esquiladas y lavadas. Los dientes, con ninguna falta entre ellos, se comparan con las ovejas y sus crías, que se cuentan de dos en dos, sin que falte alguna. El texto paralelo de Cnt 6, 6 omite el punto de comparación que es la lisura, la brillantez de las ovejas.

Resulta evidente, según Columella 7, 4, que las ovejas se limpiaban o lavaban algunas veces. Sobre el intercambio incorrecto de formas masculinas con femeninas, cf. *Comentario* a Cnt 2, 7. El participio *hifil* מתאימות (cf. διδυματόκος, Theocr. i. 25) se refiere a las madres, ninguna de las cuales ha perdido uno de los corderos gemelos que ha dado a luz. Al decir que suben del lavadero (de haber sido lavadas) se está evocando quizá también la limpieza de los dientes de la amante del rey.

Los dientes se limpian con *saliva dentiu*m, es decir, siendo ensalivados, tema al que se alude con frecuencia en los cantos de amor de Mutenebbi, Hariri y Deschami. El hecho de que la saliva de un hombre limpio y sano no es ofensiva, puede deducirse también por el relato en el que se dice que Jesús curó al ciego aplicándole su saliva en los ojos. Después viene la alabanza de la boca:

4, 3

[3] כְּחוּט הַשָּׁנִי֙ שִׂפְתֹתַ֔יִךְ וּמִדְבָּרֵ֖יךְ נָאוֶ֑ה כְּפֶ֤לַח הָֽרִמּוֹן֙ רַקָּתֵ֔ךְ מִבַּ֖עַד לְצַמָּתֵֽךְ׃

[3] Tus labios son como hilo de escarlata, y tu boca, encantadora.
Tus mejillas, como mitades de granada detrás de tu velo.

En cuanto distinta de la púrpura roja, que se dice ארגמן, שׁני (que propiamente es lo que brilla, lo que es resplandeciente, reluciente) tiene un significado activo como נקי, y otro pasivo, como עני. En conjunto, la expresión שׁניתולעת significa *kermes*, carmesí, un color propio de los gusanos que se emplean para conseguir el color púrpura de las vestiduras de reyes y sacerdotes. El "jugo" o líquido rojo de la cochinilla, מדבריך, מדבריך, ha sido traducido por los LXX como "tu palabra". Jerónimo traduce *eloquium*; el veneciano "tu diálogo"; pero este sentido se habría expresado a través de un ἀπ. λεγ que resulta innecesario. La expresión מדברדבורך es más bien el nombre de la boca, el nombre que uno estaba esperando.

El *mem* performativo, וּמִדְבָּרֵ֖יךְ, es un *mem instrumenti*, y la boca aparece como órgano de la palabra, el órgano por el que el alma se expresa con palabras y con diversas formas de lenguaje. En vez de decir פיך (tu boca), el poeta necesitaba emplear aquí una palabra más selecta. En esa línea, la nariz no se dice *anf*, sino *minchâr* (de *nachara*, soplar, respirar fuerte).

Tercer acto: Introducción de la novia y matrimonio (Cnt 3, 6 – 5, 1)

Alabanza de las mejillas. "Como mitades/piezas de granada son tus mejillas detrás de tu velo". רקה es la zona más delgada de la cabeza (del cráneo), las dos partes de los ojos y de las sienes. En latín, en la mayor parte de los casos, esa palabra se dice en plural (*tempora*, huesos temporales). En alemán se dice *schläfe*, de *schlaff*, dormir, en forma suavizada (*slack*, *i.e.* mejilla = רק).

Esta expresión evoca la mezcla de colores de las mejillas. Las dos mitades de una granada (Jerónimo, *mali punici*) no se refieren a su parte externa, como supone Zöckler, que interpreta mal el sentido de *răkkā*, en contra de Jue 4, 21 y 5, 26, sino a su parte interior, que ofrece un matiz mezclado, con elementos de una combinación de colores muy apropiada para la Sulamitis, cuyo matiz de fondo era de tipo blanco suave, tenue.[9]

Hasta aquí, el rey ha tomado las comparaciones con las que ha presentado a Sulamitis del entorno propio de una pastora. A partir de ahora, tomará esas imágenes de la esfera de conocimiento de su propia experiencia como gobernante de un reino. Aquella que tiene ojos como paloma parece que ha nacido para ser reina.

4, 4

⁴ כְּמִגְדַּל דָּוִיד צַוָּארֵךְ בָּנוּי לְתַלְפִּיּוֹת אֶלֶף הַמָּגֵן תָּלוּי עָלָיו כֹּל שִׁלְטֵי הַגִּבּוֹרִים:

⁴ Tu cuello, como la torre de David
edificada con hileras de piedras;
miles de escudos cuelgan de ella,
todos escudos de valientes.

La torre de David, tal como aquí aparece, es la torre del rebaño (Mi 4, 4) desde la que David vigilaba el rebaño de su pueblo (Neh 3,25), la torre que se eleva sobre la casa alta del rey. No era, por tanto, la torre del palacio real, sino la torre de la casa de gobierno, edificada en Sión, que servía como tribunal de justicia. Pero ¿qué sentido tiene el ἄπλεγ, תלפיות?

Grätz traduce "para tener perspectiva", para tener visión desde allí; pero la palabra griega τηλωπός, de la cual piensa Grätz que deriva תל como nombre hebreo abstracto, es tan rara que su introducción en los idiomas semíticos parece muy improbable.

9. El interior de una granada está dividido por un tipo de pieles de color blando o amarillo, en cuyo interior se encuentran pequeños frutos como los de un racimo de uva, y en su interior jugoso se encuentran las semillas propiamente dichas. Las bayas o frutos son de una mezcla de dos colores, uno rojo fuerte y otro rojo pálido. Todo el texto parece estar evocando esta mezcla de matices. Los poetas eróticos musulmanes comparan la división de los labios de Sulamitis con la hendidura divisoria de los frutos interiores de la granada.

Escena 2 (Cnt 4, 1 – 5, 1)

Hengstenberg traduce "construida para colgar allí las espadas", pensando que se compone de תֵל (de תִלָה), con la que pueden compararse formas como יד = *jadj*, שַׁד = *shadj,* שַׁל (2Sa 6, 7) y פִּיֹות. Pero esta última palabra no significa espadas, sino bordes de una espada de doble filo. Teniendo eso en cuenta, Kimchi (interpretando תֵל como estado constructo de תֵל, como אֵל en בְּצַלְאֵל, que viene de צֵל) explica esa palabra diciendo que la torre ha sido elevada con piedras de esquinas puntiagudas.

En contra de eso, debemos indicar que el lenguaje hebreo no conoce palabras que sean de tipo comparativo/apelativo. Los nombres de rana, צְפַרְדֵּעַ, y murciélago, עֲטַלֵּף (cf. la *beth* del árabe *a'lab*, zorro, al que se le ha añadido una *pe*), no son de ese tipo, ni tampoco *tsalmāveth*, sombra de muerte, palabra que proviene de un momento posterior, y que fue escrita por vez primera como *tsalmuth* (cf. árabe *zalumat = tenebrae*).[10]

En esa línea argumenta también Gesenius, reconociendo los mismos significados de las palabras. Por tal motivo, él explica לְתֵל como *exitialibus* (es decir, armas de muerte), palabra que proviene de un adjetivo תַּלְפִּי, de תַּלַף = árabe *talifa*, perecer. El infinitivo de esa palabra, *talaf*, es actualmente sinónimo de *halak* (perecer). En esa línea, el árabe *matlaf* (lugar al que se desciende, al que se baja) es, como יְשִׁימוֹן, un nombre poético para desierto, lugar de muerte.

Esta explicación es aceptable, pero muy aventurada, pues ni en hebreo ni en arameo existen vestigios de un verbo de ese tipo, de manera que debemos dejarla de lado para seguir buscando una raíz apropiada tanto en hebreo como en arameo. Esto es lo que quiere hacer Ewald con su explicación a la que tanto Böttcher como Rödiger dan su preferencia.

Esa palabra לְתַלְפִּיֹּות, debe estar indicando que esa torre de David ha sido construida para contener un gran número de tropas, de forma que cientos y miles de soldados han encontrado en ella un lugar para habitar seguros. El verbo árabe *aff* que se opone a *nashar*, desplegar, se utiliza para referirse a una reunión, a un lugar de acogida para multitudes de personas, en este caso de tropas (del *if,* plur. *lufuf*). Este es, por tanto, un lugar para la paz, pero puede convertirse también en un espacio en el que pueden desencadenarse conflictos, por la presencia de soldados.

La palabra תַלַף puede vincularse con un verbo לפה, que recibirá más tarde el mismo sentido que תַּאֲנִיָה. Pero si תַלַף significara tropas, entonces esa torre debía ser conocida por la guarnición que en ella habitaba, sin limitarse a decir que la torre se construyó con ese fin, para ser lugar de guarnición de soldados de los que después no sabemos nada. En el caso de que se tratara de una torre para servir de

---

10. Sobre esas palabras compuestas, de doble origen, que pertenecen al lenguaje semítico más moderno, cf. *Jesurun*, pp. 232-236.

Tercer acto: Introducción de la novia y matrimonio (Cnt 3, 6 – 5, 1)

guarnición para soldados, el texto debería haberlo puesto de relieve, indicando la impresión que producía su vista.

Pues bien, tanto en arameo como en el talmud hebreo encontramos no solo las palabras לפף y לוף, sino לפי, אלפי, y esto en el sentido de "encierro", lugar cerrado, para reunirse juntos, trabajando cerca, unos al lado de otros. En esa línea, se habla en el Targum de la cortina del tabernáculo como ביתלופי, lugar para juntarse mutuamente (con חברת o מחברת en el texto hebreo). Y en el Talmud se habla del tejado de dos aguas, que se vinculan o juntan con לופתא, la juntura, la junta (*Bathra* 6a).[11]

Según eso, si no tomamos la *lamed* inicial de לתלף como parte de la raíz, sino como expresión de finalidad (con el fin de…), podemos pensar que la palabra לְתַלְפִּיּוֹת puede significar "para estar juntos", según orden, según rango. Conforme a eso, la *lamed* había sido traducida ya por Döderlein "en turnos" (cf. לפת, girar, enrollarse, viento). En esa línea, Meier traduce "en gradación". Por su parte, Aquila y Jerónimo suponen que תלף se refiere a partes componentes del mismo edificio.[12]

Ellos piensan que se trata de pináculos o parapetos (ἐπάλξεις, *propugnacula*, un tipo de fortificaciones). Así piensa también el griego Véneto: εἰς ἐπάλξεις χιλίας. Pero el nombre para pináculos es פנה, y sus puntas se llaman שׁמשׁות. Por el contrario, el nombre más apropiado para terrazas es תלף. Estas se conectan entre sí, de forma que se puede subir de unas a otras. Según eso, el edificio se eleva en forma de torre articulada, con terrazas, siguiendo el ejemplo de Babilonia, donde una terraza se elevaba sobre la anterior de los grandes jardines (cf. Oppert, *Grundzüge der Assyr. Kunst*, 1872, p. 11).

La comparación de fondo es que el cuello de Sulamitis, elevándose como una torre, estaba rodeado de ornamentos, no como un todo uniforme, sino compuesto de terrazas, unas encima de otras. El cuello de Sulamitis era una torre (la gran torre de defensa y protección de David) de la que colgaban diversos ornamentos de tipo decorativo, pero sobre todo (al mismo tiempo) de carácter militar. La mujer aparece así, como seguridad y defensa fundamental del varón guerrero que es David.

מגן significa escudo, que protege, como *clupeus* (*clypeus*), palabra que quizá pueda conectarse con καλύπτειν (guardar, esconder) y con שׁלט del árabe *shalita*, como una armadura fuerte, impenetrable. Esta última, שׁלט, es aquí la palabra más común que se vincula con מגן, escudo redondo, pero también con צנה, escudo oval, que cubre todo el cuerpo y con escudos de otras formas. La palabra המגנאלף los cien escudos, está en indicativo (véase Can 1, 11), con artículo genérico. La

---

11. El árabe *lafa*, que viene de la misma raíz, significa juntar algo de nuevo, repararlo, buscar la manera de hacer que funcione y que pueda utilizarse otra vez.

12. Así también Lagarde (*Onomastica*, p. 202), que pone: Θαλπιὼθ ἐπάλξη (εἰς) ἤ ὑψηλά.

Escena 2 (Cnt 4, 1 – 5, 1)

aposición (כָּל שִׁלְטֵי הַגִּבּוֹרִים) refiere a todos los escudos de los héroes, pues eso exigiría que el artículo se pusiera antes de *qol* y de *gibborim* o que se dijera כֻּלָּם (todos ellos, cf. Cnt 3, 8). La expresión significa "todos los escudos de los héroes" como muestra la acentuación. Eso significa que el artículo es muy importante.

Según 1Re 10, 16, Salomón mandó a hacer 200 armas protectoras y 300 escudos de oro que colocó en la casa del "bosque" del Líbano. Estos escudos de oro los tomó y los llevó el faraón Sisak, de forma que Rehoboam, hijo de Salomón, los reemplazó por escudos de bronce, que sus guardias llevaban acompañando al rey cuando acudían con él al templo (1Re 14, 26-28; cf. 2Cr 12, 9-11). Estos escudos de David (= pertenecientes a la casa de David) se les dieron a los capitanes de la guardia del templo con ocasión del alzamiento y coronación de Joas al trono, según 2Re 11, 10; 2Cr 23, 9.

De estos escudos de bronce, al igual que de los escudos anteriores de oro, se dice expresamente cómo y dónde fueron tomados, pero no se dice que fueran colgados más tarde en un lugar distinto del original, sobre una torre distinta de la de David. Podemos quizá suponer que Cnt 4, 4b está describiendo la torre de David, pero no como era en su tiempo, sino como una que él ha imaginado mentalmente, aquella que está representada por el cuello de Sulamitis.

El poeta imagina la torre de terrazas de David como si de ella colgaran alrededor de mil escudos que habían sido llevados como defensa por los héroes que formaban el cuerpo de guardia del rey. Por eso no es extraño que se añadan a los 200 + 300 escudos de oro otros 500 más, para redondear el número de manera que fueran mil. El cuerpo de guardia del rey que así se imagina, está compuesto por diez unidades de soldados con escudo, cada una de ellas con cien soldados.

De todas formas, esta descripción responde a antiguas costumbres del ejército. La palabra que aquí se emplean no es בּוּתלוֹי, sino עליוּתלוֹי. La parte externa de la torre aparece así decorada con escudos que cuelgan de ella, escudos que estaban colocados alrededor de los muros de la torre, como muestra Ezequiel en su profecía sobre Tiro (Ez 27, 11, cf. 1Mac 4, 57) y Plinio en su narración sobre Roma (_Hist. Nat._ xxxv. 3: _supra foris Capitolinae aedis_, en la parte superior externa del Capitolio).

No obstante, aunque podamos suponer que la imaginación de Salomón representaba la torre de David con más hermosura de la que de hecho tenía, debemos reconocer que no conocemos las edificaciones de Salomón lo suficiente como para representarlas con exactitud. Estas referencias múltiples e inexplicables al esplendor del reinado de Salomón están a favor del hecho de que el mismo Salomón sea el autor del Cantar. Esta grandiosa visión de la excelsa belleza del cuello de Sulamitis y del aumento de esa belleza con el ornamento de cadenas y escudos, viene reforzada por una nueva y hermosa figura tomada del lenguaje de los pastores, con la que culmina esta descripción.

Tercer acto: Introducción de la novia y matrimonio (Cnt 3, 6 – 5, 1)

4, 5

⁵ שְׁנֵי שָׁדַיִךְ כִּשְׁנֵי עֳפָרִים תְּאוֹמֵי צְבִיָּה הָרוֹעִים בַּשּׁוֹשַׁנִּים:

⁵ Tus dos pechos, como dos crías mellizas de gacela,
que se apacientan entre lirios.

El *dual* que se emplea aquí en hebreo se diferencia del *plural,* pues no se refiere a dos cosas de un tipo, sino a dos cosas apareadas por la naturaleza, que solo existen de esa manera, como realidades dobles. La palabra שָׁדַיִם, tan pronto como es utilizada en su forma flexiva resulta ambigua, de forma que para precisar su sentido hay que añadir la palabra dos, tus dos pechos (שְׁנֵי שָׁדַיִךְ).

Los pechos de Sulamitis se comparan aquí con un par de jóvenes gacelas, tanto por su igualdad como por su juvenil frescura y vida, y el fondo del que brotan se compara con un prado cubierto de lirios, de los que se alimentan las jóvenes gacelas. Con esta tierna y amable imagen culmina y se interrumpe la alabanza de las atracciones de la mujer escogida. Si se cuentan los labios y la boca como partes del cuerpo de la mujer, cosa que realmente son, tenemos aquí siete miembros de su cuerpo que son alabados, como cuenta Hengstenberg de un modo preciso: "Ojos, cabellera, dientes, boca, mejillas, cuello, pechos". En esa línea, Hahn puede hablar de la séptuple belleza de la esposa. Y ahora responde Sulamitis:

4, 6

⁶ עַד שֶׁיָּפוּחַ הַיּוֹם וְנָסוּ הַצְּלָלִים אֵלֶךְ לִי אֶל־ הַר הַמּוֹר וְאֶל־ גִּבְעַת הַלְּבוֹנָה:

⁶ Hasta que apunte el día y huyan las sombras,
me iré al monte de la mirra, y al collado del incienso.

Todos los intérpretes que suponen que estas palabras son una continuación de las de Salomón se pierden en absurdidades. Muchos entienden los montes de mirra y la colina de incienso como atractivos físicos de Sulamitis a los que alude Cnt 4, 5, y piensan que se trata de ella en su totalidad. Pero esas figuras habrían terminado siendo grotescas (cf. Cnt 5, 13), y la expresión אלליאלך (hasta que vaya) sería prosaica. Por otra parte, la idea de alejarse conecta con לוהלך (Gn 12, 1; Éx 18, 27) o tiene el mismo sentido de fondo de ella (Gn 22, 2; Jer 5, 5), lo mismo que לוהלך, en nuestro caso, en referencia a Cnt 2, 10-11. Eso implica que nuestra frase corresponde a la expresión francesa *jè m'en irai.*

Con razón, Fray Luis de León piensa que la montaña de mirra y la colina de incienso son nombres que evocan lugares frescos y fragantes. Pero él sigue

Escena 2 (Cnt 4, 1 – 5, 1)

suponiendo que esos lugares están indicando que Salomón quiere ir a ellos para tomar una siesta, invitando a Sulamitis para que le acompañe. Pero el texto no dice nada de esta invitación ni de dormir una siesta en el campo cosa que, por otra parte, resulta antinatural, pues el día de la boda no es apropiado para dormir una siesta en la naturaleza, aunque se dice que Wilh. Budäus, filólogo francés, pasó una parte del mismo día de las bodas trabajando en su estudio.

Pero es evidente que quien está hablando aquí no es Salomón, sino Sulamitis, como muestra una comparación con Cnt 2, 17. Anton Bruckner (*Hohelied* 1773) afirma rectamente en este contexto que Sulamitis habla así para decir que ella se encuentra libre para todo. Pero ¿con qué finalidad quiere liberarse de Salomón? Se ha dicho que quiere liberarse de las alabanzas demasiado ardientes, afirmando de esa forma que, tan pronto como llegue la oscuridad, ella desea escaparse a los campos aromáticos y florecientes de su hogar nativo, donde ella quiere (liberada de Salomón, el rey al que no ama) encontrar de nuevo a su amante pastor verdadero.

Así piensa, por ejemplo, Ginsburg (1868). Pero ¿es cierto que la mirra y el incienso florecen en el norte de Palestina? Ginsburg se apoya en Florus (*Epitome Rerum Rom.* iii. 6), donde se dice que Pompeyo el Grande pasó sobre el Líbano y la zona de Damasco *per nemora illa odorata, per thuris et balsami sylvas* (por campos olorosos, por selvas de incienso y de bálsamo, propios del entorno de Damasco). Pero ni la mirra ni el incienso se dan naturalmente en ninguna parte de Palestina. Teniendo eso en cuenta, Friedrich (1866) piensa que Sulamitis vive en el entorno de Engeddi y que ella está mirando desde su ventana hacia Engeddi y que añora la montaña de mirra y la colina de incienso "donde, al acercarse el crepúsculo, solía buscar a su esposo, que era el prometido pastor".

Pero, como su nombre indica, Sulamitis no es de Engeddi, en el sur de Palestina, sino de Shulem de Galilea y no ha desposado con un pastor imaginario de una supuesta "Utopía", la tierra imaginaria de Salomón. Es posible que en el entorno de Engeddi hubiera jardines con mirra e incienso, aunque el Cantar (Cnt 1, 14) solo ofrece una referencia genérica, *Al-henna*, allí. Pero, aunque hubiera incienso y mirra en Engeddí, las palabras de este verso del cantar deben referirse al entorno del palacio real de Jerusalén.

El árbol de la mirra, de cuya goma/resina se extraía el precioso aroma/ungüento (la mirra) es el *Balsamodendron Myrrha*. Por su parte, el árbol de incienso, de cuya resina se extrae el incienso, como el árbol de la mirra, pertenece a la familia de los amíridos, y se llama *Boswellia serrata* (cf. Is 9, 6; Jer 6, 20)[13]. La mirra y el incienso eran árboles exóticos en Palestina, igual que en nuestros países de Europa. Pero Salomón, que mantenía relaciones con Arabia y con la India, a través de

---

13. Cf. Lassen's *Ind. Alterthumskunde*, I, p. 334. Este es un árbol autóctono de las indias orientales, y produce el mejor incienso. Los israelitas lo importaban de la tierra de Saba.

Tercer acto: Introducción de la novia y matrimonio (Cnt 3, 6 – 5, 1)

su flota mercantil, tenía esos árboles en el propio jardín del palacio (Ec 2, 5). La modesta Sulamita rehúye las amorosas palabras de alabanza, porque lo único que ella quiere es que le permitan retirarse con el rey a los lugares solitarios, plantados con mirra e incienso, cerca del palacio real, donde ella desea ocupar su tiempo en un contexto que responda a la fiesta de ese día, hasta que al aproximarse la oscuridad pueda volver de nuevo a solas con el rey al palacio.

Este es su día importante, el día en que ella pueda cumplir su palabra, לֵיאֵלֵךְ, realizando su pacto con Dios a través de Salomón (Pr 2, 17). Sin necesidad de alegorizar, debemos recordar que la montaña de mirra y la colina del incienso nos hacen recordar el templo, desde donde la fragancia amorosa compuesta de mirra, de incienso y de otras especies aromática ascendía hacia el Señor en la celebración de cada mañana y de cada tarde (Éx 30, 34).

La expresión הַר הַמּוֹר (monte de mirra) sirve quizá para evocar, de un modo intencionado, otra expresión especial, הַר הַמּוֹר (2Cr 3, 1), que era la montaña en la que Dios se había aparecido a sus fieles. Sea como fuere, las dos expresiones, monte de mirra y colina de incienso tenían el valor de evocar lugares de meditación piadosa donde los fieles se relacionaban con Dios. La forma de ser modesta a infantil de Sulamitis hace que ella sea más amable a los ojos del rey, de forma que él responde a su amor con estas palabras.

4, 7-8

7 כֻּלָּ֤ךְ יָפָה֙ רַעְיָתִ֔י וּמ֖וּם אֵ֥ין בָּֽךְ׃ ס

8 אִתִּ֤י מִלְּבָנוֹן֙ כַּלָּ֔ה אִתִּ֖י מִלְּבָנ֣וֹן תָּב֑וֹאִי תָּשׁ֣וּרִי ׀ מֵרֹ֣אשׁ אֲמָנָ֗ה מֵרֹ֤אשׁ שְׂנִיר֙ וְחֶרְמ֔וֹן מִמְּעֹנ֣וֹת אֲרָי֔וֹת מֵהַֽרְרֵ֖י נְמֵרִֽים׃

> [7] Toda tú eres hermosa, amiga mía,
> y en ti no hay defecto.
> [8] Ven conmigo desde el Líbano, oh esposa mía;
> ven conmigo desde el Líbano,
> mira desde la cumbre del Amaná,
> desde la cumbre del Senir y del Hermón,
> desde las guaridas de los leones,
> desde los montes de los leopardos.

4, 7. Ciertamente, el rey está diciendo que su amada no tiene defecto alguno, ni de alma ni de cuerpo. En Cnt 4, 1-6 él ha cantado la alabanza de su belleza externa, pero en Cnt 4, 7 ha puesto más de relieve la belleza de su alma. Ahora insiste en la belleza total de su persona. De esta forma responde al deseo del rey, para estar con su amado rey a solas.

Escena 2 (Cnt 4, 1 – 5, 1)

4, 8. Zöckl interpreta אתי (אִתִּי מִלְּבָנוֹן) en el sentido de אלי תשׁוּרי, es decir, de viajar a un determinado lugar. El rey dice a su amada que abandone los lugares solitarios de las zonas montañosas, con sus cuevas y guaridas llenas de peligros, a fin de vivir con él en el palacio real. Así traduce también Kingsbury. Pero esa interpretación, por plausible que sea, no puede defenderse, por varias razones:

- Porque esa idea tendría que haberse expresado con תבאלי y no con תשׁביוא תיתב.
- Porque Sulamitis no proviene del Líbano ni del antilíbano, que miran hacia Damasco.
- Porque esa respuesta no soluciona el deseo de Sulamitis que está buscando un lugar de quietud solitaria.

Por eso, mantenemos la explicación que dimos en nuestro comentario del año 1851. Lo que el rey quiere es que Sulamitis vaya con él y le acompañe a las alturas empinadas del Líbano, y que descienda luego con él desde allí, porque cuando se está ascendiendo a la montaña no se tiene por delante una visión extensa, en contra de la que se tiene cuando se desciende, pues entonces puede verse todo el paisaje del entorno bajo los pies.

Debido a eso, la palabra תשׁ (שׁוּרִי) no ha de entenderse como en Is 57, 9, donde ella tiene el sentido de "emigrar" (pasar de un lugar a otro), sino como en Nm 23, 9 donde significa *spectabis* (verás la tierra desde…). Con מר concuerda más bien la idea de mirar que la de descender. De esa manera se vinculan los significados de descender y de ver desde la altura, pues שׁוּר significa en primer lugar "ir, avanzar, viajar" y, en segundo lugar, ir para mirar, caminar para ir mirando a medida que se avanza.

En turco *sêretmek* significa "contemplar" (cf. árabe *tacamashy*, caminar). Líbano es el nombre de la cordillera alpina y abarca unas 29 millas alemanas, desde Leontes (*Nahr el-Kasmîe*) hacia el norte, hasta Eleutheros (*Nahr el-Kebîr*). Los otros tres nombres que aparecen en este pasaje se refieren a la cordillera del antilíbano, separada del Líbano por el valle de Cele-Siria, que se extiende de Banis/Banias hacia el norte, hasta la llanura de Hamath.

Amaná indica la cordillera del antilíbano, desde el lugar donde brotan las fuentes del río Amaná, uno de los dos de los que el general sirio de 2Re 5, 12 dijo que eran mejores que todas las aguas de Israel. Aquí se alude al *Amaná* y al *Pharpar*, es decir, al *Baradâ* y al *A'wadsh*, hasta la unión del Baradá (al que los griegos llamaban *Chrysorrhoas, i.e.*, corriente de oro) con el *Feidshe*, en los alrededores de Damasco, que debe a esos ríos su paradisíaca belleza. *Hermon* (de חרם, cortar, árabe *kharo* y *makhrim*) es el pico más alto y empinado de la zona sur de la cordillera

Tercer acto: Introducción de la novia y matrimonio (Cnt 3, 6 – 5, 1)

del antilíbano, que se eleva a unos 10 000 pies sobre el nivel del mar, formando la frontera nordeste de Palestina, donde se encuentran las fuentes del río Jordán.

Otra sección de la cadena del antilíbano se llama Senir, no Shenir. Las otras dos veces que este nombre aparece en la Biblia (Dt 3, 9; 1Cr 5, 23) se escribe con *sin*, no con *shin*. El Targum de Onkelos, en vez de Shenir, pone Sirion, סריון; el de Jerusalén parafrasea la montaña cuyos frutos se pudrieron a causa de que eran muy abundantes y no pudieron recogerse todos. El Midrash lo explica de otra manera: שהואשובאהניר (la montaña que no puede ser trabajada con el arado). En todos los casos se supone que esta palabra, סריון, tiene que escribirse con *Samej* o con *Sin*.

Según Dt 3, 9, este fue el nombre que los amoritas dieron al monte Hermón. Esta expresión está indicando que los amoritas llamaron Hermón a toda la cordillera del antilíbano, reservando el nombre Shenir/Syrion, a uno de sus picos particulares. Abulfeda utiliza el árabe *asnîr* como nombre de parte de la cordillera del antilíbano al norte de Damasco y con esto concuerda la afirmación de Schwarz (*Das h. Land*, p. 33) según la cual el monte Hermón (antilíbano), al norte de Damasco, se llama *Senîr*.

נמרים son las panteras que, hasta el día de hoy, habitan en las hondonadas y desfiladeros del Líbano y del antilíbano. Por el contrario, los leones han desaparecido de esa zona y de todos los países del Mediterráneo. En tiempos de Salomón uno podía encontrar leones en los lugares de fauna exuberante del valle del Jordán y, con más abundancia, en los distritos más remotos de las cordilleras alpinas del Líbano.

Salomón dice a Sulamitis que él quiere contemplar con ella los leones y panteras. Estando cerca de estos animales de presa, pero sin ser amenazada por ellos, Sulamitis podrá gozar la visión de la extensa y gozosa tierra, sometida bajo el poder de Salomón, que le acompañaría con toda seguridad para caminar por las alturas más vertiginosas.

Lo mismo que la "montaña de mirra", así también la "cumbre de Amaná" tiene referencias subordinadas de tipo simbólico. La raíz de "amaná" (como amén, *emuná*…) contiene la idea primaria de firmeza, verificación, fidelidad y pacto fiel, y puede referirse al pacto establecido entre Dios y los hombres (entre Dios y su congregación). De esa forma, se dice que Dios se ha vinculado con su congregación *b'mwnh* (con *emuná*, es decir, en fidelidad (Os 2, 22). Esto es lo que el apóstol Pablo dice a la Congregación cristiana en Ef 5, 27; es lo mismo que Salomón dice aquí a Sulamitis. Esta es la primera vez en que él le llama כַּלָּה אַתִּי, mi esposa, y no כלתי, porque según el *usus loquendi* esta última expresión hubiera significado "mi nuera". En esa línea, debemos decir que la expresión más antigua y primaria está indicando una relación de familia que hubiera sido "mi nuera" (relación de suegra con nuera), no mi esposa (relación de marido con mujer).

Según eso, כְּלוּלָה = לְהַכ, como חַלָּה, pastel = חֲלוּלָה, es algo que está partido en trozos (cf. כְּלוּלוֹת, esposado; Jer 2, 2; cf. L. Geiger, *Ursprung der Sprache*, p. 227; cf. 88). De un modo correspondiente, la mujer casada es antes "nuera" (esposa del hijo de la mujer dueña de casa) que esposa de su marido. La mujer casada entra en la casa de los padres del marido (especialmente de la madre, siendo así la nuera de la casa). Ella entra a formar parte de una nueva familia, dejando la anterior (la casa de sus padres). Según eso, la primera autoridad de la nueva casa no es el marido de la mujer desposada, sino la madre del marido, que se vuelve "*gebira*" (fuente de poder) a través de su hijo.[14]

4, 9

⁹ לִבַּבְתִּנִי אֲחֹתִי כַלָּה לִבַּבְתִּינִ [בְּאַחַד כ] (בְּאַחַת ק) מֵעֵינַיִךְ בְּאַחַד עֲנָק מִצַּוְּרֹנָיִךְ:

⁹ Me has robado el corazón, hermana, esposa mía;
has apresado mi corazón con una sola de tus miradas,
con una gargantilla de tu cuello.

El *piel* לבב puede significar "actuar con valentía", y tiene actualmente ese significado en arameo de donde lo ha tomado el siríaco; Symmaco traduce esa palabra por ἐθάρσυνάς με (me has dado confianza). Pero ¿resulta probable que un hombre que no es cobarde, especialmente si es rey, diga que ha sido el amor el que le ha dado "corazón", esto es, coraje? Eso lo puede decir un guerrero, inspirado en la guerra por el pensamiento de su amada, ante la que quiere ganar admiración. Pero Salomón no es Antar (caballero y poeta preislámico famoso), ni un caballero andante como Don Quijote.[15]

El primer efecto del amor verdadero como el de Salomón no consiste en suscitar un tipo de heroicidad loca, sino al contrario. En un primer momento,

---

14. Este es un tema que F. Delitzsch ha desarrollado en otras obras, especialmente en su psicología, en la que ofrece quizá la mejor antropología de la Biblia escrita hasta el momento actual. Cf. *Systemder biblischen Psychologie*, Dorffling & Franke, Leipzig 1861; trad. Inglesa: *A System of Biblical Psychology*, T&T Clark, Edinburgh 1869. Este es un tema que solo puede comprenderse desde una visión de conjunto del "sistema" familiar israelita que, en principio no insiste en un tipo de enamoramiento especial entre dos personas (un hombre y una mujer), sino en una relación más amplia en la que se integran padres e hijos y diversos tipos de parientes, formando una "casa" en el sentido estricto del término. (*Nota del traductor*).

15. En esa línea se sitúan algunas interpretaciones absurdas de Böttcher, cuando supone que ha sido el amor el que ha dado fuerzas al pastor amigo de Sulamitis para arriesgarse por ella y realizar heroicidades, liberándola de manos de bandidos. ¡Triste Sulamitis si tiene que entender el amor como esfuerzo loco de locos amantes!

Tercer acto: Introducción de la novia y matrimonio (Cnt 3, 6 – 5, 1)

el amor desarma a los amantes, les priva de su actividad anterior. En esa línea, deberíamos traducir este pasaje diciendo: "Tú me has desanimado, tú me has descorazonado, tú has herido mi corazón", conforme a la visión semítica y, en general, a la visión antigua del amor (como he puesto de relieve en mi *Psychologie* p. 254). El amor cautiva al corazón, le quita fuerza, le incapacita para entender y juzgar rectamente las cosas pero, al mismo tiempo, abre un horizonte más alto de sentido y de realidad (cf. Os 4, 11).

Un tipo de *piel* denominativo como el nuestro (לִבַּבְתִּנִי אֲחֹתִי כַלֵּה), construido con verbos que provienen de miembros corporales (en nuestro caso con *leb, lebab, corazón*: לִבַּבְתִּנִי, te has apoderado de mi corazón), no significa simplemente quitar/robar el corazón, sino más bien herirlo, como se dice con גרם, זנב (Ewald, §120c). En esa línea, traducen los LXX, el griego veneciano y Jerónimo: ἐκαρδίωσάς με, *vulnerasti cor meum*, me has quitado el corazón, has herido mi corazón.

El significado es el mismo que "tú has herido mi corazón, tú has sometido mi corazón" (cf. Sal 45, 6). Con una de sus miradas, con una pequeña cadena de su collar, ella le ha vencido, como si fuera con un poderoso encantamiento: *veni, visa sum, vici* (vine, ví, vencí). El *keri* cambia באחד por בְּאַחַת (el masculino por el femenino). Ciertamente, la palabra עין (ojo) es, la mayor parte de las veces, femenino (*e.g.*, Jc 16, 28), pero no es solo el *usus loquendi* de fuera de la Biblia el que prefiere רעה o רעעין (refiriéndose a un ojo maligno, a una mirada de mal hechizo), sino la misma Biblia (cf. Zac 3, 9) que toma la palabra como si tuviera un doble género. Por su lado, ענק y צורנים se relacionan entre sí como una parte con el todo.

Con la terminación sustantiva se forma una palabra que tiene el significado de adorno para el cuello, así de צוּאר, cuello, se forma שֹהרון, collares redondos como las lunas (lunetas) para el adorno de las mujeres (cf. Is 3, 17). Por su parte, ענק (conectado con אחדענק, *cervix*) es un eslabón separado (en arameo se dice עוּנקתא) del collar entero. En este contexto, se utiliza אחדענק en vez de solo אחד, que se utiliza también en una conexión que no es de genitivo (cf. Gn 48, 22; 2Sa 17, 22).

La experiencia muestra que una mirada del ojo puede atravesar el corazón. Pero ¿cómo puede tener un efecto como ese una cadena llevada en el cuello? También esto es comprensible. La belleza de una persona pierde su poder cuando la vestimenta resulta inconveniente. En contra de eso, una vestimenta llena de gusto, aunque no sea espléndida ni cara, sino incluso de materiales muy simples, puede volverse principio de gran atracción.

De esa manera, el poder de atracción de una persona encantadora se transmite a través de toda su vestidura. Así podemos recordar a la mujer con flujo de sangre (Mr 5) que tocó con gozosa esperanza el borde del vestido de Jesús. Para aquel que ama, el alma del amado se expresa en todas las cosas que están relacionadas con él, incluso por los adornos que lleva. En el verso anterior, Salomón se ha dirigido por primera vez a Sulamitis llamándola "esposa".

Escena 2 (Cnt 4, 1 – 5, 1)

Ahora, elevando el nivel del amor le llama hermana/esposa. Este cambio en la forma de dirigirse a ella expresa el progreso del camino del amor. En mi comentario a Cnt 4, 8 he puesto de relieve la razón por la que Salomón no llama a Sulamitis כלתי (mi querida). Ese nombre se le puede empezar dando solo a la madre de Salomón, que acepta a Sulamitis, esposa de su hijo, no solo como esposa en sentido corporal, sino porque, en otro sentido, ella se vuelve hermana (compañera) de su hijo, en relación de afinidad. Solo ahora, una vez que ella ha sido aceptada en la casa/familia de su madre, Salomón puede llamar y llama a Sulamitis _ahhothi calla_ (אֲחֹתִי mi hermana/esposa), hermana por familia (asumida en la línea de filiación de su madre) y esposa por amor personal.

4, 10-11

מַה־ יָּפוּ דֹדַיִךְ אֲחֹתִי כַלֶּה מַה־ טֹּבוּ דֹדַיִךְ מִיַּיִן וְרֵיחַ שְׁמָנַיִךְ מִכָּל־ בְּשָׂמִים: ¹⁰

נֹפֶת תִּטֹּפְנָה שִׂפְתוֹתַיִךְ כַלֶּה דְּבַשׁ וְחָלָב תַּחַת לְשׁוֹנֵךְ וְרֵיחַ שַׂלְמֹתַיִךְ כְּרֵיחַ לְבָנוֹן: ס ¹¹

¹⁰ ¡Cuán dulces son tus caricias, hermana, esposa mía!
¡Cuánto mejores que el vino tus amores,
y la fragancia de tus perfumes más que todas
las especias aromáticas!
¹¹ Como panal de miel destilan tus labios, oh esposa;
miel y leche hay debajo de tu lengua;
y el olor de tus vestidos como el olor del Líbano.

Sobre la conexión entre el plural דודים con el plural del predicado, cf. _Coment._ a Cnt 1, 2. El predicado יפו alaba el amor de la esposa en base a las impresiones que ofrece a la vista, diciendo que son טבו conforme a la experiencia que producen al relacionarnos con ellas. Conforme a Cnt 4, 9, esa misma impresión de bondad y de amor superior de la amante se atribuye a la hermosura de sus ojos y de la cadena de su cuello. De un modo semejante, aquí se alaba su hermosura con la fragancia que emana de su persona con el perfume de sus vestidos de novia.

El alma de la esposa no solo se expresa por labios, sino que ella expande su aroma por/a través de sus perfumes, que son más fragantes que todos los restantes olores de la tierra, porque el amante inhala, por así decirlo, los olores del alma de su esposa a través de sus perfumes.

La palabra נֹפֶת viene de נפת, hervir (véase Pr 5, 3, como ha puesto de relieve Schultens) y significa miel virgen, ἄκοιτον (_acetum_, Plinio xi. 15), i.e., la miel que brota directamente de las colmenas (צוּפִים). La miel de la esposa brota de los labios con los que ella besa. Leche y miel residen bajo su lengua, que dirige a su esposo palabras de pura e intensa alegría (cf. lo contrario en Sal 140, 4).

99

Tercer acto: Introducción de la novia y matrimonio (Cnt 3, 6 – 5, 1)

Las últimas palabras del texto son un eco de Gn 27, 27, de forma que שַׂלְמָה es un eco de שָׂמַל, (שִׂמְלָה *complicare*, estar transportado, transpuesto, elevado; cf. עֶלְנָה de כְּשֻׂבָּה, עוּלָה de כְּבָשָׂה). Así como el vestido de Jacob traía para su anciano padre la fragancia del campo que Dios había bendecido, de igual manera los vestidos de Sulamitis exhalaban para Salomón la fragancia pura y sin mancha de su esposa que venía de los bosques y montañas del norte con el sabor y perfume tonificante y vigorizante de los aromas del Líbano (cf. Os 4, 7). Los vestidos de la novia traían consigo la fragancia de las hierbas y de los árboles del Líbano, especialmente el aroma balsámico de los frutos y flores del cedro.

4, 12

[12] גַּן ׀ נָעוּל אֲחֹתִי כַלָּה גַּל נָעוּל מַעְיָן חָתוּם:

[12] Huerto cerrado eres, hermana mía, esposa mía;
fuente cerrada, fuente sellada.

Esta es una alabanza de tipo sensitivo, pero tiene una profunda consagración o ratificación moral. La palabra גַּן (que según la norma es masculina, Böttcher §658) pone de relieve el jardín como lugar cerrado. Por su parte גַּל (en otros pasajes גֻּלָּה) es la fuente (sinónimo de מַבּוּע), como olas burbujeando (cf. Am 5, 24) y מֵעִין es el lugar de donde brota el agua, como si fuera un ojo de la tierra del que brota a borbotones el agua.

Lutero distingue rectamente entre *gan* y *gal* (jardín y fuente). Por el contrario, todos los traductores antiguos (incluso el veneciano) confunden las dos palabras, como si en ambos pusiera גַּן , *gan* (huerto, jardín) y en el segundo no pusiera גַּל, que es manantial de agua, dentro del jardín, sinónimo de מַעְיָן que es fuente, ojo del que mana el agua. El *pasek* entre *gan* y *nā'ul* y entre *gal* y *nā'ul* está puesto precisamente para separar los dos nombres (huerto cerrado y fuente cerrada), como en 2Cr 2, 9 y Cnt 2, 7, para asegurar así la independencia de los dos sonidos que están indicando palabras distintas pero relacionadas —huerto y fuente— (cf. Neh 2, 2, con los dos *mem*). Ese es un *pasek* ortofónico del que he tratado en Cnt 2, 7. Aquí no podemos precisar con más detalles el sentido original de "fuente sellada", cerrada (*fons signatus*), del huerto de la amada, si es que se refiere a una fuente que Salomón había construido en la parte alta de la ciudad y del lugar del templo (cf. Zschocke, *Tübinger Quartalschrift*, 1867, 3). Nadie puede entrar en un jardín cerrado, ni beber del agua de una fuente sellada, sino solo su legítimo propietario.

Por otra parte, una fuente sellada estaba asegurada en contra de todo tipo de impureza. De esa forma, la amada de Salomón resulta inaccesible a todo lo

Escena 2 (Cnt 4, 1 – 5, 1)

que pueda mancharla, su pureza no puede estar amenazada, ni su persona perder su carácter sagrado.[16] Este jardín de la amada está así adornado con la riqueza de las flores y de los frutos que allí maduran en su vida, defendida frente a todos los riesgos del mundo y de sus placeres.

4, 13-14

13 שְׁלָחַיִךְ פַּרְדֵּס רִמּוֹנִים עִם פְּרִי מְגָדִים כְּפָרִים עִם־נְרָדִים:

14 נֵרְדְּ ׀ וְכַרְכֹּם קָנֶה וְקִנָּמוֹן עִם כָּל־עֲצֵי לְבוֹנָה מֹר וַאֲהָלוֹת עִם כָּל־רָאשֵׁי בְשָׂמִים:

[13] Tus renuevos son paraíso de granados, con frutos suaves.

Con flores de alheña y nardos;

[14] Nardo y azafrán, caña aromática y canela,

con todos los árboles de incienso;

mirra y áloe, con todas las principales especias aromáticas.

El tema común de todo lo que sigue, hasta Cnt 4, 15 inclusive, es שְׁלָחַיִךְ, *lo que de ti brota* (tus ramas y frutos), en sentido simbólico, como designación figurada de las virtudes o cualidades de Sulamitis que pueden compararse y se comparan con plantas aromáticas, que expresan el sentido de su personalidad (Böttcher). Así dice Rocke: "Me gustaría conocer el significado de todas estas flores y frutos, teniendo en cuenta el sentido figurado que ellas reciben en Oriente, para así expresar el lenguaje de las flores del amor, con su interpretación más hermosa".

También en la antigua poesía alemana *blumen brechen*, romper flores, tenía el significado de "gozar el amor". Las flores y los frutos que aquí se nombran son figuras de aquello que la *amata* ofrece a su *amator* (la amada a su amante). La mayoría de las plantas que aquí se nombran son exóticas.

פַּרְדֵּס (cerrar alrededor, circunvalación, cerrado/cerramiento) es un jardín, (un פַּרְדֵּס *pardes*, paraíso) especialmente con plantas de tipo ornamental, oloroso parque. Esta es una antigua palabra persa, cuyo sentido, siguiendo la exposición de Spiegel, hemos dado por vez primera en nuestro comentario del Cantar de 1851. En esa línea, el paraíso de Gn 2, plantado por Dios en el principio, para Adán, se interpreta aquí como la mujer amada.

La palabra פַּרְדֵּס, *pardes*, viene de *pairi* = περί y de *dêz*, raíz *diz*, altura (valla o montón) y tiene un sentido básico (Justi, *Handb. Der Zendsprache*, p. 180) que puede vincularse con el árabe *mejd*, alabanza, honor, excelencia (cf. Volck, *Deuteronomio* 33, 13), en la línea de *fructus laudum*, frutos que pueden

---

16. La palabra sello, חותם, se utiliza directamente en relación a todo lo referido a la conducta de una doncella, de una mujer. Cf. Perles, *Etymol. Studien* (1871), p. 67.

101

Tercer acto: Introducción de la novia y matrimonio (Cnt 3, 6 – 5, 1)

ser alabados, *lautitiarum*, excelentes, preciosos frutos, que en un lenguaje más moderno se llaman simplemente מגדים (*Shabbath* 127b, מינימגדים, preciosos; cf. Syr. *magdo*, frutos secos y endulzados para ser comidos como golosinas).

Por lo que respecta a כפר véase Cnt 1, 14. Sobre מר, cf. Cnt 1, 13. Finalmente, sobre נרד, cf. Cnt 1,12. La vocal de גֵרְךְ corresponde a la forma persa de *nârd*, que significa nardo, en hindú *nalada* (lo que produce fragancia). En vez de נרדים, Grätz lee ירדים, rosas, pensando que el poeta no habría utilizado dos veces la misma palabra "nardo". Esa conjetura es hermosa pero, conforme a nuestro juicio (pensando que el poema es del mismo Salomón), resulta inconsistente y va en contra del hecho de que las rosas no habían llegado todavía, en aquel tiempo, a Palestina (cf. *Coment.* Cnt 2, 1) y además resulta innecesaria, pues la descripción va avanzando paso a paso, de un modo rítmico.

כרכם es el *crocus stativus*, el auténtico azafrán de la India, un tipo de pétalos de flor que, al secarse, se utilizan no solo como colorante, sino como especie aromática, de color amarillento. El nombre כרוכם (en persa *karkam*, árabe *karkum*), viene originalmente de la India, del sánscrito *kunkuma*. Por su parte, קנה, *qana*, es un tipo de caña (viene de קנה, raíz *qn*, elevarse, en sentido intransitivo)[17] que puede ser también "caña dulce", *acorus calamus*, que crece ahora en zonas pantanosas, pero que es autóctona de oriente.

Por su parte, קנמון es el *laurus cinnamomum*, árbol autóctono de la costa oriental de África y de Ceilán, que más tarde se ha implantado también en las Antillas. Pertenece a la familia de las *laurineae*, cuya corteza interior, pelada y enrollada, es la canela (en francés *cannelle*), en arameo קונמא, en griego κιννάμοομον y κίνναμον, en latín (cf. Plinio, libro 12) *cinnamomum* y *cinnamum*, forma que puede intercambiarse con קנם que es probablemente una formación secundaria de קנה (como בם בם de donde viene במה, de בא), que se relaciona también con el siríaco

---

17. En este sentido general de "caña" (arundo), esta palabra aparece también en griego y en latín κάνναι (κάναι), junco, como en esteras de junco o en κάνεον κάναστρον, una cesta de mimbre, *canna, canistrum*, sin ninguna referencia a la raíz indogermana y sin adquirir el sentido específico de planta aromática (véase Lassen, *Ind. Alterthumsk.* I, p. 334s). Por su parte, *Furrer*, en Schenkel, *Bib. Lex*, piensa que אהלות forma parte de las *liliaceae*, plantas autóctonas de Palestina y de Arabia llamadas también *aloë*. Pero el fuerte purgativo que se extrae de las hojas de esa planta no tiene olor aromático, y no está probado que el verbo אחל (brillar) del que *Furrer*, quiere derivar *áloe*, exista realmente. Cf. además la *Lex* del códice de Petersburgo, según la cual esta planta forma parte de *amyrisa gallocha* y de la *aquilariaa gallocha*, pero no de la *liliaceae*. Por otra parte, Furrer inventa una *Adlerholz* ("madera del águila") de la que no se tiene noticia. Lo que existe más bien es una *Paradiesholz*, un tipo de árbol o bosque de árboles del paraíso (véase *Bereshith rabba*), que el tratar de las *Dioskorides* dice que esta madera θυμιᾶται ἀντὶ λιβανωτοῦ (tiene un olor como el del incienso). Lo que es común al áloe del lirio y al incienso es el gusto amargo de uno y el carácter resinoso del otro. De eso proviene un proverbio que dice: *amarru min eş - şabir*, más amargo que el áloe, y otro que dice *es - sabr sabir* (el áloe y el jugo del áloe es de poco gusto, poco sabroso).

qenûmāʾ, ὑπόστασις, y con el talmúdico/targúmico קֹנוֹמְקוֹנָם, un tipo de juramento (cf. קִים). Según eso, el nombre de cinamomo, con el que el producto de esa planta fue introducido en occidente, se relacionaba con la corteza enrollada de la canela.

La palabra nardo se refiere a los diversos tipos de nardo y su perfume, que provenía quizá de la India y de otros países de oriente a los que alude Estrabón. En esa línea, todos los tipos de árboles de incienso se refieren, sin duda, a los diversos tipos de árboles de incienso de la zona indoárabe, árboles de incienso y de resinas olorosas. El nombre viene de las semillas blancas de las que se extraen la resina olorosa, en árabe *lubân*, incienso y benjuí, la resina de los árboles del tipo "estoraque" (לבנה). Los griegos les llaman λίβανος, λιβανωτός, en latín y en las lenguas latinas "incienso", voz derivada del griego θύω, en el sentido de quemar.

La palabra אהלות o אהלים para áloe (que de manera sorprendente fue utilizada ya por Balaam, Nm 24, 6) proviene del antiguo hindú y se traduce por *agaru* o *aguru*. Es la palabra utilizada para indicar la madera aromática del árbol del áloe (*aloë xylon agallochum*), especialmente de su raíz seca (*agallochum* o *lignum aloës*, ξυλαλόη) a la que alude el Targum traduciendo nuestro texto: אלואינאכסיל, áloe de la raíz del árbol, planta que viene de una zona lejana de la India.

Como en todos los demás lugares, la partícula עם conecta o vincula cosas (cf. Cnt 5, 1; 1, 11; Sal 87, 4; 1Sa 16, 12). La frase conclusiva (וגוכלׄר, *cum praestantissimis quibusque aromatibus*, con todos los restantes aromas) es una forma poética de decir *etcétera*. La palabra ראש, con genitivo de objeto, está refiriéndose a una cosa cuyo valor se estima mucho, como en francés, cuando se alude a la mejor calidad (*meilleure qualité*), como dice el Talmud al afirmar que alguna cosa es אלפא, ἄλφα, *i.e.* el número uno o más importante de las cosas semejantes. En un sentido semejante, Ez 27, 22 se refiere a algo que es cabeza (ראש) o culminación de todas las cosas de su especie. A partir de aquí, el panegírico de la mujer retoma el motivo de la fuente.

4, 15

מַעְיַן גַּנִּים בְּאֵר מַיִם חַיִּים וְנֹזְלִים מִן־לְבָנוֹן׃ [15]

[15] La fuente de los huertos, pozo de aguas vivas,
que descienden del Líbano.

El *tertium comparationis* o elemento comparativo era en Cnt 4, 12 el hecho de vincular encerrar (la amada era un huerto cerrado). Aquí es su vida interior (fuente, pozo) y su actividad exterior (corrientes de agua). La fuente del jardín (גנים, con plural de categoría, de importancia) está al servicio de las camas o macizos de plantas que crecen en su entorno; ella tiene en el jardín su propia esfera de influencia.

Tercer acto: Introducción de la novia y matrimonio (Cnt 3, 6 – 5, 1)

Un pozo de agua viva es aquel que tiene agua propia, que se puede distribuir por todo el jardín. Por su parte, conforme al uso semítico del lenguaje, aquí se alude a descender, bajar, como el agua que se expande desde la fuente hacia todo el jardín (cf. Pr 5, 15). En una línea semejante, se utilizan en árabe otras palabras como *sar* y *sal* (que tienen el mismo sentido, con la *lamba* de *sal* convertida en *ro* de *sar*), para poner de relieve la suavidad del agua que empieza bajando de un modo impetuoso y que después se desliza suavemente. Así, las corrientes que bajan del Líbano descienden con rapidez, y mientras se mantienen en zonas cercanas a la nieve, sus aguas son frescas y claras como el cristal, para después seguir con más suavidad en las zonas bajas.

Todas estas figuras entendidas de un modo material resultarían insípidas, pero son muy apropiadas y fácilmente comprensibles, de modo que puede evocarse en este contexto de un modo totalmente natural la palabra de Jesús que dice que del interior del creyente brotarán corrientes de agua viva (Jn 7, 38).

4, 16

16 עוּרִי צָפוֹן וּבוֹאִי תֵימָן הָפִיחִי גַנִּי יִזְּלוּ בְשָׂמָיו יָבֹא דוֹדִי לְגַנּוֹ וְיֹאכַל פְּרִי מְגָדָיו:

¹⁶ Levántate, Aquilón, y ven, Austro;
soplad en mi huerto, despréndanse sus aromas.
Venga mi amado a su huerto,
y coma de su dulce fruta.

La alabanza del rey es para Sulamitis una prueba del amor que él le tiene, una prueba del amor que busca una respuesta. Pero tal como es, ella se cree todavía indigna del amor de su amante. Su misma modestia le dice que ella necesita prepararse para cuando él venga, una preparación realizada por el soplo del aliento de Dios, tanto en sentido natural como en sentido espiritual.

Que se despierte el viento norte, que se apresure el viento sur (תֵימָן y צָפוֹן), que broten en mi jardín y que hagan surgir sus frutos, que son preciosos para él. Los nombres del norte y del sur están indicando no solo unas regiones geográficas, sino los vientos que provienen de ellas, y que se utilizan en género femenino, al igual que en Is 43, 6. El viento este es el קדים, que aquí no se menciona porque son conocidas sus propiedades destructivas para las plantas, como se pone de relieve en Job 27, 21.

El viento norte trae frío, y llega a producir hielo. Por el contrario, el viento sur es caliente (cf. Lc 12, 55). Si el frío y el calor, si la frescura y la sensualidad se alternan en tiempos apropiados, entonces se asegura el crecimiento de las plantas. Por otra parte, si el viento sopla en el jardín, por un tiempo en una dirección y por otro tiempo en la otra, pero no de manera tan violenta que derribe los árboles del bosque, sino de manera suave y poderosa, pudiendo así ser soportado por el jardín, entonces se esparcen todas las fragancias del jardín, que se convierte de esa forma en un mar de perfumes.

Entonces el mismo jardín brota, estalla, emite olores, porque פח = árabe *fakh, fah* (cf. *fawh*, pl. *afwâh*), significa aromas dulces, fragancia de plantas, como en היומרוח, de Gn 3, 8. Esta experiencia puede expresarse diciendo que, al mediodía, el mismo día, "brota", florece, se vuelve refrescante, conforme indica el causativo הפיחי, con acusativo de objeto. En esa línea, se puede decir que el mismo jardín respira y emite su fragancia.

La palabra נזל se aplica aquí a los olores que se liberaran de las plantas, emitiendo sus aromas, como si fueran esparcidos por ondas y olas de aire. En esa línea, Sulamitis desea que en ella se exprese y se cumpla todo lo que es digno de amor. Todo aquello que hicieron otras personas, preparando a Ester para su encuentro con el rey Asuero (Est 2, 12), Sulamitis se lo pide a los vientos para que ellos mismos lo realicen en ella, es decir, en su jardín. El aire aparece así, como expresión del aliento de la respiración de la naturaleza que de esa manera sustenta y da fuerza a todos los seres creados. De esa forma, si ella está así, preparada para aquel que la ama, es decir, para aquel a quien ella ama, él, su amante rey, podrá entrar en su jardín y gozar de todos los preciosos frutos que le pertenecen. De esa forma, con palabras de tan grande y tan gentil ternura, con una pureza infantil muy grande, Sulamitis podrá entregarse a sí misma a su amado.

5, 1

¹ בָּאתִי לְגַנִּי אֲחֹתִי כַלָּה אָרִיתִי מוֹרִי עִם־ בְּשָׂמִי אָכַלְתִּי יַעְרִי עִם־ דִּבְשִׁי שָׁתִיתִי יֵינִי עִם־ חֲלָבִי אִכְלוּ רֵעִים שְׁתוּ וְשִׁכְרוּ דּוֹדִים: ס

¹ Yo vine a mi huerto, oh hermana, esposa mía;
he recogido mi mirra y mis aromas;
he comido mi panal y mi miel,
he bebido mi vino y mi leche,
comed, amigos; bebed en abundancia, oh amados.

Ella se entrega a él y él la acepta y de esa forma pueden alcanzar el gozo mutuo de la posesión y de la vida compartida. La exclamación de Salomón se conecta inmediatamente con las palabras de Sulamitis en Cnt 4, 15. Influenciado por aquellas palabras en las que Sulamitis expresaba el ardor de su amor y de su humildad, Salomón expresa ahora su triunfo, tras haberla abrazado, diciendo que ella es su posesión inalienable. Esta exclamación está indicando la unión de amor con la que

Tercer acto: Introducción de la novia y matrimonio (Cnt 3, 6 – 5, 1)

culmina el matrimonio, siguiendo el camino de los desposorios, el cumplimiento de la relación sexual dentro de los límites fijados por la moralidad.

La expresión poética יבאת ילגנ está vinculándose a אלבוא, es decir, a entraré, que se utiliza de la entrada de un hombre en la estancia de una mujer, con la que se compara la expresión árabe *dakhalbihā* (él entró en ella), referida a la introducción del hombre en la habitación de su esposa. El camino por el que Salomón alcanzó su plena y total posesión de ella no fue corto, sino que, especialmente para su gran deseo, fue muy alargado. Pero finalmente él ha triunfado, logrando encontrar y disfrutar el gozo final de su ardiente deseo.

Este es un gozo final, alcanzado al haber cumplido el camino, dentro del orden de la ley de Dios, un gozo que no deja lugar para reproche alguno, un gozo que es agradable, mirado incluso en referencia a todo el camino recorrido. Su nueva palabra (he entrado en mi jardín) está evocando el placer de todo el camino recorrido.

Ginsburg y otros traducen de un modo incorrecto "yo estoy viniendo" (estoy entrando), pero esa traducción exigiría que las palabras del texto hubieran sido distintas. La serie de perfectos comenzando con באתי solo puede entenderse de un modo retrospectivo. El jardín es Sulamitis, como hemos visto en Cnt 4, 12, ella misma en la plenitud de sus atracciones personales y espirituales, como dice Cnt 4, 16 (cf. כרמי, Cnt 1, 6), de manera que Salomón puede llamarla "mi hermana-esposa". El jardín es, por tanto, suyo, de Salomón, por virtud de su derecho, humano y divino, de manera que él puede tomar posesión de sus costosas y divinas flores.

La palabra ארה (que se utiliza en el dialecto de la Misná para tomar o cosechar los higos) significa tomar, cosechar, gustar el amor. La traducción etíope pone *ararkukarbê*, he arrancado, he tomado la mirra, pues el texto de fondo pone *arara* en lugar de ארה. La palabra מישׁב toma aquí el sentido de שׁבם.

Mientras בשׂם, con su plural *besâmim*, denota fragancia en general, aunque de un modo especial solo fragancia de bálsamo, la palabra *bāsām* (בְּשָׂמִי = árabe *bashâm*, mi bálsamo, mi mirra, es el nombre propio utilizado para el árbol de la mira (el bálsamo de la Meca), *amyris opobalsamum* que, como dice Forskal, es autóctono o indígena de la zona montañosa del Yemen, en Arabia del Sur, donde recibe también el nombre de *balsaman*. Esa palabra, en su forma alargada, se introdujo también en el oeste de las lenguas semitas, para volver de nuevo en sus formas variadas al este como בלסמון, אפופלסמון (en siríaco *afrusomo*).

Bálsamo y otras especias fueron traídas en abundancia al rey Salomón como regalo por la reina de Saba (1Re 10, 10). Las célebres plantaciones de bálsamo de Jericó (véase Winer, *Real-W.*) que siguieron estando en producción hasta el período romano, pueden haber surgido a través de las relaciones amistosas que Salomón mantuvo con la rica reina de Saba, al sur de Arabia. En vez del áloe de la

India, Cnt 4, 14 está aludiendo al bálsamo del Yemen, que aquí aparece conectado con la mirra como figura de la generosidad y excelencia de Sulamitis. Las acciones de recoger el fruto, de comer y de beber son descripciones intercambiables del gozo del amor.

Salomón decía en Cnt 4, 11: "miel y leche están bajo tu lengua", es decir, en tu beso. Aquí aparece יער, que tiene el mismo sentido que יערה en 1Sa 14, 27, y se refiere al *favus* o las celdas que contienen la miel, una designación que quizá evoca la condición porosa de los canales de miel (véase Wetstein. *Zeitsch. für allgem. Erdkunde*, 1859, p. 123).

Con la leche y miel de esta comida se combina el vino de la mejor calidad, con el que Cnt 7, 10 compara el paladar de Sulamitis. Leche y miel unidos forman la οἰνό-γαλα (=hidromiel), que Chloe ofrece a Daphnis (Longus, i. 23). En este momento, Salomón y su canto se elevan hasta la altura suprema de la felicidad, pero indicando que el gozo al que aquí se alude es el deleite y satisfacción más alta del amor que el salmista (cf. Sal 19, 6) transfiere y aplica al rostro del sol que se eleva con palabras de casta pureza. Este es el gozo que nunca abandona al amor, pues está vinculado con la suprema estima de Salomón por su amada y con la plenitud y mantenimiento de la mutua dignidad personal.

Por eso, las palabras de Cnt 5, 1 no pueden tomarse como dirigidas a los huéspedes que vienen o que están presentes, sino a la misma Sulamitis. Entre Cnt 4, 15 y 5, 1 ha pasado la noche de bodas. Las palabras de Cnt 5, 1 son del propio Salomón y están dirigidas a su esposa que ahora ha venido a convertirse en plenamente suya. El saludo a los huéspedes de la fiesta se expresa en el segundo día del matrimonio, una celebración que según la antigua costumbre de Gn 29, 28 y Jue 14, 12 se extendía a lo largo de siete días (como los siete días de la nueva creación), un tema que aparece también en Tob 11, 18. El carácter dramático del Cantar hace que se pasen por alto con rapidez las pausas, de manera que el tiempo de la boda parezca continuo, sin paradas.

Conforme a la opinión de Hengstenberg, el plural de דודים significa siempre amor (en alemán *Liebe*), tanto en Pr 7, 18 como aquí: "Comed, amigos, embriagaos, y bebed en amor". De todas formas, la invitación *inebriamini amoribus* (embriagaos de amores) tiene sentido si la dirigen los huéspedes a la pareja casada, pero no si está dirigida a los huéspedes, que son acompañantes del matrimonio. En esa línea, podemos decir רוהדדים, pero no שכרדו, pues *shakar* se emplea siempre con acusativo. Por eso, ninguno de los traductores antiguos (con la única excepción del griego veneciano que pone μεθύσθητε ἔρωσιν (embriagaos amados) entienden *dodim* en el sentido de "amados", a pesar de que en los restantes casos esa palabra significa "casados" en sentido personal (matrimonial).

רעים y דח son aquí el plural de las palabras que en todos los restantes casos aparecen como רע y דוד (amigo y amado), por ejemplo, en Cnt 5, 16, conforme

Tercer acto: Introducción de la novia y matrimonio (Cnt 3, 6 – 5, 1)

a lo cual van con acento, como en Cnt 5, 16, en contra de Cnt 4, 16. Los que están reunidos para la boda son los amigos y simpatizantes que comparten los placeres de la fiesta centrada en el matrimonio de Salomón con Sulamitis. De esa manera, el Cantar ha alcanzado su clímax con esta fiesta de las bodas de Salomón y Sulamitis, que se abre a todos los que comparten el gozo de su matrimonio (como en las bodas de Caná de Galilea, Jn 2).

Ni el mismo Pablo hubiera dudado, tras Ef 5, 31, en aplicar aquí una interpretación mística al tema. Según eso, sobre el antitipo de la pareja matrimonial se habría dicho: "Han llegado las bodas del Cordero y su esposa se ha preparado, se ha embellecido" (Ap 19, 9). Y dirigiéndose a los que comparten el banquete matrimonial se añade: "Benditos son los invitados para la cena de las bodas del Cordero" (Ap 19, 9).

CUARTO ACTO:
AMOR DESDEÑADO, PERO QUE VENCE DE NUEVO
(Cnt 5, 2 – 6, 9)

Escena 1: Cantares 5, 2 – 6, 3

Este acto nos lleva de nuevo al tiempo en que había comenzado por primera vez la relación de Salomón con Sulamitis. Esta escena no se sitúa, por tanto, en el tiempo del primer amor (en el campo), sino en el de la vida matrimonial de los esposos, cuando el ardor o afecto del matrimonio se pudo mantener con toda su fuerza, sin impedimentos.

Esto resulta evidente por el hecho de que en los dos primeros actos a la amada se le llama *rayahi*, mi amada, y en el tercer acto *kala* (esposa) y *ahoti-kala* (mi hermana-esposa). Pero ahora en el 4º acto no se le llama *rayahi*, ni oímos más la palabra *kala*, ni *ahoti-kala,* sino simplemente hermana, *ahoti*, un título que contribuye a elevar la relación, a idealizarla y a darle un sentido místico.[1]

Aquí tenemos una visión de la vida de los amantes después de que su matrimonio ha sido ya celebrado y solemnizado. En este momento, después de estar ya casada, Sulamitis tiene un sueño como aquel que tuvo en Cnt 3, 1-4 antes de haber alcanzado el matrimonio. Pero estos sueños, en vez de parecerse (aunque tienen alguna semejanza) son distintos, como muestra su cumplimiento.

---

1. Apenas hay otro ejemplo en el que el marido llame a su esposa "hermana", a no ser en el texto apócrifo de Ester 5, 6, donde Asuero dice a Ester: "¿Qué te pasa, Ester no soy yo tu hermano?". Son todavía más cercanas y análogas las palabras de Tob 7, 12: desde ahora tú eres su hermano, y ella es tu hermana. De todas maneras, aquí esta relación de fraternidad/sororidad se identifica con la relación del matrimonio. En latín, la palabra *sóror* significa muchas veces amante, más que *uxor*. Pero en el caso del Cantar, la palabra *ahoti*, mi hermana, resulta ambigua, pues ella viene vinculada con *callathi* (mi nuera).

Cuarto acto: Amor desdeñado, pero que vence de nuevo (Cnt 5, 2 – 6, 9)

En el primer sueño, Sulamitis busca a su amado y habiéndole encontrado le agarra y sujeta con fuerza. Aquí, en cambio, ella le busca y no le encuentra. Ya he mostrado en mi comentario a Cnt 3, 14, que lo que allí se decía resulta inconcebible en la vida real, pues se trataba de un sueño. Aquí se añade que lo que sucede en esta escena de encuentro frustrado ocurre también en un sueño, poniendo así de relieve la relación entre amor y sueño.

5, 2

2   אֲנִי יְשֵׁנָה וְלִבִּי עֵר קוֹל ׀ דּוֹדִי דוֹפֵק פִּתְחִי־ לִּי אֲחֹתִי רַעְיָתִי יוֹנָתִי תַמָּתִי שֶׁרֹאשִׁי
נִמְלָא־ טָל קְוֻצּוֹתַי רְסִיסֵי לָיְלָה:

² Yo dormía, pero mi corazón velaba.
Es la voz de mi amado que llama:
ábreme, hermana mía, amiga mía, paloma mía, perfecta mía.
Porque mi cabeza está llena de rocío,
mis cabellos empapados de las gotas de la noche.

Las frases de participio de sustantivo, como esta de Cnt 5, 2, indican las circunstancias bajo las cuales sucede aquello de lo que se habla. En la frase principal, en prosa histórica, se habría utilizado un lenguaje directo. En este caso, en cambio, dada la vivacidad dramática de la descripción, se emplea un lenguaje indirecto: *vocem = ausculta* (se escucha una voz, mi amado, קְפֹדוּ יְדוֹד לוֹק, con el genitivo siguiente y con una palabra que indica lo que dice el amado (como en Gn 4, 10; Jer 10, 22; 1Re 14, 6).[2] Hablar estando dormida significa soñar, porque no se puede dormir manteniendo la conciencia despierta. Mientras se duerme, el pensamiento permanece a oscuras o se proyecta en forma de sueños. La palabra עֵר = *'awir* está formada a partir de עוּר, estar despierto (esta es una raíz emparentada con el ario *gar*, que aparece en términos como γρηγορεῖν, ἐγείρειν), de la misma forma que מֵת = *mawith* de מוּת. La שֶׁ tiene aquí el sentido explicativo, como en el idioma alemán *dieweil* (porque), como *asher* en Ec 6, 12; 8, 15.

La ה con *dag*, como aparece varias veces en otros lugares (véase en Pr 3, 8; 14, 10) es una de las inconsistencias del sistema de puntuación que en otras

---

2. La palabra דוֹפֵק significa *llamando*, golpeando a la puerta. Esa palabra no es un atributo de דוֹדִי (mi amado), palabra que se utiliza después, como interpreta la traducción de Beirut: "Escucha, amada mía, en qué condición te estoy llamado". Por otra parte, דּוֹדדוֹפֵק significa "un amado llamando", una expresión que también se dice en acusativo. Pero "escucha a un amado llamando" se expresa igualmente con acusativo. En lenguaje clásico, la designación del sujeto indeterminado se coloca antes del sujeto, como: "A la puerta estaba un amado llamando".

Escena 1 (Cnt 5, 2 – 6, 3)

circunstancias no dobla esa letra. Quizá es una reliquia del sistema de escritura babilónica, que responde mejor al carácter lingual de la ר no del sistema de los masoretas de Tiberias, que tomaron esa letra como semigutural.

קוצה, un mechón de pelo, de קץ = קיץ, *abscîdit*, cortar, en analogía con קציר en el sentido de ramo, de קצר *desecuit*. Ese nombre se aplica a la parte de un conjunto que se separa de la totalidad, sin hacerle daño o destruirlo (cf. juramento de una mujer de Egipto: *la ḥajât muḳṣuʾsi*, por la vida de mi parte separada, es decir, de mis mechones. Lane, *Egypt*, etc., I, 38). Ese sentido de la partícula de la palabra sobrevive en el dialecto del Talmud.

De un joven muchacho, que quería hacerse nazireo, se dice en *Nedarim* 9a lo mismo que se dice en que *Jer. Hodajoth* iii, sobre un hombre que era prostituto en Roma: sus mechones de pelo estaban dispuestos en masas separadas, como unos montones junto a otros. En *Bereshith rabba* c. lxv. (Gn 27, 11), קוץ, de pelo rizado, se opone a קרח, cabeza calva. Por su parte, en siríaco, la palabra *ḳauṣoto* es el nombre que se da a los mechones de pelo para traducir la palabra hebrea קוצות, como indica la *exapla* siríaca de Job 16, 12, lo mismo que el griego κόμη.

טל, de טלל, (en árabe *ṭll*) es humedecer, por ejemplo, el suelo, en el sentido de gotear, como podría hacerlo la sangre.[3] En árabe, esa palabra se aplica a la llovizna, en hebreo al rocío, es decir (espolvorear, rociar, רסס de רסיסי), a las gotas de humedad que quedan de la noche, gotas de agua que se forman en la noche a través de la precipitación del aire húmedo, que se convierte en partículas de agua porque no puede llegar a convertirse en hielo, pues no hace frío suficiente para ello.

De esa forma sueña Sulamitis, pensando que su amado la busca y pide un lugar a su lado en la noche. Él viene de un largo viaje en la oscuridad y con las más tiernas palabras llama y espera a la puerta, aguardando que la amada le abra sin tardanza. De esa manera, se dirige a ella llamándola mi hermana, pues tiene la misma dignidad que él, como hermana con hermano. Las palabras "mi amor, mi amado" (רע) están refiriéndose a alguien libremente escogido para mantener una relación de intimidad con él. Estas son las cuatro palabras con las que se dirige a ella en el sueño: יוֹנָתִי תַמָּתִי רַעְיָתִי אֲחֹתִי hermana mía, amada mía, paloma mía, perfecta mía.

También le llama "mi paloma" para indicar que él (Salomón) la ama, aprecia mucho, a causa de su pureza, simplicidad y amabilidad. El significado de la cuarta designación, תמתי, tiene en árabe el sentido de ser "totalmente devota",

---

3. Conforme a su primera idea, קוצות es romper en pequeñas piezas aquello que es sólido o fluido. En esa línea, רסיסים significa piezas rotas. A esa raíz pertenece también el árabe *rashh*, filtrarse, sudar, humedecer, por ejemplo, la lengua, tomando un trago de leche, como en etíope *raséḥa*, humedecer para teñir un tejido. A las gotas difundidas, por ejemplo, con una brocha, los árabes les llaman *rashaḥât*. En los escritos místicos *rashaḥât el-uns* (gotas de rocío de intimidad) son las visiones gratuitas esporádicas de la divinidad.

Cuarto acto: Amor desdeñado, pero que vence de nuevo (Cnt 5, 2 – 6, 9)

es decir, *teim*, una persona perfecta, entregada, como amante y servidora, como *mutajjam*, alguien que me ama de forma total (por encima de toda vacilación). Al llamarla así, su *tmty*, él está indicando que el amor que ella tiene por él es perfecto, sin división alguna, sin evasión, sin reserva.

5, 3

פָּשַׁטְתִּי אֶת־ כֻּתָּנְתִּי אֵיכָכָה אֶלְבָּשֶׁנָּה רָחַצְתִּי אֶת־ רַגְלַי אֵיכָכָה אֲטַנְּפֵם: ³

³ Me he desnudado de mi ropa ¿cómo me he de vestir?
He lavado mis pies ¿cómo los he de ensuciar?

Ella se encuentra ya desnuda en la cama. כֻּתֹּנֶת es el χιτών que uno se pone sobre el cuerpo. Es palabra viene de כְּתָן, lino (distinto del árabe *kuṭun*, de donde viene en francés *coton = cotton-stuff*, y en castellano algodón). Ella se ha limpiado los pies, por lo que se supone que de día ha caminado descalza. Por eso pregunta cómo אֵיככה, utilizando dos veces esa palabra con acento en la penúltima[4] (cf. Cnt 1, 7).

Este es el sentido de su pregunta: ¿tendrá que ponerse de nuevo el vestido que se ha quitado y ha colocado al otro lado de la cama (פשׁט)? ¿Tendrá que limpiar de nuevo los pies que ella había antes manchado? (אטנפם en concordancia con el femenino רגלי en vez de אטנפן).

Sulamitis ha retomado las costumbres que ella había tenido en su casa rural antes de haberse casado. Ciertamente, ella debía haberse situado en el mismo plano del rey, que se ha rebajado para casarse con ella, atendiéndole directamente, pero en sus sueños no lo ha hecho, pues no le ha correspondido con una disponibilidad total, sin ningún tipo de excusas ni evasiones, aunque solo haya sido en sueños.

Ella no quiere tomar molestias por atender a su amado, ni hacer algo que sea desagradable para él. Ciertamente, como he dicho, esta no fue una conversación que ellos mantuvieron en realidad, estando despiertos, uno junto al otro, pero este sueño que ella tuvo respondió a su realidad más honda, no solo a la interior, sino a la de toda su vida, porque en el sueño se manifiesta aquello que es más real para nosotros, de tal manera que, por un sentido de responsabilidad y por las ocupaciones de la vida, permanecen ocultas durante nuestro tiempo de vigilia, vienen a manifestarse durante el sueño de un modo muy profundo.

---

4. Esto sucede en ככה, por ejemplo en Cant 5, 9. con la ה paragógica. En general, el tono, cuando la siguiente palabra empieza con א, pasa a la última sílaba, como en Ester 7, 6. Pero esto no se aplica en nuestro caso a porque la palabra tiene una *Tifcha disyuntiva*. Pero tampoco se aplica en הַכְּבִיא יְתְנְתָּךְ y yo pienso que ello se debe a motivos de ritmo. En contra de eso, Pinsker, *Einleitung* p. 184, quiere cambiar la acentuación, pero eso es innecesario, cf. Sal 137, 7.

Escena 1 (Cnt 5, 2 – 6, 3)

La fantasía agita entonces y saca a la luz la realidad de nuestra naturaleza, y expone ante nosotros con toda claridad cosas y actitudes de las que a menudo nos avergonzamos y alarmamos cuando estamos despiertos. Esto es lo que sucedió con Sulamitis: ella descubrió en sueños que había perdido (que estaba en riesgo de perder) su primer amor, y así tuvo que descubrirlo con preocupación, pues al volver de nuevo a su conciencia, viendo que en sueños había rechazado a su amado, no pudo ya tranquilizarse, ni buscar excusas indignas para hacerlo.

5, 4

⁴ דּוֹדִי שָׁלַח יָדוֹ מִן־הַחֹר וּמֵעַי הָמוּ עָלָיו:

⁴ Mi amado metió su mano por la abertura de la puerta,
  y se estremecieron por él mis entrañas.

La palabra הַחֹר ⁵ viene del verbo חוּר, en el sentido de pasar a través, es decir, de atravesar, como en חר (Cnt 1, 10), con חרם, árabe *kharam*, participio, con el sentido de *hendido a través*, como una ventana. En sí, esa palabra significa un hueco, también una caverna, de donde viene el nombre de los trogloditas (חרי, de Haurân, חורן), que viven en cavernas. De aquí viene también la palabra que se aplica a la habitación o hueco junto a la puerta de algunas casas (cf. *khawkht*) donde se introduce a personas que vienen de la calle antes de ser admitidos en las casas.

Estrictamente hablando, no se aplica a una ventana, sino a un hueco de la puerta situado encima de la cerradura, para asegurar el cierre de la puerta (una parte del cerrojo de la puerta). Pues bien, en nuestro caso, la amada siente que la mano del amado se introduce en su habitación por la parte superior del cerrojo, מן־החור, como si quisiera abrir la puerta, mostrando así la prisa, el gran deseo que tiene de estar con Sulamitis. Pues bien, en este momento, ella se siente íntimamente conmovida al descubrir el deseo de su esposo, al que ha respondido antes con tanta frialdad.

De esa forma, se conmueve el interior del cuerpo de la amada con los órganos que, según la idea bíblica, constituyen la sede de las más tiernas emociones, que se reflejan y expresan allí, tanto las de tipo triste como las de tipo agradable. En esa línea, se entiende la conmoción o movimiento de sus entrañas, una imagen que en Is 63, 15 se aplica al mismo Dios, que comparte en sus entrañas el dolor de los hombres en actitud de simpatía o de participación interior.

---

5. Cf. árabe *ghawr* (*ghôr*), una depresión en la tierra, y *khawr* (*khôr*), una hendidura, como si fuera una perforación. La desembocadura de un río se llama también *khôr*, porque el mar penetra en el río.

Cuarto acto: Amor desdeñado, pero que vence de nuevo (Cnt 5, 2 – 6, 9)

La frase aquí vacila entre עליו y עלי (cf. Nissel, 1662). Ambas formas son admisibles. Ciertamente, nosotros decimos en otros casos solamente *naphshi 'ālai, ruhi 'ālai, libbi 'ālai*, porque el "ego", la sensación que uno tiene de sí mismo, se distingue de su realidad tomada como substancia (cf. *System d. bibl. Psychologie*, p. 151s.). El texto pone *meai 'alai* (mis entrañas) se conmovieron, en vez "me conmoví" en las entrañas (con בקרב). Las entrañas de las que aquí se habla no tienen un sentido puramente anatómico, sino psíquico, pues son órganos del sentimiento de la persona. De todas maneras, los traductores antiguos (LXX, Targ., Syr., Jerónimo, Véneto) traducen עליו, apoyándose en manuscritos de gran autoridad (véase Norzi y de Rossi). Esa expresión resulta, además, muy apropiada: "Sus entrañas se agitan por él, sobre él, a causa de él" (בעבורו). Por eso ella quiere ahora abrir a su amado, porque se siente internamente avergonzada, descubriendo que él ha venido lleno de amor, deseando hacerla feliz.

5, 5

⁵ קַמְתִּי אֲנִי לִפְתֹּחַ לְדוֹדִי וְיָדַי נָטְפוּ־מֹור וְאֶצְבְּעֹתַי מֹור עֹבֵר עַל כַּפֹּות הַמַּנְעֽוּל׃

⁵ Yo me levanté para abrir a mi amado;
y mis manos destilaron mirra,
y mis dedos mirra líquida,
sobre los pestillos de la cerradura.

El pronombre personal אני aparece aquí sin énfasis antes del verbo con el que se relaciona. El lenguaje común de la gente disfruta con estos detalles. El libro de Oseas, obra de un profeta efraimita, viene marcado por ese estilo. La expresión עֹבֵר מֹור con la que la cláusula paralela matiza el sentido de la simple mirra o *mōr*, es la mirra que desborda y fluye, desbordando los bordes del recipiente donde se contiene, rompiendo la corteza del árbol, *balsamodendron myrrha*, o que fluye si se hace una incisión en su tronco.

Esta es la *myrrha* desbordante de la que habla Plinio (xii, 35), diciendo *cui nulla praefertur* (no hay ninguna mejor). El amante ha venido perfumado como para una fiesta y el costoso perfume con el que ha venido ungido ha desbordado de sus manos y ha quedado impreso en las manillas de la cerradura interior de la puerta (מנעול) que él quería haber abierto.

Una forma clásica de tipo paralelo aparece en Lucrecio, iv. 1171: *at lacrimans exclusus amator limina saepe floribus et sertis operit postesque superbos unguit amaracino* (pero el amante que llora, siendo rechazado del amor, cubre a menudo los umbrales del que le rechaza con flores y guirnaldas, y unge los orgullosos postes con una unción amarga).

Escena 1 (Cnt 5, 2 – 6, 3)

Böttcher plantea aquí esa cuestión a Hitzig: ¿llevó el pastor, el campesino de Engeddi, aceite con mirra? Rechazando la explicación más razonable, él supone que Sulamitis, que todavía se hallaba bajo el cuidado de Salomón, mojó su mano con el aceite de mirra a fin de refrescar a su amado, eso significa que, como persona enferma, tenía cerca de su cama la poción de aceite oloroso de ungüento.

Pero la respuesta verdadera es que el visitante nocturno no era un personaje imaginario, sino Salomón. Ella había soñado que él estaba delante de su puerta y que había llamado. Pero al no encontrar respuesta, un momento después, Salomón se había ido. Se fue sabiendo que ella no respondía ahora a su amor, se marchó de allí para poder recibirla mejor, en su plenitud de amor cuando ella quisiera.

5, 6

פָּתַחְתִּי אֲנִי לְדוֹדִי וְדוֹדִי חָמַק עָבָר נַפְשִׁי יָצְאָה בְדַבְּרוֹ בִּקַּשְׁתִּיהוּ וְלֹא מְצָאתִיהוּ קְרָאתִיו וְלֹא עָנָנִי׃ 6

> [6] Abrí yo a mi amado,
> pero mi amado se había retirado, se había ido.
> Tras su hablar salió mi alma.
> Lo busqué, y no lo hallé;
> lo llamé, y no me respondió.

Como los discípulos de Emmaús cuando el Señor había desaparecido de entre ellos se dijeron uno al otro: ¿no ardía nuestro corazón dentro de nosotros cuando él nos hablaba? Así también Sulamitis confiesa que cuando el amante le hablaba, es decir, cuando buscaba que ella le acogiera, ella estaba llena de espanto y aterrada casi hasta la muerte, pero teniendo la certeza de que se volverían a encontrar de nuevo.

Aquí no se aluce a un éxtasis de amor (ἐκστῆναι, estar fuera de sí, en contra de estar uno en sí mismo, γενέσθαι ἐνέαυτο) porque en un éxtasis de ese tipo ella hubiera corrido a encontrarle. Lo que ella sufría no era un éxtasis de amor, sino una especie de derrumbamiento del alma, tal como lo describe Terencio (*Andrya*. I 5. 16): *Oratio haec me miseram exanimavit metu* (esta palabra me hizo desmayar de miedo).

La voz de su amado la conmovió de miedo, y teniendo la conciencia de que se había alejado de él, ella no había tenido el atrevimiento de salir a su encuentro, sino que se había limitado a responderle con excusas vacías. Pero en un momento posterio,r ella reconoce con tristeza que no había respondido desde su amor más profundo y por eso, viendo que su amante había desaparecido sin que pudiera encontrarle, ella salió por la ciudad llamando y buscando al amado, a aquel a quien antes había despreciado, pero sin obtener respuesta.

Cuarto acto: Amor desdeñado, pero que vence de nuevo (Cnt 5, 2 – 6, 9)

Las palabras con las que confiesa su error (yo perdía mi alma cuando él me hablaba) son la razón por la que ahora le busca y le llama. Esas palabras no son una simple excusa secundaria, sino todo lo contrario (Zöckle). Tampoco es necesario que corrijamos aquí בְּדַבְּרוֹ, que significa "mi alma salió de mí cuando él se fue", o "mi alma salió cuando él se fue" (Ewald), o salió tras él (Hitzig, Böttcher), de דבר = árabe *dabara, tergum vertere, praeter ire* (ir en pos, ir después…). El texto dice נַפְשִׁי יָצְאָה בְדַבְּרוֹ, es decir, mi alma salió tras él, tras su palabra, como si él se hubiera escondido en la parte más íntima del templo, pues esa misma palabra, *debir*, דביר, se emplea en la Biblia para referirse a la parte interior del templo.

En este contexto, podemos recordar también que el término דבר significa actuar por detrás, con traición, con el fin de destruir a alguien, y se aplica de forma paradójica no solo a la peste, que destruye a los hombres, sino también a la palabra (dar) por la que se comunican los hombres, דבר (cf. 2Cr 22, 10 en comentario a Gn 34, 11, aunque en árabe no existe en *kal* esa palabra דבר, con significado de ese tipo).

Según Aquila, esa palabra significa irse (ἔκλινεν), y lo mismo piensan Simmaco (ἀπονεύσας) y Jerónimo (declinavera*t*). Ella significa volverse a un lado, tomar una dirección distinta, como el *hithpael* de Jer 31, 22, marcharse (cf. חמוקים, cosas entornadas, dobladas, Cnt 7, 2). Las palabras חבק y אבק (cf. Gn 32, 25), que en étiope se dicen *ḥakafa* y en amhárico *akafa* (que recuerda a נקף, *hiph.* הקיף), tienen un sentido comparable relacionado con extenderse, abarcar. Pero en nuestro caso, חמק no significa un movimiento en círculo tras algo, queriendo alcanzarlo, sino un movimiento semicircular para separarse de algo.

En esa línea, en árabe la referencia más significativa a los locos, *aḥamk*, no es la de dar vueltas en torno a algo, sino la de apartarse de algo tomando una dirección oblicua, ir de lado. En vano siguió Sulamitis a Salomón, en vano le buscó. Ella le llamó sin recibir ninguna respuesta. ענני es la forma pausal correcta de עני (véase Sal 11, 5). Pero algo peor que buscarle y llamarle en vano le pasó a Sulamitis: la encontraron los guardias de la ciudad.

5, 7

מְצָאֻנִי הַשֹּׁמְרִים הַסֹּבְבִים בָּעִיר הִכּוּנִי פְצָעוּנִי נָשְׂאוּ אֶת־רְדִידִי מֵעָלַי שֹׁמְרֵי הַחֹמוֹת׃ ⁷

> ⁷ Me hallaron los guardas que rondan la ciudad,
> me golpearon y me hirieron;
> me quitaron de encima mi manto (=mi prenda superior)
> los guardas de las murallas.

116

Escena 1 (Cnt 5, 2 – 6, 3)

No buscó a su amado en el *midbar* (campo abierto, desierto), ni en las *kepharim* (aldeas), sino עיר, "en la ciudad", una circunstancia que resulta fatal para los defensores de la hipótesis del pastor, como en el sueño anterior en el que Sulamitis rechaza a Salomón. Aquí en la ciudad la encuentran los vigías que patrullan por ella y que tienen su puesto en la muralla para vigilar a los que se aproximan a la ciudad o se alejan de ella (Is 52, 6).

Estos hombres duros, sin respeto por nadie, recuerdan a los que ya hemos visto, que solo se preocupan por las apariencias externas, y carecen de ojos y de corazón para ayudar a los que sufren o están oprimido (con הכה, de נכה, dividir, golpear, con פצע, raíz פץ, dividir, infligir heridas en la carne), y actúan de igual manera con la mujer real y con las mujeres comunes, y de esa forma tratan a Sulamitis, que tiene que darles su ropa externa (su capa) a fin de que la dejen marcharse (Gn 39, 12).

La ropa o capa superior no es el velo como en Cnt 4, 1. 3, que se llamaría *tsammā*, mientras aquí se dice el nombre רדיד. Aben Ezra dice que es como en árabe *ridâ*, una prenda exterior que se pone sobre las espaldas y que cubre la parte superior del cuerpo. Pero las palabras no tienen la misma raíz. *Ridâ* recibe ese nombre porque es una prenda que cubre todo el cuerpo hasta los pies, de manera que uno puede acostarse encima de ella. Pero la palabra hebrea *redid* (que se aplica en siríaco a la dalmática de los diáconos) viene de רדד, *hiph.* (1Re 6, 32, Targ., Talm).

En siríaco, רדד significa una prenda superior que se pone sobre el *jitón* o *cuttonĕth*. Los LXX traducen al griego de un modo apropiado (tanto aquí como en Gn 24, 46 *hatstsaiph*, de *tsa'aph*, que significa doblar), como θέριστρον, que es una capa o abrigo superior de verano.

Un pintor moderno, que representa a Sulamitis desnuda ante los vigilantes, se deja llevar por su gusto sensual, pero es incapaz de distinguir entre *tunica* y *pallium* (túnica interior, palio exterior). En ese contexto, ni Lutero que traduce esa palabra por *schleier* (*veil*), ni Jerónimo que pone *pallium* (cf. el dicho de Plauto: *túnica propior pallio est*, la túnica es más apropiada que el palio) logran poner coto a ese desbordamiento de la imaginación.

Los vigilantes de la ciudad se apoderaron de la prenda externa del vestido de Sulamitis, sin saber ni interesarse por el motivo de su viaje nocturno por las calles de la ciudad. Todo lo anterior lo había soñado Sulamitis, pero el penoso sentimiento de arrepentimiento por la separación y por el malentendido que el sueño dejó tras de sí produjo una gran impresión en su alma, como si no se hubiera tratado de un sueño, sino de una experiencia real. Por eso, separándose de los guardias de la ciudad, se dirige a las doncellas de Jerusalén diciendo:

Cuarto acto: Amor desdeñado, pero que vence de nuevo (Cnt 5, 2 – 6, 9)

5, 8

⁸ הִשְׁבַּעְתִּי אֶתְכֶם בְּנוֹת יְרוּשָׁלָ͏ֵם אִם־ תִּמְצְאוּ אֶת־ דּוֹדִי מַה־ תַּגִּידוּ לוֹ שֶׁחוֹלַת אַהֲבָה אָנִי׃

> ⁸ Yo os conjuro, oh hijas de Jerusalén, si encontráis a mi amado
> ¿qué le habéis de decir?
> ¡Que estoy enferma de amor!

La אם de אִם־ תִּמְצְאוּ no puede interpretarse aquí como partícula negativa de abjuración (Böttcher), como en Cnt 2, 7 y 3, 5 pues eso conduce a una interpretación absurda del texto. La *oratio directa* que sigue a "yo os conjuro" puede comenzar también con un אם normal, al que sigue la conclusión "decidle que estoy enferma de amor": *quod aegra sum amore*, o como traduce Jerónimo rectamente en conformidad con la idea raíz de לה: *quia amore langueo*. Por su parte, los LXX traducen: ὅτι τετρωμένη (estoy saciada, *saucia*) ἀγάπης ἐγώ εἰμι, como si la palabra original fuera חללת, de חלל.

La cuestión planteada, con la respuesta posterior, indica lo que deben responder los que, por casualidad, encuentran al amado de Sulamitis. Es como si ella hablara con un niño al que le dice al pie de la letra lo que ha de responder a los que le pregunten. Ella se dirige a las hijas de Jerusalén suponiendo que, en contra de los guardias, ellas deben mirar con simpatía su caso. Los guardias de la ciudad quieren un tipo de orden, incluso violento, por encima del amor. Por el contrario, la Sulamita piensa que las hijas de Jerusalén han de ser testigos favorables del origen y sentido de la alianza de amor que ella ha establecido con Salomón.

5, 9

⁹ מַה־ דּוֹדֵךְ מִדּוֹד הַיָּפָה בַּנָּשִׁים מַה־ דּוֹדֵךְ מִדּוֹד שֶׁכָּכָה הִשְׁבַּעְתָּנוּ׃

> ⁹ ¿Qué clase de amado es tu amado
> (¿Quién es tu amado entre los amados…?)
> oh tú la más hermosa de las mujeres?
> ¿Qué clase de amado es tu amado, que así nos conjuras?

Las hijas de Jerusalén le preguntan a Sulamitis quién/cómo es su amado entre los amados… Esa no es una pregunta que nace de la ignorancia, sino que está planteada expresamente para que Sulamitis pueda ofrecer por su boca y corazón una descripción de aquel a quien tanto ama, aunque a ella no se la considera

Escena 1 (Cnt 5, 2 – 6, 3)

digna de mantenerse cerca de él, pues también ellas lo aman, a pesar de que no se consideran dignas de estar en pie ante él.

Böttcher y Ewald piensan que אהבה ha de entenderse de un modo partitivo: ¿qué tipo de amado es tu amado, _amatus?_ (_quid amati_, como en Cicerón. _De amititia ¿quod hominis...?_). Ese es el tema de fondo: ¿quién es ese _tuus?_ ¿Qué tipo de amado es tu amigo? ¿qué tiene él que sobresalga sobre los otros amados? מה־מדודדך. Pero esa frase parece que no tiene en sí sentido, porque מה־דוד significa por sí mismo _quid amati_ ¿qué tipo de amado es tu amado? sin necesidad de compararlo con otros. Parece que el texto no insiste en mostrar la diferencia del amado de Sulamitis sobre otros amados, sino que quiere indicar qué tipo de amado es su amado para ella.

Respondiendo a esa pregunta, Sulamitis manifiesta a las hijas de Jerusalén quién y cómo es su amado: él es el más hermoso de todos los hombres. Sulamitis atribuye a su amado todo aquello que es más glorioso en el reino de la naturaleza; y no solo eso, sino que le atribuye, además, todo lo que es más hermoso en el reino del arte, ofreciendo así una visión de su apariencia externa. Todo lo que es precioso, amable y grandioso se combina en la belleza viviente de su persona.[6] Lo primero que ella ve, lo primero que ella canta, es la belleza de la mezcla de colores en el rostro de su amado.

5, 10

10 דּוֹדִי צַח וְאָדוֹם דָּגוּל מֵרְבָבָה:

[10] Mi amado es resplandeciente y sonrosado,
distinguido entre diez mil.

La raíz verbal צח tiene la idea primaria de _pureza_, y se aplica a alguien que está libre de todo aquello que perturba y rebaja a la persona. Todo lo que brota de él, todo lo que se manifiesta a partir de su raíz (de su vida) queda transformado y convertido en suprema belleza (árabe, _ṣaḥḥ_; cf. _baria_, suavidad de la piel). Su amado tiene

---

6. Hengstenberg piensa que el _eulogium_ (elogio) que ahora sigue resulta una alabaza incomprensible en el caso de que Salomón sea no solo el autor, sino también el destinatario de esta alabanza. Pero Salomón no dice estas cosas sobre sí mismo, de un modo directo, sino que las pone en boca de Sulamitis, cuyo amor él ha ganado. En ese contexto, debemos recordar que el amor idealiza a las personas. Sulamitis no ve a su amado como le ven otros, sino que le mira y le ve a través de su luz transformadora.

Cuarto acto: Amor desdeñado, pero que vence de nuevo (Cnt 5, 2 – 6, 9)

un estómago "templado" (temperado), una mente clara; en su vida se expresa la plenitud del brillo de los cielos con un tipo de la blancura deslumbrante (que se destaca con צחח, Lm 4, 7; cf. צחר). Pero, al mismo tiempo, su rostro es moreno reseco, como resultado de estar continuamente expuesto a los rayos del sol.

La palabra צח es aquí un adjetivo, derivado de צחח, como en Lm 4, 7, y se relaciona con el color blanco, לבן, casi lo mismo que λαμπρός y λευκός, de la misma raíz que *lucere* (emparentado de luz). אדום, de la misma raíz que דם, sangre, de la misma raíz que condensar, es propiamente el color rojizo/oscuro, que los turcos llaman *kujukirmesi* (de *kuju*, espeso, cerrado, oscuro), como *rouge foncé*, rojo oscuro, que proviene como he dicho de la misma raíz que דם, el nombre básico de sangre, fluido espeso, rojo, oscuro, que es la vida de los hombres.

De esa manera, Sulamitis dice, por una parte, que su amado es blanco brillante pero, al mismo tiempo, es del color de la carne, color rojizo, profundamente rojizo, el color de la sangre que colorea la carne. Eso significa que es de color blanco/sangre. El color blanco de la piel es —entre todos los colores de las razas humanas— el que mejor concuerda con la dignidad del hombre: la pura y delicada blancura de las razas caucasianas es una marca de su alto rango, de su educación superior, de su nobleza hereditaria.

Por eso, en Lm 4, 7 la aparición de los nobles de Jerusalén se compara con la blancura de la nieve y de la leche y con el color rojizo de los corales. En esa línea, Homero, en *Ilíada Il.* iv. 141, dice de Menelao que "él apareció manchado de sangre, como cuando algunas mujeres tiñen el marfil con color púrpura". Por medio de esta mezcla de blanco y rojo se muestra la plenitud de la vida y la belleza de Salomón que es דגול, distinguido, escogido, entre (sobre) miríadas de hombres.

Los antiguos traductores interpretan *dagul* como "escogido" (Aquila, Symm., Syriaco, Jerónimo, Lutero). Los LXX traducen esa palabra por ἐκλελοχισμένος, *e cohorte selectus* (selecto entre la cohorte); pero esa palabra significa "abanderado" (de *degel*, Cnt 2, 4, como traduce el griego veneciano: σεσημαιωμένος, *i.e.*, aquel que lleva la señal, *degel*), la bandera o el pendón.

Grätz toma *dagul* como el griego σημειωτός (aquel que es distinguido, que lleva la señal). רבבן está indicando un número incontable de personas. Rashi compara rectamente este número incontable con Ez 16, 7, pues los diez mil hombres no se toman aquí en sentido comparativo, como דגולים, pues la partícula *min* no es de comparación, *magis quam*, sino de prioridad, como en Gn 3, 14; Jue 5, 24; Is 52, 14, *prae*, por encima de los otros, aquel que es famoso, *conspicuo* (cf. Virgilio, *Aen.* v. 435, *prae ómnibus unum*, sobre todos y uno entre todos).

Después de esta alabanza del amado, descrito así de un modo personal por su amada, que pone de relieve la belleza de su rostro, sigue ahora una descripción detallada de su cuerpo, comenzando por la cabeza.

Escena 1 (Cnt 5, 2 – 6, 3)

5, 11

[11] רֹאשׁוֹ כֶּתֶם פָּז קְוֻצּוֹתָיו תַּלְתַּלִּים שְׁחֹרוֹת כָּעוֹרֵב׃

> [11] Su cabeza es como oro, oro puro,
> sus cabellos, como racimos de dátiles,
> negros como el cuervo.

La conexión de las palabras כֶּתֶם פָּז, que aparece únicamente aquí, es una fórmula para designar el oro de mayor calidad. Sobre el sentido de כֶּתֶם (esconder, oro escondido), de כתם, raíz כת, véanse las palabras que pertenecen a esa raíz, tal como las expongo en mi *Comentario* al Sal 87, 6. Este es el nombre que se aplica al oro más fino, que se guarda como una joya (cf. Pr 25, 12). En sentido estricto, פָּז (con *ā* larga) es oro puro, libre de aleación con otros metales, de פזז, quedar libre, generalmente liberado con fuerza (cf. *zahavmu phaz*, 1Re 10, 18, con *zahan tahor*, 2Cr 9, 17).

El Targum de los hagiógrafos traduce פז por אוברייזא (*e.g.*, Sal 119, 127) o אוברייזין(*e.g.*, Sal 19, 11), es decir, por ὄβρυζον, *i.e.*, oro que ha sido purificado por el fuego (*obrussa*), el oro de la parte superior del crisol. En sentido gramatical, la expresión *kethem paz* no es de genitivo, como *kethem ophir*, oro de Ofir, sino apositiva, como *narrah bethulah*, muchacha prometida (Dt 22, 28; *zevahim shelamim*, sacrificios pacíficos, Éx 24,5, etc.).

El punto de comparación es la imponente nobleza de la fina forma y de la distribución de la cabeza de Salomón. Describiendo los mechones de su cabello, los LXX traducen תלתלים por ἐλάται, Jerónimo por *sicut elatae palmarum*, jóvenes renuevos, jóvenes ramas de las palmeras. Ewald piensa que se trata de una forma paralela fuerte a la de זלזלים (Is 18, 5), sarmientos de la viña. Finalmente, Hitzig compara este motivo con el tema de las *Cien y una noche*, iii. 180, donde el cabello suelto de una muchacha se compara con un racimo de uvas entremezcladas. La posibilidad de este significado es indiscutible, aunque en árabe *taltalat* es una vasija hecha de la corteza interior de las ramas de palmera, pero en este caso, el nombre *taltalah*, no viene de la rama de la palmera, sino de sacudir la bebida en el interior de la garganta.

La rama de la palmera o el sarmiento de la viña se habría llamado תלתל, nombre que viene de su movimiento pendular, *pendulum esse*, colgar suavemente, con un movimiento ondulante, תלה, *pendere*. La traducción siríaca piensa también en תלה, porque pone "extendiéndose", como si los cabellos descendieran en oleadas desde la cabeza hasta los hombros.

El punto de comparación sería la frescura y flexibilidad de la abundante cabellera, a diferencia de una cabellera que pareciera hueca y no tuviera movimiento.

Cuarto acto: Amor desdeñado, pero que vence de nuevo (Cnt 5, 2 – 6, 9)

Se podría pensar en el dios Júpiter, del que se dice que cuando sacudía su cabellera se movían los cielos y la tierra. Pero, en contra de esa interpretación, dos hechos:

— Hay otros nombres para indicar las ramas de las palmeras y los sarmientos de las viñas. Las ramas de las palmeras se llaman en Cnt 7, 9 *sansinnim*. תלתלים se refiere sin duda a la cabellera, pero no en el sentido de mechones que cuelgan de la cabeza (Böttcher), como sigue indicando el hebreo postbíblico (cf. Cnt 5, 2). Así lo muestra el Targum, cuando traduce דגורידגורין, *cumuli*, cúmulos o matas de pelo, pensando en תליןתלין = לתלים (*Menachoth* 29b).

— Por su parte, una colina se llama en árabe תל, *tall/tell*, de טלל, amontonar, echar sobre la tierra y formar así *amontonamientos de arena* o *de residuos* (cf. תלתל, con la misma forma de גלגל, que se utiliza probablemente solo en plural para referirse a una tierra llena de colinas, que se elevan como escalones o que ofrecen una apariencia ondulada). Mirada desde su garganta hacia abajo, su cabellera forma una serie de líneas onduladas, como si fueran colinas sobre colinas.

Por su color, esos mechones de pelo son negros como el color del cuervo, que se llama precisamente *oreb*, עורב, por su negrura, mientras que en la India se llama *kârava* (cárabo) por el sonido que emite. El color negro del cabello del amado, que destaca como el negro de un cuervo, contrasta con el color blanco y sonrosado de su rostro que brilla y se destaca sobre el color negro del borde de su cabellera. A continuación, se describen sus ojos.

5, 12

¹² עֵינָיו כְּיוֹנִים עַל־אֲפִיקֵי מָיִם רֹחֲצוֹת בֶּחָלָב יֹשְׁבוֹת עַל־מִלֵּאת׃

¹² Sus ojos son como palomas junto a corrientes de agua,
bañándose en leche, colocados en su engaste.

Los ojos, brillantes de humedad (cf. ὑγρότης τῶν ὀμμάτων, así presenta Plutarco una mirada lánguida) se distinguen por el movimiento de sus pupilas, y son como palomas que beben en estanques de agua. אפיק, de אפק, *continere*, es una corriente de agua, el agua que fluye (véase *Comentario* a Sal 18, 16), como en árabe *wadin*, que es un valle, mientras que el río que corre por el valle se llama *bahr*, la cuenca de agua o de mar y también la hendidura cubierta de agua y, finalmente, el mismo mar.

El predicado "bañándose" (רֹחֲצוֹת בֶּחָלָב cf. Cnt 4, 9), se refiere a los ojos, no a las palomas. De esa manera, las pupilas de los ojos, comparadas con palomas, parecen como si se bañaran en leche en la que ellas nadan; leche que se compara con la parte blanca del ojo, pero el tema está en saber si la imagen de las palomas continúa en la frase siguiente: יֹשְׁבוֹת עַל־ מִלֵּאת (ojos colocados en su engaste). Se trataría de saber si מִלֵּאת, que he traducido por *engaste*, tiene el sentido de depósito de agua, como han entendido los LXX con Aquila (ἐκχύσεις) y Jerónimo (*fluenta plenissima*), lo mismo que el árabe *piscinas aqua refertas*, piscinas llenas de agua. Entre los modernos van en esa línea Döpke, Gesenius, Hengstenberg y otros.

Pero si fuera así, este predicado no añadiría nada a lo dicho en Cnt 5, 12 y en otros casos. Por otra parte, aunque en siríaco algunos derivados de *melā'* significan "corriente" y plenitud de aguas, la palabra *milleth* no parece tener ese significado de corriente de agua, a no ser que vaya unida con מִים.

Por otra parte, la traducción de Lutero, aunque sea en sustancia correcta: *und stehen in der fülle* (y están/permanecen en la plenitud), con *milleth* que puede compararse con שְׁלֵמוּתא, tiene el mismo sentido que πληρώσεως del griego veneciano (como sigue defendiendo Hitzig). No obstante, ninguna de esas traducciones recoge el pleno sentido de *milleth* que, conforme a la analogía con כּסארצפה, parece tener un sentido más concreto, como puede verse comparando este pasaje con Éx 25, 7; 17, 17; 27, 20; 39, 19. En estos casos, מלֹאה y מלֹאים no significan lo que hay en el borde, sino el mismo borde del ojo, como si estuviera compuesto de piedras preciosas, como ha destacado Keil, en contra de Knobel.

Según eso, *milleth* no es un recipiente de agua, en el que se ponen las palomas, sino el borde o engaste de los ojos, que están firmemente asentados en sus cuencas. En ese sentido se entiende la partícula עַל, como en el caso de una piedra preciosa que está sujetada por una especie de casquete en el que se contiene. Ciertamente, en contra de eso, Hitzig ha contestado que *milleth* no puede referirse a un objeto que llena un hueco y menos aún a un hueco. Pero en hebreo talmúdico מוּליתא no significa algo que está lleno, sino aquello que llena un hueco, como las aves rellenas de comida o los pasteles rellenos de diversos alimentos.

En esa línea, la palabra *milleth* tiene el sentido de πλήρωμα y no se refiere a un espacio rellenado con objetos, sino a los objetos que llenan el espacio, como el ojo que está inserto, como incrustado en unos bordes o engastes bien ajustados. Así se puede hablar de los marinos que viajan en el barco, o de Cristo, que llena la Iglesia…

De esa manera, los ojos del amante están insertados, bien fijos en sus orbitas, como las joyas preciosas en su funda. Esos ojos son como perlas preciosas insertadas en sus cuencas, en sus fondos, no como ojos saltones que parecen salirse de sus órbitas, ni como los ojos de un enfermo que se hunden sobre sus bordes, sino que están siempre llenos y seguros, bien colocados, apoyados en la órbita, y que así se muestran llenos de vida, ajustados y grandes a medida que avanzan desde los párpados abiertos y anchos. Tras los ojos vienen las mejillas.

Cuarto acto: Amor desdeñado, pero que vence de nuevo (Cnt 5, 2 – 6, 9)

5, 13

13 לְחָיָו כַּעֲרוּגַת הַבֹּשֶׂם מִגְדְּלוֹת מֶרְקָחִים שִׂפְתוֹתָיו שׁוֹשַׁנִּים נֹטְפוֹת מוֹר עֹבֵר:

> [13] Sus mejillas, como eras de bálsamo (= lecho de flores),
> como riberas (elevaciones) de hierbas aromáticas;
> sus labios son lirios que destilan mirra líquida.

Un lecho de flores se llama ערוגה, de ערג, ser oblicuo, estar inclinado. Sus mejillas son como un suave lecho de flores, y la impresión que ofrecen es como la fragancia que producen esos campos plantados por flores de dulce fragancia. Los *migedaloth* (מִגְדְּלוֹת) son montículos en forma de torre o pirámide, mientras *merkahhim* son plantas que se emplean para fabricar especias. El punto de comparación de esos montículos con las mejillas del amado es su suave elevación y su hermosura, vinculada quizá con la mezcla de colores, pero la palabra escogida (*merkahhim*) se refiere más bien al carácter amoroso, atractivo, tonificador para el amante que producen las mejillas del amado.

La traducción véneta griega, manteniéndose fiel al texto original, pone: αἱ σιαγόνες αὐτοῦ ὡς πρασιὰ τοῦ ἀρώματος πύργοι ἀρωματισμῶν (sus mejillas son como campos de aromas, como torres aromáticas, no ἀρωματιστῶν (según la conjetura de Gebhardt). Pero ¿es correcta esta puntuación? El singular כערוגת se explica por el hecho de que esta cama o lecho de flores aparece como descendiendo desde la altura hacia la parte inferior, dividida en dos partes paralelas. Pero en ese caso, la altura desde la que se dividen las dos mejillas debería ser como dos lunas y, en ese caso, sería preferible haber utilizado el plural. De esa manera han traducido los LXX, Símmaco y otros traductores antiguos, que, de hech,o han tenido que leer la palabra hebrea en plural, como כערוגת.

Pero la expresión tampoco puede tomarse como *migdeloth merkahhim*, porque una torre por pequeña que sea no puede tomarse como figura apropiada para referirse a una suave elevación de tierra, ni tampoco para un camino de suave ascenso, ni para una colina florida de terrazas. Una torre se presenta siempre, como un tipo de protuberancia artificial o natural, o como un tumor enfermo. Por eso es preferible optar por la expresión utilizada por los LXX: elevaciones de plantas aromáticas, φύουσαι μυρεψικά *i.e.*, como מרקמהדלות.

Así ha traducido también Jerónimo: *sicut areolae aromatum consitae a pigmentariis* (como pequeñas áreas plantadas por pigmentos), lo mismo que el Targum, que interpreta la palabra לחיים alegóricamente, referida a la ley, mientras que piensa que *merkahhim* se refiere a las concreciones de la *halaka*: "Como las hileras de un jardín de plantas aromáticas que produce (gignentes) perfumes intensos y penetrantes, como un jardín magnífico de plantas aromáticas".

124

Dado que leemos מגדלות כערוגת nosotros no aplicamos esa palabra *migadloth*, como hace Hitzig (que mantiene la palabra כערוגת), a las mejillas, aunque su nombre —como el de otros miembros del cuerpo (oreja, mano, pie…)— pueda ser femenino (Böttcher §649), sino a las hileras o macizos de plantas aromáticas. De todas formas, ampliando estas figuras, podemos aplicar esas palabras a la barba y más abajo a las mejillas.

Por su parte, גדל se aplica al crecimiento del pelo (Nm 6,5) y también al de las plantas cultivadas. En esa línea, tenemos una imagen semejante en Pindaro (*Nem.* v. 11), cuando compara la primera barba de un joven con la caída del plumón lanoso de las primeras hojas de una parra (véase *Passow*). La palabra *merkahhim* está poniendo de relieve que esta *flos juventae* o floración juvenil de las mejillas puede parecerse a la impresión que producen los primeros brotes de las plantas aromáticas. No obstante, aunque puedan aplicarse a los perfumes de la barba, los *merkahhim* no se refieren a los perfumes en sí mismos (a los que no se puede aplicar la palabra *megadloth*), sino a las plantas productoras de perfumes con las que se compara el crecimiento de la barba, con la belleza natural que ese crecimiento produce.

Y con esto pasamos a Cnt 5, 13b: שִׂפְתוֹתָיו שׁוֹשַׁנִּים נֹטְפוֹת מוֹר עֹבֵר: sus labios son lirios que producen mirra. Por lirios se entienden aquí los lirios rojos por el color de la carne y, en especial, por los labios rojos (cf. Cnt 2, 1), a no ser que el punto de comparación sea el aspecto amoroso de los labios, vinculado a la dignidad que ellos proyectan. Es evidente que Sulamitis vincula los labios con la palabra o conversación del ser humano. Todo lo que proviene de los labios, la misma respiración y, de un modo especial, la respiración convertida en palabras es עברמור, la mirra más preciosa, tal como brota por sí misma de la corteza del *balsamodendron*.

עבר es aquello que brota de los ojos, como las lágrimas (cf. *myrrha in lacrimis*, que es עבר la más estimada de las formas de mirra, en cuanto distinta de la *myrrha in granis*, mirra sólida, que es de calidad inferior), con la que Dillmann combina el nombre etíope de miel, que es *karbê* (véase Cnt 5, 5).

5, 14a

[14a] יָדָיו גְּלִילֵי זָהָב מְמֻלָּאִים בַּתַּרְשִׁישׁ

[14a] Sus manos son cilindros de oro engastadas de berilo (con piedras de Tarsis)

Conforme a Gesenius, *Heb. Wörterbuch*, y también a Heilgst., esta figura deriva de la mano cerrada con las uñas pintadas que se comparan con piedras preciosas. Pero ambas afirmaciones son incorrectas por dos razones: (a) las mujeres israelitas, como siguen haciendo actualmente las egipcias y las árabes, pintan sus ojos con *stibium*

Cuarto acto: Amor desdeñado, pero que vence de nuevo (Cnt 5, 2 – 6, 9)

(véase Is 54, 22); sin embargo, en ningún lugar se dice que ellas, y de un modo especial los hombres, se pintaran las uñas y los dedos de los pies con un pigmento de alheña de color naranja-amarillo (Lane, *Egypt*, I, 33-35); (b) la palabra utilizada es כפיו y no דיו. Este pasaje no se refiere a las manos cerradas, sino extendidas, y son estas y no las manos cerradas las que se comparan con los lirios, porque גליל no significa anillo (Cocc., Döpke, Böttchwe, etc.), sino algo que está enrollado, como un cilindro, un rodillo (Est 1, 6), de גלל, que no significa propiamente κυκλοῦν (griego veneciano según Gebhardt: κεκυκλωμέναι), sino κυλίνδειν. Las manos a las que este pasaje se refiere son, de un modo más concreto, los dedos que, a causa de su forma noble, fina y redonda se comparan con barras de oro formadas como rodillos, internamente llenas de huesos (ממלאים, como מלא, Éx 28, 17), que son como piedras de Tarsis, que están vinculadas con las uñas.

Las placas de las uñas, de tipo transparente, con la *lúnula* o *lunita interior*, con un segmento semicircular, son hermosas y forman un adorno para las manos, de manera que, sin necesidad de estar pintadas, pueden compararse dignamente con un topacio de color oro amarillento. Tarsis no es aquí el *onyx*, cuyo nombre hebreo deriva de שהם por su parecido con la uña de los dedos, sino el χρυσόλιθος, como han traducido diversas versiones griegas como la Quinta y la Sexta, e incluso los LXX y Aquila. Pero el crisólito es la piedra preciosa que ahora se llama topacio, y recibe su nombre (Tarsis) de la zona de España donde se encontraba. Plinio (xxxviii, 42), lo presenta como *aureo fulgore tralucens*, pues transluce un fulgor áureo.

Bredow identifica erróneamente el Tarsis con el Ámbar. Ciertamente, hay un tipo de crisólito llamado *chrys electron*, porque tiende a recibir un color parecido al electro (in colorem electri declinans). Sea como fuere, las uñas se comparan con un tipo de piedras preciosas. Lutero, influido por el texto consonántico y aparentemente también por la traducción de la Vulgata (plena hyacinthis), ha sustituido los anillos de oro por turquesas, cuyo color verde-azulado no responde al contexto. A partir de aquí, la comparación pasa de las partes no cubiertas a las partes cubiertas del cuerpo del amante, cuya blancura se compara con la del marfil y el mármol.

5, 14b

מֵעָיוֹ עֶשֶׁת שֵׁן מְעֻלֶּפֶת סַפִּירִים: 14b

[14b] su vientre, marfil tallado recubierto de zafiros.

El plural מעים, de מעה o מעי (véase Sal 40, 9), significa propiamente las partes tiernas interiores del cuerpo, pero aquí se refiere, en concreto, como en el caldeo מעין (Da 2, 32) y el hebreo בטן (Cnt 7, 3), a las partes propiamente interiores del cuerpo, κοιλία, transferidas a su apariencia externa. Alguien puede preguntar

¿cómo puede describir Sulamitis las partes interiores del cuerpo de su amado? La respuesta es clara: ella no es simplemente la prometida o novia de su amado, sino su esposa verdadera, y ella puede presentar a su esposo hablando como sigue.

עֶשֶׁת viene del hebreo-caldeo y del Targum (como muestra Jer 5, 28), y tiene el sentido de *khalak*, *creare*, con la idea de fondo de suavizar, embellecer, designando una figura artística. Una figura de ese tipo fue el trono de Salomón, hecho de שֵׁן, colmillo de elefante, de marfil. Así, como suave figura de estatua de arte son las partes interiores, del latín *ebur*, del egipcio *ebu*, שנהבים, de Salomón. El nombre completo de marfil es emparentado con *ibha*, que es el elefante, en egipcio y en hindú (cf. 1Re 10, 18).

Nuestro pasaje alaba a la propia persona de Salomón, sin referencia a una determinada y definida obra de arte, como si él mismo pudiera compararse con una figura artística, hecha de marfil, por su brillante suavidad y por su fina y simétrica forma. Ahora se describe esta obra de arte diciendo que está cubierta de zafiros (מעלפת, palabra referida a עשת, que aparentemente tiene un género femenino).

Este pasaje no quiere decir que Salomón vaya revestido con vestiduras de color zafiro (Hitzig, Ginsburg); porque עלף (cf. מְעֻלֶּפֶת), que tiene el sentido de recubrir, no puede aplicarse al color del vestido que recubriría las partes íntimas de Salomón. Lo que aquí se está evocando no es el color de la vestimenta íntima de Salomón, sino de su propio cuerpo, que es como una estatua perfecta.

La palabra עלף (que tiene en general el sentido de "velar", poner un velo) indica que el cuerpo de Salomón está como rodeado por un tipo de velo que modera y matiza el blanco puro de su carne con un brillo de color suave azulado. En esa línea, la palabra ספיר es genuinamente semítica, como el caldeo שפיר (cf. sobre שפר = ספר, *Coment. Sal* 26, 5).

El color zafiro es un tipo de azul-verde/cielo (Éx 24, 10), como el de la piedra *Lasurstein* (lapislázuli), moteada de oro o, mejor dicho, de unos puntos brillantes moteados de piritas, de donde proviene el color azul/cielo que suele llamarse *azur* (*azure*, cf. *Coment.* a Job 28). Este cuerpo, obra de arte tallada de marfil, viene a presentarse así totalmente cubierto de zafiros que están como pegados al mismo cuerpo (fijados en el cuerpo, que así aparece nimbado de dignidad cósmica divina). Lo que así se está evocando son las venas de fondo azul bajo la piel blanca de Salomón.

5, 15

15 שׁוֹקָיו֙ עַמּ֣וּדֵי שֵׁ֔שׁ מְיֻסָּדִ֖ים עַל־ אַדְנֵי־ פָ֑ז מַרְאֵ֨הוּ֙ כַּלְּבָנ֔וֹן בָּח֖וּר כָּאֲרָזִֽים׃

[15] Sus piernas, columnas de alabastro asentadas sobre basas de oro puro; su aspecto, como el Líbano, gallardo como los cedros.

Cuarto acto: Amor desdeñado, pero que vence de nuevo (Cnt 5, 2 – 6, 9)

Si se quiere representar la belleza de un viviente no puede hacerse con colores realistas, sino con un lenguaje figurativo, y esto solo se puede hacer utilizando una selección de minerales, plantas y otros seres en general, de manera que la misma comparación quedará siempre corta, porque los seres muertos —sin alma— no pueden utilizarse como representación plena y justa de los seres vivientes. De esa forma, se traza aquí la representación de las extremidades inferiores del amado, que alcanza desde las entrañas y las piernas hasta los pies, de los que con la palabra de un anatomista (cf. Hyrtl, *Lehrbuchder Anat. des Menschen*, sec. 155) se puede afirmar que son los pilares óseos de las piernas.

La comparación se hace, según eso, de acuerdo con la realidad. Las piernas, שׁוֹקַיִם (de שׁוֹק = árabe *saḳ*, conducir), son fundamentos móviles que impulsan el cuerpo hacia adelante (como pilares del cuerpo), y los pies como los pedestales (como en el tabernáculo donde los pilares de madera se apoyaban sobre pequeños soportales donde estaban sujetados, cf. Éx 26, 18). Pero en relación con la fidelidad a la naturaleza, este símbolo es inferior al de una rígida estatua egipcia, pues no solo carece de vida sino que, además, es incapaz de expresar la forma curvilínea propia de los seres vivos. En ese sentido, este símbolo resulta imperfecto. Sin duda, forma parte de la naturaleza que las piernas puedan compararse con pilares de blanco mármol (como piensan Aquila y Theodocion). En esa línea, pueden situarse diversos materiales empleados en la construcción del templo; cf. שׁשׁ = שִׁישׁ (1Cr 29, 2); cf. también מרמרא, de la misma raíz verbal de שׁוּשַׁן, el nombre del lirio blanco). De todas maneras, la comparación de las piernas con el oro fino es puramente simbólica.

El oro es figura y signo de aquello que es sublime y noble y unido al mármol representa la grandeza combinada con la pureza. Aquel a quien aquí se alaba no es un pastor, sino un rey. Las comparaciones son, según eso, muy significativas porque la belleza del amado se encuentra potenciada por su dignidad real.[7]

Cnt 5, 15b: su aspecto es como el Líbano, distinguido como los cedros (בָּחוּר כָּאֲרָזִים). La palabra בָּחוּר, en caldeo, está evocando a un hombre joven, viene

---

7. Dillmann propone en este contexto la pregunta cuya respuesta desea que se la ofrezca Ewald: ¿cómo una simple muchacha podía hablar de un modo tan elevado de las nuevas glorias de la era salomónica, con su conocimiento de plantas y de producciones de obras de arte? Böttcher responde que ella, Sulamitis, pudo haber aprendido todo eso en la corte. Por otra parte, ella pudo descubrir en su amado todo el esplendor que las mujeres del harén valoraban y gozaban. Pero desde el mismo momento, antes de entrar en el palacio, las primeras palabras de la descripción de Sulamitis (blando y colorado) indican que no estamos ante una pastora o un pastor quemados por el sol. La referencia al oro en la descripción figurativa de las partes ocultas de Salomón, apelando a una pura estatua de bronce, resulta imposible. El color del bronce es insípido en relación con el color de un cuerpo humano.

de בגר = בחר, estar ya maduro, como en Sal 20 ,89, pero en este caso podríamos haber esperado כאַרז en vez de כאַרזים. Lutero, como los otros intérpretes, traduce bien "escogido como cedros". Su mirada, es decir, su apariencia en conjunto, es inspiradora de terror, es mayestática, como la del Líbano, el rey de las montañas. El rey es el alabado, el escogido, y así presenta un peculiar aspecto, elevándose por encima de los hombres comunes, como los cedros que son los reyes entre los árboles apareciendo así, como testigos especiales de la omnipotencia de Dios.

Por su parte, בחור significa *electus*, un atributo que se aplica siempre a la persona, un atributo que no se refiere a la mirada, sino a la persona de la que proviene la mirada. El sentido de la referencia a los cedros aparece con claridad en Jer 22, 7 y en Is 37, 24. Aquí podemos ver que el más noble de todos los hombres es un rey. Y en esa línea, al acercarse a la conclusión, el texto nos lleva del rango de Salomón como rey a su distinción en el amor.

5, 16

16 חִכּוֹ מַמְתַקִּים וְכֻלּוֹ מַחֲמַדִּים זֶה דוֹדִי וְזֶה רֵעִי בְּנוֹת יְרוּשָׁלָם:

[16] Su paladar, dulcísimo, todo él, deseable.
Este es mi amado y este es mi amigo, hijas de Jerusalén.

El paladar, חך, aparece con frecuencia como órgano de la palabra: Job 6, 30; 31, 30; Pr 5, 3; 8, 7; aquí se utiliza también en ese sentido. El significado que aquí destaca Böttchere, "la boca para besar" está fuera de lugar, pues חך (= ḥnk, árabe ḥanak) es la parte interior del paladar, la región de la garganta, con la "nuez" en el mentón.

En relación con estas palabras, los labios han sido ya previamente alabados, de un modo especial, en Cnt 5,13. Pero allí se ponía de relieve la fragancia de la respiración, tanto en sí misma, como en referencia a la articulación de palabras. Pero solo aquí se cita el paladar, con lo que se llega a la conclusión de esta alabanza del amante. Aquí se pone finalmente de relieve, por encima de sus cualidades particulares, el valor de su persona con su propia alabanza.

Los plurales ממתקים מחמדים designan las acciones de esos miembros con la mayor de todas las riquezas. El paladar expresa lo que él dice y la forma en que lo dice, es decir, con su dulzura (cf. Pr 16, 21; Sal 55, 15), de tal forma que todo su ser es amor. Con justificado orgullo lo proclama así Sulamitis: "Este es mi amado y este es mi amigo", hijas de Jerusalén (זֶה דוֹדִי וְזֶה רֵעִי בְּנוֹת יְרוּשָׁלָם). Para ponerlo de relieve se repite enfáticamente el término "este", que es aquí predicado (Lutero traduce: Tal es mi amado...), siendo por otra parte sujeto, como en Ex 3, 15 (Lutero: este es...).

Cuarto acto: Amor desdeñado, pero que vence de nuevo (Cnt 5, 2 – 6, 9)

6, 1

Las hijas de Jerusalén se ofrecen ahora para buscar, junto con Sulamitis, a su amado, que se había alejado y se había ido.

אָ֚נָה הָלַ֣ךְ דּוֹדֵ֔ךְ הַיָּפָ֖ה בַּנָּשִׁ֑ים אָ֚נָה פָּנָ֣ה דוֹדֵ֔ךְ וּנְבַקְשֶׁ֖נּוּ עִמָּֽךְ׃ ¹

> ¹ ¿Adónde se ha ido tu amado,
> oh la más hermosa de las mujeres?
> ¿Adónde se ha dirigido tu amado,
> para que lo busquemos contigo?

El anhelo permanece con ella incluso después de haberse despertado y, así, saliendo de mañana, se encuentra con las hijas de Jerusalén que le habían pedido que describiera a su amigo y que ahora le preguntan dónde se ha ido. Ellas desean saber la dirección que ha tomado al separarse de ella, el camino que él probablemente está siguiendo, para así buscarle con ella, con וּנְבַקְשֶׁנּוּ, con un *waw* de consecuencia o de objeto (para que le busquemos), como en Sal 83, 17. La respuesta que les da Sulamitis proviene de la conclusión que ha sacado del conocimiento que ella tiene de la tendencia o inclinación de su amado.

6, 2

דּוֹדִי֙ יָרַ֣ד לְגַנּ֔וֹ לַעֲרוּג֖וֹת הַבֹּ֑שֶׂם לִרְעוֹת֙ בַּגַּנִּ֔ים וְלִלְקֹ֖ט שׁוֹשַׁנִּֽים׃ ²

> ² Mi amado ha descendido a su huerto,
> a las eras de bálsamo,
> para apacentar (su rebaño) en los huertos y recoger lirios.

Ella dice que él ha de hallarse ciertamente allí donde le gusta más ir de descanso. Él debe haber ido desde el palacio (Cnt 6, 11; cf. 1Re 20, 43 y Est 7, 7) a su jardín, al lugar donde están las matas olorosas de flores, a fin de apacentar allí (a su rebaño) y recoger lirios. Sulamitis dice esto en su dialecto de pastora, como cuando Jesús habla de su Padre y dice que él es el labrador (Jn 15, 1). Los campos de flores son los lugares donde su amado apacienta al rebaño (véase sobre לִרְעוֹת en Cnt 2, 16).

Ciertamente, Salomón encontraba un gran gozo en sus jardines y parques (cf. Ec 2, 5). Pero ese hecho histórico ha sido aquí idealizado: la flora natural con la que Salomón se deleita, con un interés lleno de inteligencia, viene a presentarse como figura y, en otros lugares —donde el apacentamiento de corderos y las fuentes

Escena 2 (Cnt 6, 4-9)

de aguas se aplican en forma de anagogías abiertas a la plenitud de la vida— como tipos que están apuntando hacia el futuro celeste.

De otra manera no podría entenderse la razón por la cual se nombran aquí los lirios. Incluso, en el caso de que se pudiera suponer que los lirios eran las flores favoritas de Salomón, debemos asumir que su interés por ellos (por apacentar lirios) estaba determinado por algo más que por su forma y su color.

Las palabras de Sulamitis nos dan a entender que la inclinación y el lugar favorito de su amado respondían a su propia naturaleza, que estaba llena de un pensamiento profundo y de un sentimiento intenso (cf. en _Coment._ a Sal 92, 5 la referencia a Dante donde se dice que las mujeres hermosas que recogen flores son representantes de la vida del paraíso). Los lirios son una imagen de la grandeza inalcanzable, de la pureza que inspira reverencia, de la elevación más alta por encima de todo lo que es ordinario. Esas son actitudes que florecen allí por donde camina (apacienta) el amado, aquel que es como un lirio, aquel a quien Sulamitis llama suyo. Así lo dicen ahora las palabras que siguen:

6, 3

אֲנִי לְדוֹדִי וְדוֹדִי לִי הָרֹעֶה בַּשּׁוֹשַׁנִּים: ס   [3]

[3] Yo soy de mi amado y mi amado es mío,
que apacienta entre los lirios.

Sulamitis, a quien ahora acompañan las hijas de Jerusalén, sigue buscando a su amado que está perdido por su propia culpa. Ella no dice nunca אִישִׁי, mi hombre (mi marido), sino דוֹדִי y רֵעִי (mi amado, mi querido) porque el amor, aunque es una pasión común a la mente y al cuerpo, en el Cantar aparece desligada todo lo posible de su base de naturaleza animal, para poner de relieve su aspecto espiritual.

En esa línea, el hecho de que la descripción se mueve entre un amado que aparece vestido y desnudo, ella recibe unos matices de carácter ideal que nos sitúan cerca de una interpretación mística. La desnudez es עֶרְוָה. Pero la desnudez de la cruz, a la que aquí se alude, nos hace pasar de la esfera de lo sensible a la esfera de lo suprasensible.

Cuarto acto: Amor desdeñado, pero que vence de nuevo (Cnt 5, 2 – 6, 9)

Escena 2: Cantares 6, 4-9

6, 4

⁴ יָפָ֨ה אַ֤תְּ רַעְיָתִי֙ כְּתִרְצָ֔ה נָאוָ֖ה כִּירוּשָׁלָ֑͏ִם אֲיֻמָּ֖ה כַּנִּדְגָּלֽוֹת׃

⁴ Eres hermosa como Tirsa, amada mía,
encantadora como Jerusalén,
imponente (= terrible) como ejército con estandartes.

Aquí se retoma el discurso de Salomón y se abre una escena nueva. Sulamitis ha encontrado de nuevo a su amado y ella, que es hermosa en sí misma, aparece ahora tanto más hermosa cuando el gozo de verle de nuevo irradia en todo su ser.

Eres hermosa como Tirsa... Las ciudades que son el adorno más alto del reino (Tirsa y Jerusalén), sirven a Salomón como expresión de la belleza de su amada, una belleza que él pone de relieve conforme al pensamiento de fondo que está en la raíz de la palabra יפה (belleza entendida como plenitud), conforme a la medida de plenitud que se atribuye a una ciudad como tal, a una mujer simbolizada por dos ciudades hermosas de Israel, una Tirsa, otra Jerusalén. Esa palabra יָפָ֨ה, al igual que Tirsa, viene completada con la belleza de Jerusalén como נאוה (נָאוָ֖ה כִּירוּשָׁלָ֑͏ִם), conforme a la cualidad de aquello que está bien dispuesto, que es agradable (cualidad que la Escritura atribuye a Jerusalén).

De aquí se podría concluir, por la preeminencia dada a Tirsa, que este canto, en su forma actual, no fue compuesto hasta después de la división del reino, y que su autor fue un habitante del norte porque Tirsa había sido la capital del reino del norte, hasta la fundación de Samaria en tiempos del rey Omri, quien la fundó. Pero, al mismo tiempo, debemos añadir que, si este canto no fue compuesto por Salomón, tuvo que haber sido compuesto por alguien que supo situarse bien en la línea de un habitante del reino del norte, cuya primera capital fue Tirsa (reino que se había separado del de Jerusalén). Pues bien, negando ese presupuesto y suponiendo que este canto fue compuesto por Salomón, debemos suponer que la preeminencia que ha dado a Tirsa tiene una razón distinta.

Detengámonos un momento y recordemos que las ruinas de la ciudad de Tirsa fueron descubiertas por Robinson en su segundo viaje, el año 1852, cuando fue acompañado por Van de Velde, sobre la altura de una cadena montañosa, al norte de *Nablûs*, con el nombre de *Tullûzah*.

Brocardus y Breydenback habían pensado con anterioridad que *Tirsa/Thersa* era un poblado que estaba al este de Samaria, pues la forma de este nombre corresponde mejor al hebreo que el nombre árabe de *Tullûzah*. Pero el lugar donde hallamos actualmente las ruinas de *Tullûzah* es el apropiado, pues se encuentra sobre una altura hermosa en una región de olivos, y su nombre responde al nombre

132

Escena 2 (Cnt 6, 4-9)

antiguo que significa "lugar oportuno", lugar dulce. De todas maneras, tampoco parece justificado que Tirsa sea colocada antes de Jerusalén por su dulzura, por su carácter agradable, pues a los ojos de los israelitas, Jerusalén fue la perfección de la belleza (Sal 50, 2; Lm 2, 15). Tampoco se puede afirmar que haya una gradación, de más a menos, entre Tirsa y Jerusalén (Hengstenberg), porque, en ese caso, el orden entre Tirsa (ciudad *decora*) y Jerusalén (ciudad *pulchra*) tendría que haberse invertido.

La razón para poner primero a Tirsa y luego a Jerusalén está en el hecho de que Sulamitis forma parte de la región superior de Israel, donde está Tirsa (del norte) y no forma parte de las hijas de Jerusalén, de manera que la ciudad de la zona del norte, del entorno de Sunem (de donde viene Sulamitis), tiene que servir de comparación para su belleza.

En este contexto, hay que añadir que Sulamitis es, al mismo tiempo, hermosa y terrible (אים de אימה), cosa que no implica en modo alguno una contradicción, pues la hermosura de Sulamitis se encuentra vinculada con la impresión terrible, victoriosa que produce su personalidad. Ella, Sulamitis, es terrible como *nîdgaloth*, כַּנִּדְגָּלוֹת, como las tropas que avanzan con las banderas desplegadas (este mismo verbo en *kal* tiene un sentido denominativo, cf. Sal 20, 6).

En nuestro caso, necesitamos completar el sentido de *nîdgaloth* con מצנות, que aparece a veces como femenino, como en Sal 25, 3; Gn 32, 9, aunque ese atributo de poder hubiera sido menos apropiado (cf. Nm 2, 3 y 10, 5), ni menos aún introduciendo la palabra צבאות (de los ejércitos) que se emplea en un contexto de servicio militar, como en Is 40, 2 o en expediciones de guerra como en Dn 8, 12, pero no en el sentido de hueste de guerra. Esa palabra, *nîdgaloth*, que se utiliza aquí en neutro, se toma en el sentido de ejército desplegado con banderas, como ארחות (Is 21, 13), donde se alude a un grupo de gente armada en marcha. Un ejército con banderas desplegadas va avanzando confiado en su victoria. Esa es la apariencia de Sulamitis, aunque ella no sea consciente de ello, de modo que se podrían aplicar a ella las palabras atribuidas a Julio César tras una campaña militar en oriente o en Galia: *vine, vi, vencí*. Salomón ha sido totalmente vencido por ella, pero queriendo mantenerse en libertad ante ella, él le grita:

6, 5a

5a הָסֵבִּי עֵינַיִךְ מִנֶּגְדִּי שֶׁהֵם הִרְהִיבֻנִי

5a Aparta de mí tus ojos, porque ellos me han confundido

Döpke traduce הִרְהִיבֻנִי *ferocire me faciunt* (me enfurecen). Hengstenberg: *ellos me enorgullecen*. Pero, aunque הרהיב, según Sal 138, 3, pueda utilizarse de esa forma,

Cuarto acto: Amor desdeñado, pero que vence de nuevo (Cnt 5, 2 – 6, 9)

lo que dice Salomón ha de entenderse en sentido opuesto: Salomón no quiere decir que los ojos de Sulamitis le enfurecen, de manera que debe separarse de ellos, sino todo lo contrario: los ojos de Sulamitis le ponen en un estado profundo de transformación de tipo casi "religioso". Salomón se encuentra embelesado por esos ojos, atraído por ellos, de forma que no puede liberarse de su influjo.

Lo que de verdad está diciendo Salomón a Sulamitis es que le siga mirando, que le mire de verdad y que le quiera. La mirada de los ojos de Sulamitis es una mirada victoriosa en la línea de amor, una mirada que vence amando. Por eso, al decir "aparta de mí tus ojos", está diciendo "gracias por amarme", sígueme mirando bien, con amor.

Estas palabras nos sitúan ante un tipo de "pavor supremo", de indefensión de amor. Los ojos de Sulamitis presionan sobre Salomón de un modo abrumador, de manera que infunden en él un tipo de terror, *terrorem incutere*. Los LXX traducen ese motivo con la palabra ἀναπτεροῦν, que significa impulsar, poner en marcha, infundir un tipo de pánico superior, como en siríaco *arhab = khawwaf, terrefacere*, producir un efecto aterrador. En esa línea, esta palabra corresponde al árabe *r"b*, que significa colocar a alguien en estado de *ro'b, i.e.*, eso es, de terror paralizante.

Si Sulamitis dirige por mucho tiempo la mirada clara y penetrante sobre él, Salomón no tendrá más remedio que derrumbarse. El brillo de la mirada de Sulamitis se vuelve para Salomón insoportable. En este momento, Salomón alaba esta mirada de los ojos de Sulamitis. Pero inmediatamente después su descripción se vuelve como la que hemos visto en Cnt 4, 1 y 2, 3. De esa forma, en este contexto, Salomón repite la alabanza de la cabellera, de los dientes y de las mejillas de Sulamitis:

6, 5b-7

5b שַׂעְרֵךְ כְּעֵדֶר הָעִזִּים שֶׁגָּלְשׁוּ מִן־הַגִּלְעָד׃

6 שִׁנַּיִךְ כְּעֵדֶר הָרְחֵלִים שֶׁעָלוּ מִן־הָרַחְצָה שֶׁכֻּלָּם מַתְאִימוֹת וְשַׁכֻּלָה אֵין בָּהֶם׃

7 כְּפֶלַח הָרִמּוֹן רַקָּתֵךְ מִבַּעַד לְצַמָּתֵךְ׃

[5b] Tu cabellera es como rebaño de cabras que descienden de Galaad.
[6] Tus dientes son como rebaño de ovejas que suben del lavadero,
todas tienen mellizas, y ninguna de ellas ha perdido su cría.
[7] Tus mejillas son como mitades de granada detrás de tu velo.

La repetición es literal, pero con algunos cambios de expresión. En el texto anterior se dice גלמהר, aquí מן־הגל; allí הקץ, *tonsarum*, de las esquiladas, aquí הרח, *agnorum*, de los corderos (Symmaco, Véneto: τῶν ἀμνάδων). El significado propio de

רחל, al igual que el árabe *rachil, richl, richleh*, significa hembra de cordero y, en particular, oveja.

Hitzig imagina que Salomón está repitiendo aquí algo que él había dicho en otra ocasión a una *donna* (señora) a la que él había escogido para casarse. Pero el "romance" o novela que él describe no es el del Cantar de los Cantares, sino otro distinto, imaginado por Hitzig, en el estilo de una obra de Plutarco (*Asno de oro*) donde el protagonista Luciano se transforma en asno.

La repetición de los temas tiene una mejor razón, de tipo moral, sin necesidad de moralidades extrañas. Sulamitis aparece ante Salomón de una forma aún más hermosa que cuando fue llevada ante él como novia. El amor de Salomón hacia ella sigue siendo el mismo y así deben entenderlo no solo ella (Sulamitis), sino los oyentes o lectores del Cantar. No hay entre las mujeres de la corte ninguna a la que Salomón quiera más que a Sulamitis. Todas las mujeres de la corte deben aceptar la superioridad de Sulamitis.

6, 8-9

שִׁשִּׁים הֵמָּה מְלָכוֹת וּשְׁמֹנִים פִּילַגְשִׁים וַעֲלָמוֹת אֵין מִסְפָּר: ⁸

אַחַת הִיא יוֹנָתִי תַמָּתִי אַחַת הִיא לְאִמָּהּ בָּרָה הִיא לְיוֹלַדְתָּהּ רָאוּהָ בָנוֹת וַיְאַשְּׁרוּהָ ⁹
מְלָכוֹת וּפִילַגְשִׁים וַיְהַלְלוּהָ: ס

[8] Sesenta son las reinas y ochenta las concubinas,

y las doncellas, sin número;

[9] pero sin igual es mi paloma, mi perfecta,

ella es la hija única de su madre,

la preferida de la que la dio a luz.

Las doncellas la vieron y la llamaron bienaventurada,

también las reinas y las concubinas, y la alabaron.

También aquí, donde podía esperarse más que en ningún otro lugar, la diferencia de género la encontramos con המה en lugar de la expresión más precisa que hubiera sido הנה (*e.g.*, Gn 6, 2). El número de las mujeres de la corte de Salomón (2Re 11, 3) fue mucho mayor (700 mujeres y 300 concubinas). Aquellos que rechazan la autoridad salomónica del Cantar piensan que el autor de este poema es más fiable que el historiador de 2 Reyes. En contra de eso, sosteniendo —como nosotros lo hacemos— la autenticidad salomónica de este libro, pensamos que el número más bajo de mujeres que encontramos en el Cantar proviene del hecho de que el Cantar presenta el estado de cosas al comienzo del reinado de Salomón, cuando él no tenía aún tantas mujeres como más tarde (momento al que se refieren los datos de 2 Reyes).

Cuarto acto: Amor desdeñado, pero que vence de nuevo (Cnt 5, 2 – 6, 9)

En ese momento, la lujuria de Salomón no había alcanzado todavía la magnitud que alcanzaría más tarde, cuando mira hacia atrás y confiesa en Ec 2, 8 que todo es *vanitas vanitatum*. De todas formas, el número de las 60 reinas o מלכות, *i.e.*, *mujeres legítimas*, del mismo rango que él, sigue siendo enorme, pues según 2Cr 11, 21, Roboam tenía 18 mujeres y 60 concubinas. Esas 60 aparecen en un momento anterior, en Cnt 3, 7. Si ese número (60 o el equivalente) se tomara como número redondo, podríamos rebajar el número real de mujeres de Salomón hasta 51, pero no mucho más, pues al lado de esas 60 esposas se cuentan 80 concubinas.

La palabra פלגש פילגש, griego πάλλαξ παλλακή (latín *pellex*), que en forma לקתאפלקתא volvió de nuevo del griego al arameo, es una palabra cuyo origen aún no se ha explicado, aunque podría compararse con חרמש, de חרם, cortar. Partiendo de ese origen, el harén lleva en árabe el nombre de *haram*, que significa *gynaeconitis* (*gynaikeia* o *gineceo*, estancia especial de mujeres cuyo acceso está vetado a los varones).

Esta palabra, terminada en *samech* (o en ש), era ya conocida en tiempo de los asirios, con una terminación adverbial, en el sentido de לבדו, lugar reservado solo para varones. Estos dos nombres parecen requerir una cuarta letra para formar una *quadrilitera*, con el añadido final de ש. Quizá puede entenderse en ese sentido la palabra פלגש, concubina, que puede significar "romperse en astillas", de פלג, dividir (como un arroyo que se divide en varios canales y que recibe el nombre de פלג). De esa forma, la palabra concubina implicaría el surgimiento de una relación polígama, que rompe el matrimonio de un hombre con una mujer. En esa línea, el nombre *pillĕgĕsh* vendría a ser expresión de una relación polígama, en oposición a la monogamia.

En la primera línea de 6, 9, אחת es sujeto (אַחַת הִיא יוֹנָתִי תַמָּתִי: es mi paloma, mi perfecta); sin embargo, en la segunda línea es predicado (אַחַת הִיא לְאִמָּהּ בָּרָה : única es ella de su madre). De esta frase no se sigue que Sulamitis sea hija única de su madre, pues אחת, unica, es equivalente a *unice dilecta*, única amada, como יחיד (Pr 4, 3) es equivalente a *unice dilectus* (cf. Keil, Zac 14, 7).

El paralelo ברה tiene el significado más cercano de *electa* (LXX, Syr., Jerónimo), no *pura* (Véneto). La idea fundamental de cortar y separar se divide en dos ideas que son las de escoger y purificar. Los aoristos de este verso (Cnt 6, 9), son los únicos que aparecen en este libro. Ellos indican la forma en que se valoraba a Sulamitis desde la perspectiva de las otras mujeres: que tenía la fortuna de ser la preferida entre todas, que a ella se le debía el premio.

Las palabras de este verso, como las de Pr 31, 28, son un eco de Gn 30, 13. Por otra parte, los libros de la Hokma ofrecen numerosas referencias al Génesis, el libro de los orígenes preisraelitas. Aquí, en Cnt 6, 8, se ve con claridad la diferencia que hay entre nuestra interpretación típica y la alegórica, a la que hemos aludido en la introducción de este libro. La interpretación alegórica está empeñada

Escena 2 (Cnt 6, 4-9)

en explicar el significado de 60 y 80, para indicar la forma en que las esposas, las concubinas y las vírgenes del harén se distinguían una de las otras. Pero lo que en ese campo se ha logrado precisar no es más que una expresión de pura vanidad, un tipo de engaño.

Por el contrario, la interpretación típica toma las 60 esposas y las 80 concubinas, con el número indefinido de vírgenes como lo indican sus nombres: como mujeres favoritas, concubinas y servidoras. Pero no se puede tomar ese conjunto de mujeres como una alegoría de cosas celestes, en la línea de lo que muestra el libro del Génesis al tomar la multiplicación de mujeres en un contexto no matrimonial (poligámico) como una profanación de aquello que es santo dentro de un matrimonio monogámico.

El hecho es que, por una violación de la ley de Dios (Dt 17, 17), Salomón introdujo sobre la realización típica del matrimonio una "nube", una mancha, que no puede vincularse con el *antitipo* (que es el amor monogámico). Como ha puesto de relieve Jul Sturm, con toda justicia, el antitipo no puede verse en relación a las esposas, concubinas y sirvientes, sino solo en relación con Sulamitis. En contra de lo que sucede en Salomón, en Cristo no hay ninguna imperfección, ni hay imperfección en Sulamitis, pero la hay en la congregación de la Iglesia. En el Cantar de los Cantares, la novia es más pura que el novio; pero en el cumplimiento del Cantar de los Cantares esta relación se invierte: el novio (Cristo) es más puro que la novia (Iglesia).

QUINTO ACTO:
SULAMITIS, PRINCESA DE GRAN HERMOSURA,
PERO HUMILDE
(Cɴᴛ 6, 10 – 8, 4)

Escena 1: Cantares 6, 10 – 7, 6

El cuarto acto, a pesar de sus pequeñas perturbaciones, ofrecía una clara visión del amor permanente de la pareja de recién casados. Este acto V muestra la forma según la cual, a pesar de haber sido elevada a la dignidad real, Sulamitis mantiene   su actitud de infancia y su inclinación por la naturaleza, como lirio del valle. Esta primera escena nos coloca ante los jardines del palacio real. Sulamitis sale de su retiro y va a ver a las doncellas de Jerusalén quienes, sobrecogidas por la belleza de su visión celeste, gritan:

6, 10

מִי־ זֹאת הַנִּשְׁקָפָה כְּמוֹ־ שָׁחַר יָפָה כַלְּבָנָה בָּרָה כַּחַמָּה אֲיֻמָּה כַּנִּדְגָּלוֹת: ס ^{10}

^{10} ¿Quién es esta que se asoma como el alba,
hermosa como luna llena, refulgente como el sol,
imponente como escuadrones abanderados?

La pregunta ¿quién es esta? es la misma que la de Cnt 3, 6. Allí se refería a aquella que era llevada ante el rey; aquí se refiere a aquella que se mueve en lo que es suyo como propio. Allí la preposición "esta" iba seguida por עלה en aposición, aquí va seguida por הַנִּשְׁקָפָה (que asoma como…), una expresión que necesita ser determinada para conectarse así de manera más estrecha con lo anterior, para lo cual necesita ir determinada por un predicado de aposición.

Quinto acto: Sulamitis, princesa de gran hermosura, pero humilde (Cnt 6, 10 – 8, 4)

El verbo שׁקף significa inclinarse hacia adelante para sobresalir, por lo que el *hiph* הִשְׁקִיף y el *niph* שׁקף significan asomarse, inclinarse hacia adelante (cf. Sal 14, 2). Los LXX traducen aquí ἐκκύπτουσα, el Véneto παρακύπτουσα, palabras que significan mirar hacia algo inclinándose hacia adelante. El punto de comparación es elevarse desde el trasfondo.

Sulamitis se abre paso a través de las sombras del jardín como el rojo de la mañana, esto es, del amanecer de la vida. Ella se acerca más y más mientras la luz rojiza de la mañana se eleva tras las montañas hasta llenar después la totalidad del horizonte. El Véneto traduce ὡ ςεωσφόρος; pero la estrella de la mañana no es שׁחר, sino בן־שׁחר (Is 14, 12). Propiamente hablando, *shaḥḥar*, el amanecer de la mañana significa, en hebreo, no solo esto, como el árabe *shaḥar*, sino como el árabe *fajr*, el color rojo de la mañana, el rojo que llena y transforma la niebla de la mañana.

Del rojo de la mañana, simbolizado por el surgimiento del sol, la descripción nos lleva al surgimiento de la luna, que sigue siendo aún visible en el cielo de la mañana, antes de que el sol haya surgido. La luna se llama básicamente ירח, porque es de color amarillo, pero aquí se le llama לבנה (Líbano, como la nieve) porque es blanca. Por su parte el sol, del que se dice aquí que ya ha surgido (como en Jue 5, 31), no se designa con su nombre más común, שׁמשׁ, aquel que es incansable (Sal 19, 5) sino que, por razón de su luz que calienta (Sal 19, 7), se llama חמה.

Estos son, en poesía, los nombres favoritos de la luna y del sol, porque el significado primitivo de sus otros nombres se ha perdido ya en el uso común. Pero con estos nombres nuevos vuelve a ponerse en evidencia el sentido primitivo de su función y de sus atributos. Sulamitis aparece así como el color rojo de la mañana que abre el horizonte y se hace presente a través de la oscuridad. Ella se muestra de esa manera hermosa, como la luna de la mañana que brilla sobre el cielo, llena todavía de su suave majestad (Job 31, 26). Ella aparece de esa forma, pura (sobre ברברור en su significado de suave, brillante y limpia, cf. *Coment.* Is 49, 2). טהור, en arameo מיהרא, es el brillo del mediodía, es lo más puro de lo puro, el poder imponente de los ejércitos de guerra con sus estandartes (cf. Cnt 6, 4). La respuesta de aquella que se está acercando, su forma de responder a esta exclamación, suena de un modo familiar e infantil:

6, 11-12

¹¹ אֶל־גִּנַּת אֱגוֹז יָרַדְתִּי לִרְאוֹת בְּאִבֵּי הַנָּחַל לִרְאוֹת הֲפָרְחָה הַגֶּפֶן הֵנֵצוּ הָרִמֹּנִים׃

¹² לֹא יָדַעְתִּי נַפְשִׁי שָׂמַתְנִי מַרְכְּבוֹת עַמִּי־נָדִיב׃

¹¹ Descendí al huerto de los nogales para ver el verdor del valle
para ver si la vid había retoñado,
si los granados habían florecido.

Escena 1 (Cnt 6, 10 – 7, 6)

¹² Sin que me diera cuenta,
mi alma me colocó sobre los carros de mi noble pueblo.

En su soledad ella está, y así camina, llena de felicidad a través del jardín. La vid y la granada, traídas de su casa, son sus favoritas. Pero su alma, es decir, su amor por Salomón, que llena su alma, la ha elevado a los carros de su pueblo, los carros reales de un hombre noble a cuyo lado ella se sienta.

Ella se sienta en los carros del noble pueblo (pueblo del sol, pueblo de Dios, pueblo de Salomón, que va guiando a ese carro). Reconoce que ha merecido presentarse en el carro no por su propia dignidad, sino por la de Salomón, de forma que no ha tenido que renegar de su origen. Estos son los pensamientos y sentimientos de Sulamitis, que podemos derivar de estos dos versos sin tener que andar leyendo algo nuevo entre líneas, sin rechazar el sentido original del texto.

Ella dice que bajó del palacio real (Cnt 6, 2). Después ella habla del valle, de manera que podemos situar la escena en *Etam* (cf. Jue 5, 8). Este *Etam* romántico era, como informa Josefo, una especie de bello jardín real o belvedere:

El rey solía salir todas las mañanas en un carro hacia las afueras de la ciudad, vestido con un manto blanco y rodeado por esos hombres que llevaban armadura y arco. A dos estadios de distancia de Jerusalén había una aldea llamada Etam, agradable y magnífica por sus jardines y sus riachos; allí acostumbraba a pasear con gran pompa (Ant 8,7.39).

Flavio Josefo sigue diciendo que el rey Salomón cuidaba de un modo especial sus caballos, interesándose por su belleza y rapidez, de manera que no podían encontrarse caballos de más rapidez ni belleza en oriente. Los jinetes sobresalían también por su belleza. Eran jóvenes, en la flor de la vida, y se distinguían por su estatura y su cabello suelto.

Los caballos estaban bien preparados para que tuvieran belleza y rapidez, sin que ningún otro pudiera comparársele en velocidad y buen aspecto. Eran los más hermosos y los que más corrían. Los jinetes que los montaban acrecentaban su atractivo, porque eran hombres jóvenes, en la más grata flor de la edad, y se destacaban por su corpulencia y su alta estatura, mayor que la de todos los demás. Tenían largas cabelleras colgantes, y llevaban túnicas de púrpura tiria. Todos los días se empolvaban el cabello con polvo de oro, de modo que las cabezas les brillaban cuando el oro reflejaba los rayos del sol. El rey solía salir todas las mañanas en un carro hacia las afueras de la ciudad, vestido con un manto blanco y rodeado por esos hombres que llevaban armadura y arco.

Quinto acto: Sulamitis, princesa de gran hermosura, pero humilde (Cnt 6, 10 – 8, 4)

Este era el parque, famoso por sus caballos donde el rey solía ir todas las mañanas, un parque llamado עין עיטם (cf. la fuente, las aguas de *Etam*). Conforme a *Zebahim* 54b, este era uno de los lugares más alto de la Tierra Santa, de donde se llevaba agua al templo a través de un acueducto, un lugar que Robinson ha identificado con una población llamada *Artas* (Lumley le llama *Urtas*), que se encuentra a una milla y media al sur de Belén. En la parte superior del sinuoso valle, a una considerable altura sobre el fondo del valle, se encuentran los tres antiguos estanques de Salomón que son grandes cavidades oblongas de considerable dimensión, colocadas una detrás de la otra en terrazas.

Casi a la misma altura que el estanque superior, a una distancia de unos cientos de pasos, se encuentra una gran fuente cuidadosamente edificada sobre el manadero de agua al que se desciende por medio de unas escaleras que están en el interior del edificio. Al lado están los grandes estanques alimentados por el agua de la fuente, llevada por un conducto subterráneo hasta la piscina superior.

Andando a lo largo del camino que aún existe y que va al lado del acueducto, se sigue viendo el valle inferior, lleno de hermosas plantas, y puede imaginarse que allí existió una rica vegetación con ricos jardines y campos de placer o descanso (comunicación personal de Moritz Lüttke). No podríamos haber imaginado un lugar más apropiado para esta primera escena del quinto acto. Por otra parte, el relato de Josefo sirve admirablemente para ilustrar no solo Cnt 6, 11, sino también Cnt 6, 12.

אגוז es el nogal, es decir, el árbol de la nuez italiana, *juglans regia L.*, traído originalmente de Persia, donde se llama *jeuz*, etíope *gûz*, árabe y sirio *gauz* (*gôz*), en hebreo con א, anterior o prostática, como en armenio *engus*.

גנת אגוז es un jardín cuyo adorno principal son nogales olorosos y fragantes. Estrictamente hablando, גנת אגוזים no es una nuez de jardín, sino un jardín de nueces en plural (véase *juglandes* = *Jovisglandes*, Plinio, xvii. 136, ed. Jan.), como תאנים, un tipo de higos, a diferencia de אנה, higuera, palabra que solo aparece en este contexto en el Midrash, sin utilizarse en ningún otro lugar.

La finalidad de Salomón para bajar al jardín no era otra que vigilar el estado de las plantas y de las frutas, aunque en las frases que siguen se citan varios motivos. El primero es visitar el jardín de los nogales. En segundo lugar, observar los brotes jóvenes de las plantas del valle, que se puede pensar que está atravesado por un río o un arroyo. La palabra *wady* lo mismo que *nahal*, significa valle y arroyo. El jardín de los nogales debe estar situado en el valle, porque al nogal le conviene un frío moderado y un suelo húmedo (Josefo. *Bell*. iii. 10. 8). Por su parte, אבי son los brotes jóvenes que suelen adornar las riberas del arroyo y las zonas húmedas del valle en primavera.

אב son —en hebreo— el brote de las plantas que crecen y, en general, todos los signos de crecimiento, con la formación de los frutos, también en arameo. De

Escena 1 (Cnt 6, 10 – 7, 6)

todas formas, la raíz alude a un crecimiento menos intenso que el indicado por נב, que significa expandirse y extenderse con fuerza.

Por su parte, ב ראה significa aquí, lo mismo que en Gn 34, 1, "mirar atentamente", observar. Se trata de observar para descubrir si las viñas han rotado y han producido renuevos (este es el significado de פרח, brotar, fructificar; cf. Delitzsch, *Indo-Germ. Sem. Studien*, p. 72). Se trata, por tanto, de mirar y observar si los granados han producido flores o renuevos de frutos, pero no con הנצו, como afirma Gesenius en su *Thes* y en *heb. lex.* como *hifil* de נוץ (que sería הניצו), sino con נצץ, palabra de la que proviene *Nisán*, el mes del florecimiento (como *Ab* es el nombre del mes de los frutos, como he mostrado en *Jesurun*, p. 149).

No se ha logrado explicar todavía la razón por la que el granado, *punica granatum*, nombre que deriva del latín "granada" (fruta compuesta de granos), lleva en las lenguas semitas el nombre de רמון (*áraberummân*). Los árabes están muy poco acostumbrados a este nombre, de manera que no saben explicar la razón por la que el nombre raíz de ese fruto es *ramm* o *raman*. Esta pregunta está vinculada con la cuestión por el nombre y sentido original de *Rimmon*, nombre del Dios sirio *Rimmon* que parece vinculado con esta fruta. Por otra parte, un antiguo Dios caldeo se llamaba *Rim-Sin*. Además, el nombre *rammu* forma parte de varios nombres propios como *Ab-rammu*, que significa "sublimidad". Es muy posible que este nombre *Rimmon*, aplicado a los granados como árboles, venga del hecho de que los granados hayan sido concebidos como árboles sagrados del Dios *Rimmon*.[1]

Sulamitis añade que, mientras se deleitaba contemplando la vida vegetal del parque, ella había olvidado la alta dignidad a la que había sido elevada. Conforme al lugar en que están situadas, las palabras *lo yadati* pueden significar "yo no sé" (Gn 49; 21, 26), pero también "yo no sabía" (Gn 28, 16; Pr 23, 35). Es preferible entender la palabra en el segundo sentido (LXX, Aquila, Jerónimo, Véneto, Lutero), porque la expresión está en paralelo a ירדתי, y se relaciona con ese verbo como para indicar las circunstancias en las que se sitúa la falta de conocimiento de Sulamitis (no conoce otras cosas porque está enfrascada en la contemplación del jardín).

El sentido de la frase לאידנפשי (mi alma no conoció) no puede tomarse como sujeto ni como acusativo de objeto (según Job 20, 20) porque nos impide conocer el verdadero sujeto de la frase y su sentido de conjunto. Por lo que sigue, el sentido de la frase no puede ser simplemente que ella no conoció, sino que se volvió inconsciente de lo que pasaba. Lo cierto es que ella no se dio cuenta de la razón, pero su alma, el impulso de su corazón, le llevó a un lugar en el que ella

---

1. Sea como fuere, este nombre no puede vincularse con רמה, gusano, aunque los frutos de los granados tengan la propensión de criar gusanos. Los gusanos que nacen en los frutos de los granados llevan el extraño nombre de דרימוניהה (*Shabbath* 90a).

Quinto acto: Sulamitis, princesa de gran hermosura, pero humilde (Cnt 6, 10 – 8, 4)

no estaba. No fue ningún impulso externo el que le condujo, el que la llevó a un lugar donde antes no estaba, sino que fue el propio impulso del corazón el que la llevó, el que la condujo.

Ella no supo cómo, no logró comprenderlo de un modo consciente, pero descubrió que su propio interior, su corazón le había llevado a un lugar en el que antes no se encontraba. Sin haberlo decidido por sí misma, sin imposición externa, ella había sido dirigida por el impulso interior de su corazón. De esa forma, fue colocada en la altura en la que ahora se encuentra, sin haber sido siempre consciente de ello.

En esa línea se entiende la traducción del griego Véneto: "Yo no conocí, no supe que mi alma me condujo (me llevó), sin darme cuenta de ello, a los carros de mi pueblo noble". Pero ¿qué significado tienen estas expresiones? La traducción añade que Sulamitis vino a situarse (a encontrarse) en el lugar de los carros de combate de su pueblo, como si fuera protectora poderosa de su pueblo.

Hitzig lo interpreta así: sin advertir cómo, Sulamitis se vio llevada a los carros de su noble pueblo, como traduce Gesenius en su *Thesaurus: inter currus comitatus principis* (entre los carros de acompañamiento del príncipe). Hitzig añade que ninguna otra explicación es posible, pues el acusativo מרד (מְרְכְּבוֹת עַמִּי-) significa solo "me llevó hacia", me colocó en la vecindad de... Esas palabras significan solo la dirección hacia la que la llevó su "alma", su impulso interior: hacia los carros de "Aminadab". En ese sentido se entiende *Kodĕsh* (hacia el santuario, Sal 134, 2) y *hashshã'rã* (hacia la puerta, Is 22, 7). Pero el acusativo *mãro* puede significar también "hacia la altura" (Is 22, 16), de manera semejante al acusativo *ha shshãmaïm*, en/hacia los cielos (1 Re 8, 32). En esa línea, *shalahh hããrets* (hemos entrado en la tierra donde os enviaste…, Nm 13, 27). Pues bien, nuestro texto afirma: "mi alma me colocó sobre los carros de Aminadab", con *markevoth*, que tiene un sentido amplificativo como *richvē* (Cnt 1, 9) y *battĕnu* (Cnt 1, 17).

La comparación con 2Sa 15, 1 muestra que se trata del carro del faraón, carro que es impulsado (Cnt 1, 9) por caballos de Egipto. El problema está en saber si el adjetivo *nadiv/nadav* se relaciona como adjetivo con *ammi*, mi pueblo, un pueblo noble (o si Aminadab es un nombre propio, aplicado a una persona). Sea como fuere, el sentido es semejante. Sulamitis no es una mujer "abducida" (llevada a la fuerza), sino una mujer que ha sido honorablemente llevada a su casa. En esa línea, ella añade aquí que no ha sido arrastrada o llevada a la fuerza por ningún poder externo, sino que ha sido su misma alma amante la que le ha llevado a los carros reales de su pueblo y de su rey. Ella interpreta así su elevación: su mismo deseo, el anhelo de su alma, la ha llevado a los carros reales de su pueblo y de su rey. Es decir, ha sido llevada (elevada) a los carros del rey (de su pueblo).

Ella no tiene un mérito propio, sino que ha sido elevada a la altura (a los carros) de su noble pueblo (que puede referirse a todo el pueblo de Israel, o a

Escena 1 (Cnt 6, 10 – 7, 6)

Salomón como concentración y altura de la gloria de su pueblo). Animadas por la modesta respuesta de Sulamitis, las hijas de Jerusalén expresan ahora una súplica que les sugiere su asombro ante su belleza.

6, 13

¹³ שׁוּבִי שׁוּבִי הַשּׁוּלַמִּית שׁוּבִי שׁוּבִי וְנֶחֱזֶה־בָּךְ מַה־תֶּחֱזוּ בַּשּׁוּלַמִּית כִּמְחֹלַת הַמַּחֲנָיִם:

¹³ Regresa, regresa, oh Sulamitis;
regresa, regresa, para que te contemplemos.
¿Por qué habéis de contemplar a Sulamitis,
como en la danza de los dos coros?

Regresa, regresa, que podamos contemplarte… Sulamitis se encuentra ahora en el camino que lleva del jardín al palacio. Las hijas de Jerusalén le piden fervientemente que vuelva, se lo ruegan con lágrimas, para poder así deleitarse al mirarla. Las palabras וְנֶחֱזֶה־בָּךְ (para que te contemplemos) significan unirse íntimamente con algo, deleitarse con los ojos al contemplar una cosa.

Aquí, por vez primera, se llama a Sulamitis por su nombre. Pero הַשּׁוּלַמִּית no puede ser su puro nombre propio, porque el artículo está en vocativo como, por ejemplo, en הבתירו, "hijas de Jerusalén". Los nombres propios como שלמה están determinados en sí mismos, de tal forma que excluyen (no necesitan) el artículo. Tal como están, en sí mismos, son nombres propios, como ירדן y לבנון, aunque puedan ser susceptibles de llevar un artículo, especialmente en vocativo (como Sal 114, 5; comparar Zac 11, 1 con Is 10, 34).

Por eso, הַשּׁוּלַמִּית (la Sulamita) no es nombre propio, sino nombre de ascendencia, como lo son generalmente los nombres que terminan en î (con unas pocas excepciones como los nombres ordinales, הרריימני, etc.), que son todos *gentilicios*. Los LXX traducen הַשּׁוּלַמִּית por ἡ Σουναμῖτις, y esta es, sin duda, otra forma para el nombre השׁונמית, *i.e.*, aquella que es o viene de Sunem/Sulem, la sunamita o sulamita (Sulamitis, como aquí la llamamos).

Así se llamaba la bellísima Abishag (1Re 1, 3), mujer buena y piadosa que acogía en su casa a Eliseo (2Re 4,8ss.). *Sunem/Sulem* fue una población cercana al pequeño Hermón, monte del que estaba separada por un valle, al sudeste del Carmelo. Esta *Sunem*, que formaba parte de la Baja Galilea, que está situada al sureste de Nazaret y al oeste del Tabor, y que recibe también el nombre de *Sulem*. Eusebio en su *Onomasticon* dice en relación con ella: Σουβήμ (Σουλήμ) κλήρου Ἰσσάχαρ καὶ νῦνἔστὶ κώμη Σουλήμ κ (la ciudad de Soubem, de la tribu de Isacar, se llama actualmente Soulem…).

Quinto acto: Sulamitis, princesa de gran hermosura, pero humilde (Cnt 6, 10 – 8, 4)

Por su parte, como traduce Jerónimo: *Sunem in tribu Issachar et usque hodie vicus ostenditur nomine Sulem in quinto miliario montis Thabor contra australem plagam* (Soulem, en la tribu de Isacar, perdura hasta hoy con el nombre de Sulem, se encuentra en el quinto miliario del monte Tabor, hacia la parte Austral...).

Este lugar recibe en la actualidad el nombre de *Suwlam* (*Sôlam*), hacia la parte final del oeste del *Jebel ed-Duhi* (el pequeño Hermón), no lejos de la gran llanura de *Yisre'el*, ahora llamada *Zer'în*, que forma parte del camino de comunicación entre el río Jordán y la costa del Mar Mediterráneo, pero está muy escondido entre la cadena de montañas, de tal modo que el Talmud no lo cita como tampoco cita a la ciudad de Nazaret. Este era el lugar de procedencia de la Sulamitis del Cantar.

Los antiguos interpretaron el nombre diciendo que significaba εἰρημεύουσα (pacificadora) o ἐσκυλευμένη (véase Lagarde, *Onomastica*), como siguen diciendo por un lado Aquila y la Quinto y por otro lado Symmaco. El Targum ofrece esta interpretación: es el pueblo de la verdadera paz, en la línea de Salomón (véase Rashi). Pero la forma del nombre (en sirio se escribe שׁילוֹמיתא) se opone a esta interpretación alegórica.

En contra de eso, podemos suponer que el poeta no utilizó a propósito la forma *hshwb'*, sino la forma *hshwl'*, para vincular así el nombre de Sulamitis con el de Salomón a fin de que ambos nombres pudieran tener una forma y significado paralelo (Salomón y Sulamitis), de tal manera que Sulamitis pudiera tomarse como nombre de una mujer totalmente dedicada a Salomón (casi como femenino de Salomón, en un tipo de forma pasiva, שׁלומית = Σαλόμη), de manera que ella fuera de verdad שׁלומית = Σαλόμη, pareja femenina de Salomón, como princesa que tenía la misma dignidad que el gran rey de la paz. Pues bien, como si no fuera consciente de la grandeza de su belleza, Sulamitis pregunta: מַה־תֶּחֱזוּ בַּשּׁוּלַמִּית כִּמְחֹלַת הַמַּחֲנָיִם (¿por qué habéis de contemplar a Sulamitis?)

Ella no tiene conciencia de nada especialmente superior que pueda ser contemplado, pero las hijas de Jerusalén piensan de otra manera. Por eso ella, Sulamitis, pregunta con un tipo de modestia infantil: ¿qué queréis contemplar en la danza de Mahanaim...? Las mujeres de Jerusalén quieren contemplar una danza semejante a la danza de Mahanaim. Este puede ser el nombre de una ciudad levítica (actualmente *Mahneh*), en la tribu de Gad, al norte del río Jabbok, donde Ishbosheth residió por dos años, y donde David fue hospitalariamente acogido cuando huía de Absalón (cf. Lutero, *La danza de Mahanaim*). A partir de estos datos podríamos suponer que en esta ciudad de Transjordania se celebraba un tipo de festival como aquel del que se habla en Silo en Jue 21, 19 y podemos compararla con *Abel-meholah* = pradera de la danza, el nombre del lugar de nacimiento de Eliseo (cf. también Heródoto. i. 16: "La danza de la ciudad arcadia de Tegea").

Ciertamente, el Cantar tiende a ofrecer más bien referencias retrospectivas a temas antiguos de Gn 4, 11 y 7, 11. De todas formas, en Gn 32, 3 y en Gn 32, 3,

Escena 1 (Cnt 6, 10 – 7, 6)

el nombre de _Mahanaïm_ alude a las dos compañías de ángeles que protegieron a Jacob en Gn 32, 8. Böttcher piensa que _Mahanaïm_ es un plural con terminación en _aim_ como מים (aguas) y שמים (cielos). El nombre de esta ciudad está vinculado con la visión de Jacob.

Como nombre de ciudad, _Mahanaïm_ va siempre sin artículo, aunque en este caso donde va con artículo (מַה־ תֶּחֱזוּ בַּשּׁוּלַמִּית כִּמְחֹלַת הַמַּחֲנָיִם), lo que indica que debe tener un sentido especial. Los intérpretes antiguos traducen "las danzas de los campos" (texto siríaco: y Jerónimo: _choros castrorum;_ Véneto: θίασον στρατοπέδων), de tal manera que no sabemos si se trata de una danza guerrera o de un tipo de desfile por lo que, pasando por alto el dual y cambiando מחנים por מצנות, se obtiene una figura que en esta conexión resulta oscura y carente de sentido. Sea como fuere, se trata de una figura de carácter angélico. Las hijas de Jerusalén desean que Sulamitis dance, y ellas presentan su danza como un tipo de visión angélica vinculada a Mahanaim, lugar de la revelación de los ángeles de Dios al patriarca Jacob.

En esa línea, en el hebreo postbíblico, la palabra _Mahanaïm_ vino a convertirse en un nombre directamente aplicado a los ángeles, como si hiciera alusión a un tipo de establecimiento o lugar angélico. Esta danza de los ángeles vino a presentarse como expresión del canto responsorial de los ángeles en Is 6, 1-13. Por su parte, en la poesía germana antigua, se asocian los coros angélicos y los ejércitos celestes (cf. Walther von der Vogelweide, 173, 28). La mitología de la India va incluso más allá y transfiere a los cielos no solo el tema original de la danza, sino también el tema dramático de la danza de los ángeles (cf. _Götting. Anziegen_, 1874, p. 106).

La siguiente descripción alude de un modo innegable a esa danza angélica (solo falta ver para ello los argumentos en contra que presenta en vano Hitzig). En este contexto, no podemos tener nada en contra de estas representaciones y visiones antiguas. Así las mujeres del pueblo redimido de Egipto danzaron dirigidas por Miriam en Éx 15, lo mismo que danzaron las mujeres celebrando la victoria de David sobre Goliat (1Sa 18). David mismo danzó ante el Arca de la Alianza (2Sa 6). Conforme a la visión del AT, la alegría y la danza son inseparables (Ec 2, 4), de forma que el gozo de la danza se entendía no solo como sentimiento de vida juvenil, sino también como gozo espiritual santo (Sal 87, 7).

La danza que las mujeres de la corte quieren contemplar ha de entenderse desde el punto de vida de un juego celebrado entre los danzantes (artistas) que actúan (interactúan) de un modo recíproco con el deseo de agradar a los que participan en la fiesta. Este juego es capaz de ofrecer una alta nobleza moral, siempre que se despliegue dentro de los límites de aquello que es decente, en el tiempo apropiado, de un modo digno y con un intenso gozo natural lleno de inteligencia y consagrado por un tipo de finalidad espiritual.

Quinto acto: Sulamitis, princesa de gran hermosura, pero humilde (Cnt 6, 10 – 8, 4)

De esa manera, cuando danza, Sulamitis no se convierte en una vulgar "bailarina gaditana" (de Tarsis: Marcial, xiv. 203) ni en un *"alma"*, como las mujeres de Asia anterior que hacen negocios con su danza mímica, llena de elementos lascivos, ni se convierten en *bajadere*, prostitutas (cf. Is 23, 14ss.).[2]

Así se entiende también el baile de Miriam en Éx 15, 20, al igual que la danza de la hija de Jefté (Jue 11, 34), el baile de las muchachas de Silo (Jn 21, 21) y el de las mujeres de Jerusalén (1 Sa 18, 6). Por medio de esta danza las mujeres danzantes no se deshonran a sí mismas, como muestra el hecho de que se aluda a la danza de las vírgenes de Israel después del tiempo de la restauración (en Jer 31, 13).

Pero Sulamitis danzó para responder a la petición de las hijas de Jerusalén, como muestra la descripción de su movimiento atractivo que comienza por sus pies y la vibración de sus muslos. Tras despojarse de sus vestidos más externos, cubierta solo con la ropa de pastora o viñadora, Sulamitis baila de un lado al otro ante las hijas de Jerusalén y despliega ante ellas sus atractivos. Con pies previamente desnudos (Cnt 5, 3) o cubiertos solo con sandalias, ella se adelanta e inicia su danza con la elegancia de una hija de príncipe.

7, 1

מַה־ יָּפוּ פְעָמַיִךְ בַּנְּעָלִים בַּת־ נָדִיב חַמּוּקֵי יְרֵכַיִךְ כְּמוֹ חֲלָאִים מַעֲשֵׂה יְדֵי אָמָּן: [1]

[1] ¡Cuán hermosos son tus pies en las sandalias,
oh hija del príncipe!
Los contornos de tus muslos son como joyas,
obra de manos de excelente artista.

El nombre נדיב, que significa noble en disposición y, en segundo lugar, por nacimiento y rango (cf. a diferencia del inverso, que empieza evocando el origen genérico, para tomar después un sentido personal), se convierte más tarde en sinónimo y paralelo de שׂר מלך. A Sulamitis se la llama aquí princesa (hija de príncipe) porque fue elevada al rango del que habla Ana en Sal 113, 8 y al rango hacia el que ella tiende según Cnt 6, 12.

Su belleza, vinculada desde el principio con una dignidad no afectada, aparece ahora como gracia y decoro de princesa. La palabra פעם (paso, de פעם, pisar, como en *nunc pede libero pulsanda tellus*, pisando la tierra con pie en libertad) puede significar tanto pie como paso. Para *pie*, en sentido estricto, suele utilizarse tanto en hebreo como en fenicio la palabra רגל. De todas formas, el significado

---

2. *Alma*, en árabe *'ualmah*, es una bailarina y danzante de tipo juglaresco. Por su parte, *bajadere* es, en portugués, una *baladera/bailadora*, de *balare* (bailar), moverse en círculo, bailando.

Escena 1 (Cnt 6, 10 – 7, 6)

aquí es tanto *pie* como *passus* (cf. en francés: paso de danza). A partir de aquí, la alabanza de los espectadores pasa de los pies a las caderas.

Las curvas de tus caderas son como joyas. Las caderas de doble cara, miradas desde la columna vertebral y la parte inferior de la espalda, se llaman מתנים; miradas desde la parte superior de las piernas hacia arriba y desde el pecho hacia abajo forman la región lumbar, tanto miradas de frente como de lado, חלצים o ירכים. Desde aquí se entienden las múltiples flexiones y movimientos de la parte superior del cuerpo por medio de la articulación del muslo. Los movimientos de tipo circular se llaman חמוקים, de חמק, Por su parte, יֵמָאלָה es el plural de חלי = árabe *haly*, como חבאים (gacela de צבי = *zaby*).

El singular חלי (o חליה = árabe *hulyah*) significa un adorno de mujer, fabricado de oro, plata o piedras preciosas para ser colocado (cf. Pr 25, 2; Os 2, 15) en el cuello, en el pecho o en otra parte del cuerpo. El plural חֲלָאִים aparece solo aquí, y se escoge porque las curvas de las caderas están llenas de vida y belleza y se comparan con el movimiento de esos adornos, que van de un lado para el otro, porque no puede aplicarse a la belleza de las curvas en descanso (חם), quietas, sino en movimiento.

De acuerdo con la idea unitaria de יֵמָאלָה, la aposición no es מעשי, sino מעשה (de acuerdo con el uso palestino, cf. LXX, Targum, Syr. y Véneto). Al artista se le llama אמן (*ommân*), aunque se puede utilizar también la forma אמן, en siríaco *avmon*, en judeo-arameo אומן. El artista, como maestro de una obra estable, recibe el nombre de ימין, hombre de mano hábil, y especialmente de mano derecha. La mano es el "artífice" entre los miembros del hombre (véase Ryssel, *Die Syn. d. Wahren u. Guten in d. Sem. Spr.* 1873, p. 12).

En el verso siguiente, el eulogista pasa de los lomos a la parte media del cuerpo. La danza, especialmente en oriente aparece así, como representación mímica de los sentimientos animados del conjunto de la vida. El pecho y el cuerpo se elevan, y las formas del cuerpo aparecen o se adivinan a través de la ropa.

7, 2

[2] שָׁרְרֵךְ אַגַּן הַסַּהַר אַל־ יֶחְסַר הַמָּזֶג בִּטְנֵךְ עֲרֵמַת חִטִּים סוּגָה בַּשּׁוֹשַׁנִּים:

[2] Tu ombligo, como una copa redonda
que no le falta bebida.
Tu vientre, como montón de trigo,
cercado de lirios.

Al interpretar estas palabras, Hitzig procede como si el que estuviera hablando aquí fuera un puro voluptuoso. En esa línea, él cambia el sentido de la palabra שָׁרְרֵךְ,

Quinto acto: Sulamitis, princesa de gran hermosura, pero humilde (Cnt 6, 10 – 8, 4)

de manera que no signifique "tu ombligo", sino tus partes genitales. Pero quien habla aquí no es un voluptuoso, y además no es un varón, sino unas mujeres que no habrían querido introducir aquí unas palabras de poca consideración respecto de una mujer (como podría haberlo hecho un rey-varón si fuera el que hablara). Por otra parte, שׁר = árabe *sur* no se utiliza en hebreo para hablar de las partes "secretas" de una mujer, pues para ello hay otra palabra que es סוד (cf. Sal 2, 2; 25, 14, cuya raíz tiene el sentido de estar firme, de apretarse uno al otro). Este pasaje no habla de un cuerpo desnudo de mujer en actitud sexual, sino de su cuerpo en movimiento de danza.

La palabra que aquí se emplea es שׁר, que proviene de la raíz árabe *shurr*, y que significa propiamente hablando, el cordón umbilical. Ese es el sentido que tiene en Pr 3, 8, donde muchos críticos recientes proponen לשרך, pero sin razón consistente. El texto habla más bien del ombligo, לשׁארך = לשׁרך, que es el centro del cuerpo humano para los recién nacidos, y que lo sigue siendo así para las personas mayores, pues de su ombligo sigue brotando un sentimiento placentero de salud que se difunde por todo el cuerpo.

La visión del ombligo nos sitúa, según eso, ante el centro del cuerpo. El ombligo, como centro y parte destacada del abdomen, se muestra claramente cuando el que baila está ligeramente vestido, de manera que se adivina el ombligo incluso a través de las mismas vestiduras, como formando un pequeño hueco a modo de embudo (Böttcher), formando una especie de hueco giratorio en el agua, como se puede ver en las estatuas antiguas de mujeres desnudas. Por eso, las hijas de Jerusalén comparan el ombligo de Sulamitis con una cuenca o concha de desnudez y, de esa forma, lo sitúan entre las cosas que son redondas.

Por su parte, אגן no significa *becher* (que en alemán se refiere a una copa para beber), sino *bechen* (una vasija para mezclar, lavar, fecundar la vida). Esa parte inferior del tronco de la mujer es como una vasija donde se mezcla el agua con el vino, una parte de vino con dos de agua, pues el vientre de la mujer se concebía como el recipiente donde se mezclaban los elementos básicos de la vida y donde así se producía la gran transformación del surgimiento y principio de la existencia humana.

En ese sentido, el "cuenco de la redondez" (אַגַּן הַסַּהַר) es el centro del cuerpo, al que se le pide "que nunca le falte el vino mezclado" (אַל־יֶחְסַר הַמֶּזֶג) que es el signo de la fecundidad de la mujer, donde se origina la vida, como trigo que germina en la tierra. Por eso el texto termina diciendo "que nunca falte el trigo" (el pan de vida, símbolo de fecundidad) que proviene del vientre (בִּטְנֵךְ עֲרֵמַת חִטִּים), es decir, desean que nunca falte el fruto del vientre de la mujer, en este caso de Sulamitis, desean que sea fecunda.

El vientre de Sulamitis es la "copa de la vida", como trigo cercado por lirios de amor. Esta comparación es la misma que la de Rabbi Johanan en *Mezía*

84 *a*: "Aquel que quiere tener una idea de la belleza debe tomar una copa de plata, llenarla con flores de granado y rodear sus bordes con una guirnalda de rosas".[3]

Hasta el día de hoy el maíz (o trigo) aventado y tamizado se apila en grandes montones de forma semiesférica, en cuya parte superior se colocan una especie de molinos movidos por el viento, con el fin de alejar los pájaros. En este contexto dice Wetstein (cf. *Coment. Isaías*, p. 710): "la aparición de estos montones de gran cosecha que uno puede ver en largas hileras paralelas es muy agradable para los campesinos". Todos los campesinos árabes tomarán como hermosa esta comparación de fondo de Cnt 7, 3.

Estos montones de granos (cosecha) se llaman actualmente *ṣubbah*. Por el contrario, la palabra ערמה se conecta con *ṣubbah*, *i.e.*, con un montón de maíz o trigo que no solamente se ha cosechado, sino que ha sido también tamizado, aventado y colocado en montones para ser llevado al granero. En esa línea, ha de entenderse la palabra סוג, que significa lugar encerrado, rodeado de vallas, de donde viene la palabra postbíblica סיג, una valla, en participio pasivo como פוץ, en orden (véase, *Comment.* Sal 92,12).

La comparación del texto se refiere a la bella apariencia de redondez del ombligo/vientre de Sulamitis, pero al mismo tiempo, al color brillante de la piel del vientre que brilla a través del vestido, pues la imaginación distingue y contempla más que los ojos externos y termina viendo lo que está velado a través de lo que es visible.

Conforme a una *Sunna* musulmana, el color trigo era el primer color del hombre. El color amarillo del trigo y el color blanco del lirio (un blanco tenue) expresan, al mismo tiempo, pureza y salud. Los montones de trigo pueden tener un color de fuego y expandir su propio calor, como ha mostrado Plutarco en *Quaest*, según dice Biesenthal. Lógicamente, conforme al progreso de la descripción, el Cantar tendrá que hablarnos ahora de los pechos de Sulamitis.

7, 3-4

3 שְׁנֵי שָׁדַיִךְ כִּשְׁנֵי עֳפָרִים תָּאֳמֵי צְבִיָּה:

4 צַוָּארֵךְ כְּמִגְדַּל הַשֵּׁן עֵינַיִךְ בְּרֵכוֹת בְּחֶשְׁבּוֹן עַל־ שַׁעַר בַּת־ רַבִּים אַפֵּךְ כְּמִגְדַּל הַלְּבָנוֹן צוֹפֶה פְּנֵי דַמָּשֶׂק:

3. Cf. mi *Gesch. d. Jüd. Poesie*, p. 30s. Allí recuerdo una costumbre de la celebración del matrimonio judío que consistía en arrojar sobre los recién casados una vasija coronada de flores y llena de trigo o maíz, con monedas en el fondo, acompañando todo con un grito: פרו ורבו tened frutos y multiplicaos.

Quinto acto: Sulamitis, princesa de gran hermosura, pero humilde (Cnt 6, 10 – 8, 4)

³ Tus dos pechos, como crías gemelas de gacela.
⁴ Tu cuello, como torre de marfil;
tus ojos, como los estanques de Hesbón junto a la puerta de Bat-rabbim;
tu nariz, como la torre del Líbano, que mira hacia Damasco.

El verso 7, 3 repite lo dicho por Cantar en 4, 5, pero con omisión de algunas palabras como "pastando entre lirios", pues la referencia a los lirios se ha realizado en otro contexto. En lugar de תאומי aquí tenemos תָּאֳמֵי (cf. גאלי, Neh 8, 2, de גאל).

Tu cuello como torre de marfil. El artículo en הַשֵּׁן puede haberse puesto como designación de especie (para distinguir el marfil de otros materiales, cf. Cnt 1, 11). Pero, al igual que en Cnt 7, 5, parece que aquí se está aludiendo a una torre material concreta con la que se quiere comparar el cuello de Sulamitis: una torre cubierta externamente con placas de marfil, una fortificación bien conocida en Jerusalén y visible desde lejos, especialmente cuando brillaba el sol sobre ella. En el caso de que las cosas debieran entenderse de otra forma, el poeta lo habría indicado como hace en el ejemplo siguiente (al referirse a los estanques de Hesbón). Para ser descrito de esta forma, el cuello de Sulamitis debía ser muy esbelto, deslumbrante, señorial y cautivador.

Estas comparaciones y las siguientes serían desproporcionadas si se aplicaran a una mujer cualquiera. Pero ellas se referían a la esposa de Salomón, a una reina, y de esa forma se le aplican a ella, que es una mujer única, pues su esposo es el rey que gobierna sobre el reino del pueblo de Dios. Estas comparaciones sirven para justificar la grandeza de la reina.

Tos ojos son como estanques de Hesbón, depósitos de agua que se hallaban a la puerta de una ciudad populosa. Esa ciudad, llamada Hesbón, había pertenecido en un momento anterior a los amoritas, pero en el tiempo del reinado de Salomón era una ciudad israelita y se hallaba a cinco horas y media de distancia hacia el norte del Mar Muerto, en una meseta extensa, ondulada, fructífera, con una visión abierta hacia la lejanía. En el lugar de la antigua ciudad no existe actualmente más que un montón de ruinas, con un torrente que nace precisamente allí y que fluye hacia el oeste, desembocando en el *Ghôr*, un torrente que recibe precisamente el nombre de *Nahr Hesbán*, y que desemboca en el río Jordán no lejos de su entrada en el Mar Muerto. El entorno de la ciudad estaba ricamente regado.

Todavía existe allí actualmente un gran estanque, muy bien construido, en la zona del valle, a media milla de distancia del lugar donde se hallaba edificada la ciudad, junto a la cual debía haber dos estanques, no necesariamente juntos, como pegados uno al otro, cerca de la puerta de la ciudad, pero sí fuera de ella. La palabra שַׁעַר, puerta, que se define como "hija de muchos" (בַּת־רַבִּים) está en femenino (a diferencia de Is 14, 31). El sentido de בַּת־רַבִּים es parecido al de עמרבתי, y ha de referirse a la ciudad (que es de muchos, grande), no a la puerta (Hitzig).

Escena 1 (Cnt 6, 10 – 7, 6)

La lectura conjetural *Bath-'Akrabbim* (de las serpientes), que podría estar relacionada con la famosa "subida de Akrabbim" (Nm 34, 4; Jos 15, 3), parece menos apropiada porque ese lugar, con las escarpadas alturas que cruzan oblicuamente el *Ghôr* (valle inferior o quebrada), al sur del Mar Rojo, que trazaban desde tiempo antiguo la frontera del Reino de los amoritas (Jue 1, 36; cf. Robinson, *Phys. Geogr.* p. 51) se hallaban muy alejadas y no podían dar nombre a la puerta de Hesbón. Por otra parte, el nombre בַּת־רַבִּים, hija de muchos o numerosa no se refiere a la puerta, como si ante ella se reunieran muchas personas, sino a la ciudad, que debía tener muchos habitantes. No es la puerta, sino el esplendor de la ciudad el que ofrece un contexto famoso para mantener el recuerdo de las cisternas, vinculado a la figura de Sulamitis.

Por su parte, ברכה (cisterna, estanque, palabra que viene de ברך, extenderse, bendecir; cf. *Genesis* 98; Fleischer, en Lv, I, 420b) está indicando que se trata de unas cisternas bien construidas, de forma redonda o cuadrada. La comparación de los ojos a unas cisternas indica, como dice Wetstein (*Zeitschr. für allgem. Erdkunde*, 1859, p. 157s.), que esas cisternas brillaban como un espejo de agua o que tenían una apariencia muy agradable, pues no hay para los árabes un placer más grande que contemplar una superficie de agua clara que se ondule de forma elegante. Posiblemente, las dos piscinas han de mirarse y se ven al mismo tiempo como si fueran un espejo en el que se reflejan los húmedos ojos de Sulamitis. Así dice Ovid (*De Arte Amatoria* ii. 722): "*Adspicies oculos tremulo fulgore micantes, ut sol a liquida saepe refulget aqua*" (mira a los ojos que brillan con trémulo fulgor, como un sol que refulge a menudo en el agua líquida). Es como si mirara y viera el hechizo del amuleto que retiene la mirada del espectador.

El texto sigue diciendo: "*tu nariz como torre del Líbano que mira hacia Damasco*". Esta comparación nos coloca en el centro de los esplendores artísticos del reinado de Salomón. Aquí se está aludiendo a una ciudad y torre concreta. El artículo determina esa ciudad y la expresión posterior (hacia Damasco) la definen de un modo más preciso (véase *Coment.* a Cnt 3, 6). La expresión "el Líbano", הלּמנון, describe toda la cadena de montañas al norte de la tierra de Israel (Furrer). Una torre que está mirando hacia la dirección de Damasco (פני con acusativo, את־פני, como en 1Sa 22, 4) está indicando que se trata de una torre edificada sobre uno de los últimos espolones o alturas orientales de la cadena del Hermón o del monte Amaná (Cnt 4, 8), es decir, en torno a Barada, donde había una torre de vigilancia (2Sa 8, 6) desde cuya altura podría gozarse de una visión paradisíaca de la tierra del entorno.

La figura de la nariz concedía a la imagen de la torre una gran dignidad fisionómica y resaltaba su belleza. Esta comparación de la nariz con una torre de gran altura está ocasionada por el hecho de que la nariz de Sulamitis, sin ser roma o plana, formaba una línea recta desde las cejas a la parte inferior, sin doblarse hacia

153

Quinto acto: Sulamitis, princesa de gran hermosura, pero humilde (Cnt 6, 10 – 8, 4)

la derecha ni hacia la izquierda (Hitzig), ofreciendo un signo de belleza simétrica con una dignidad inspiradora de reverencia. Tras la alabanza de la nariz era normal pensar en el monte Carmelo que forma un promontorio y que, como tal, recibe el nombre de *Anf el- jebel* (nariz de la cadena montañosa).

7, 5

⁵ רֹאשֵׁךְ עָלַיִךְ כַּכַּרְמֶל וְדַלַּת רֹאשֵׁךְ כָּאַרְגָּמָן מֶלֶךְ אָסוּר בָּרְהָטִים:

> ⁵ Tu cabeza encima de ti, como el Carmelo;
> el cabello de tu cabeza, como la púrpura.
> ¡Un rey en esas trenzas está preso!

Nosotros decimos que la cabeza está sobre el hombro (2Re 6, 31; Jud 14, 18) porque pensamos idealmente en el hombre como cabeza, centro de unidad, como lugar donde se vinculan los miembros del ser humano que forman la apariencia externa de su cuerpo. La cabeza de Sulamitis presidía su forma, superando a todos los otros miembros en belleza y majestad, como el Carmelo, con su noble y agradable apariencia, gobernaba la tierra y el mar a sus pies.

Desde la cumbre del Carmelo, cubierta de árboles (Am 9, 3; 2Re 18, 42), se traza una transición a la cabellera que desciende de la cabeza, que los poetas musulmanes suelen comparar con largas hojas, como los pámpanos de la viña y las ramas de las palmeras, y en esa línea, por otra parte, la espesa fronda de los árboles suele llamarse (cf. Is 7, 20) "selva de cabello" (cf. Oudendorp, *Metam de Apuleyo*, p. 744).

Grätz, partiendo de la suposición de que en el Cantar abundan las palabras persas, piensa que כרמל es el nombre de un color llamado *crimson*, pero la palabra hebrea aquí utilizada no es כרמיל, sino כרמל. Además, aquí no tenemos תולעתשני (cf. Is 1, 8; Pr 31, 21). El texto no se está refiriendo a los colores del cabello, como si fueran de color púrpura, ni a un tipo de carmesí (de mezcla de rojo y negro), sino a la forma de la cabellera. No se está refiriendo a los mechones de cabello, sino al cabello en mechones. La cabeza con su cabellera forma la parte superior del cuerpo de Sulamitis. Aquí, en 7, 5b: "y la cabellera suelta de tu cabeza es como hilos de púrpura: un rey está preso en tus trenzas (por tus trenzas)".

Hitzig supone que la palabra כרמל aludía, según el poeta, a כרמיל (color carmesí) y que en esa línea él está evocando la ארגמן (púrpura). De todas maneras, sería más sencillo suponer que la misma situación geográfica del monte Carmelo le había llevado a pensar en el color de la púrpura, pues junto al promontorio del Carmelo se hallaba el lugar más importante de la costa de Palestina y Fenicia para la elaboración del color púrpura, que se empleaba para teñir los tejidos reales y

154

sacerdotales, color elaborado a partir de un tipo de molusco allí abundante (Seetzen, *Reisen*, IV, 277s.).

La palabra דלה (de דלל, colgar, caer de un modo suelto; cf. Job 28, 4; *árabe tadladal*) significa *res pendula*, algo que se mueve como un péndulo, especialmente el cabello. En este contexto, Hengstenberg añade que la palabra púrpura ha causado muchos problemas a los que piensan que דלה significa el pelo de la cabeza. Él por su parte, lo mismo que Gussetius, piensa que esa palabra significa las sienes de la cabeza y que la dificultad nace de aquellos que no saben distinguir el color púrpura del color carmesí, rojizo, más ordinario.

El rojo púrpura es ארגמן (asirio *argamannu*, al igual que el arameo, árabe y persa), aunque con un significado algo distinto al sentido original de la palabra ארגון, que deriva de רגם = רקם, que puede tener colores algo variados, desde el rojo intenso hasta el negro casi reluciente como dice Plinio (*Hist. Nat.* ix. 135), refiriéndose a la purpura de Tiro: *Laude summa in colore sanguinis concreti, nigricans adspectu idemque suspectu refulgens, unde et Homero purpureus dicitur sanguis* (alabanza suma merece la púrpura de Tiro, que tiene color de sangre sólida que se ennegrece cuando la miramos y que brilla de manera intensa…, de manera que, según Homero, la sangre se llama púrpura).

El cabello color púrpura de *Nisus* (figura semidivina griega) no solo juega un papel en el mito, sino que el color oscuro brillante del pelo recibe, en general, el nombre de color púrpura como dicen Luciano (πυρφύρεος πλόκαμος) y Anacreonte (πορφυραῖ χαῖται). Con estas palabras (como la púrpura) termina la descripción, y al llegar a este rasgo final de Sulamitis se añade la exclamación: un rey está preso en tus trenzas (a causa de las trenzas de tus cabellos).

La palabra רהטים, de רהט, correr, se aplica a mechones flotantes de pelos, no a colgantes de adorno que penden de las orejas (Hitzig), sino a largos rizos que fluyen hacia abajo de la cabeza de Sulamitis. La misma palabra (Cnt 1, 17) significa en el norte de Palestina, en su forma רחיט (*ketib*), un canal de agua, *canalis*. Los mechones de cabello de una persona amada suelen llamarse en poesía erótica *lazos* o *cadenas* por los que el amado queda preso, porque "el amor tejió su red en seductores rizos" (Deshâmi, *Joseph y Zuleika*).[4]

Goethe en su *Diván* presenta un ejemplo audaz del mismo argumento: "hay más de cincuenta arpones en cada mechón de tu cabello". Él ofrece, además, otra imagen ofensivamente extravagante cuando dice de un sultán: "En los lazos de tus cabellos yace atado el cuello del enemigo". El término אסור significa, también en árabe, frecuentemente *alguien que está esclavizado por amor*. La palabra *asîruha* tiene el sentido de su amante (cf. Samaschshari, *Mufaṣṣal*, p. 8).

---

4. Cf. del mismo poeta: "¡Ay tus cabellos trenzados! Un corazón queda preso en cada rizo y un dilema abierto en cada anillo de tu cabellera".

Quinto acto: Sulamitis, princesa de gran hermosura, pero humilde (Cnt 6, 10 – 8, 4)

La mención del rey nos lleva de nuevo de la imagen de la danza a la escena que sigue en la que escuchamos otra vez la voz del rey. Escena y situación han cambiado claramente. Del jardín pasamos al palacio donde los dos amantes, sin presencia de espectadores, mantienen el diálogo siguiente:

7, 6

6 מַה־ יָּפִית וּמַה־ נָּעַמְתְּ אַהֲבָה בַּתַּעֲנוּגִים׃

6 ¡Qué hermosa eres, y cuán suave,
Oh amor deleitoso!

Aquí se expresa una verdad que incluye todas las aplicaciones del Cantar. No hay nada que sea tan admirable como el amor que es unión y fecundación de dos vidas, cada una de las cuales se entrega a la otra, encontrando en ella su complemento. Esta dedicación total al otro es, al mismo tiempo, buena para los dos, para el amante y el amado. Todo esto resulta ya verdadero para el amor de la tierra del que habla Walther von Vogelweide: *minne ist zweier herzenwünne*, el amor es el gozo de dos corazones. Todo esto es verdad también en el amor celeste.

El amor terreno sobrepasa todos los restantes deleites de la tierra (que son puramente sensitivos: Ec 8). Por su parte, el amor celeste como dice el apóstol en su Cantar espiritual (1Co 13) es el gozo de dos corazones, de manera que es más grande que la fe y que la esperanza, porque es la meta a la que tienden la fe y la esperanza.

La palabra יָפִית indica (cf. נעמת) que la *eudaimonía* o *felicidad* del alma humana es su satisfacción en el amor. Los LXX, olvidando quizá esta elevación del amor sobre todos los restantes gozos, traducen ταῖς τρυφαῖς σου (en los placeres que tú impartes). Por su parte, el siríaco y Jerónimo, con otros, privan al Cantar de esta altura de luz y de esta elevación leyendo אהמה ¡oh amado! en vez de אהבה (amor mío).

Escena 2: Cantares 7, 7 – 8, 4

7, 7-8

זֹאת קוֹמָתֵךְ֙ דָּמְתָ֣ה לְתָמָ֔ר וְשָׁדַ֖יִךְ לְאַשְׁכֹּלֽוֹת׃ [7]

אָמַ֙רְתִּי֙ אֶעֱלֶ֣ה בְתָמָ֔ר אֹֽחֲזָ֖ה בְּסַנְסִנָּ֑יו וְיִֽהְיוּ־נָ֤א שָׁדַ֙יִךְ֙ כְּאֶשְׁכְּל֣וֹת הַגֶּ֔פֶן וְרֵ֥יחַ אַפֵּ֖ךְ כַּתַּפּוּחִֽים׃ [8]

> [7] Tu talle es semejante a la palmera,
> y tus pechos, a los racimos.
> [8] Yo me dije: subiré a la palmera,
> recogeré sus frutos.
> ¡Que tus pechos sean como racimos de uvas,
> y el perfume de tu aliento como de manzanas!

Cuando Salomón ahora mira a la mujer de su juventud, ella se eleva ante él como una palmera con sus espléndidas ramas de hojas, que los árabes llaman *insan* (hermanas de los hombres) y como una vid que se eleva sobre el muro de la casa, apareciendo así como signo de la mujer que protege el hogar: "Tu estatura es semejante a la palmera, y tus pechos, a sus racimos…".

Este es un tema de fondo de Sal 128, 3 que se desarrolla ahora en el Cantar. Salomón mira, Sulamitis está en pie ante él. Cuando él la mira, de la cabeza hasta los pies, él descubre su estatura, propia de una esbelta y alta palmera datilera, y sus pechos como racimos de fruta dulce en los que, a su debido tiempo, maduran las flores. La palabra קומתך (tu estatura) no se toma como altura física, separada de la persona, sino como expresión de la persona entera (cf. Ez 13, 18). Esta es una cosa evidente que no necesita ponerse de relieve.

La palmera recibe su nombre, *tāmār*, de su delgado tallo que se eleva hacia la altura, hacia la copa superior (cf. Is 17, 9; 61, 6). Este nombre se da especialmente a la *Phoenix dactylifera*, planta autóctona de un territorio que va de Egipto a la India, cultivándose en esos lugares (cf. Gn 14, 7); sus flores femeninas, ordenadas en forma de panículas, se convierten en grandes racimos de jugosos frutos dulces. Estos racimos de color marrón oscuro o amarillo dorado coronan la cima del tallo e imparten una belleza maravillosa a la apariencia de la palma, especialmente al atardecer, llamándose אשוכלות (cf. Dt 32, 32) y en árabe *'ithkal*, plural *'ithakyl* (*votri dactylorum*).

El perfecto דמתה significa *aequata est = aequa est* (igual a, semejante a la palmera). דמה, raíz דם, significa hacer o volverse semejante, suave, uniforme. El perfecto אמרתי, ha de entenderse en sentido retrospectivo: "dije". Esta expresión

Quinto acto: Sulamitis, princesa de gran hermosura, pero humilde (Cnt 6, 10 – 8, 4)

parece estar aquí fuera de lugar. ¿Qué sentido tiene recordar en este momento lo que él dijo? Alguien puede pensar que se trata de algo antinatural, contrario al buen gusto y a las costumbres normales.

Pero, mirando su vida hacia atrás, Salomón quiere recordar a esta atractiva y augusta belleza de Sulamitis para asegurar su posesión y el gozo que ella le prometía, diciendo: "subiré a la palmera", para tomar posesión de ella y gozar de su promesa, como uno asciende (עלה con ב, cf. Sal 24, 3) a una palmera y agarra, se apodera, de sus ramas (אחז en futuro con ב, como en Job 23, 11), סנסנים, moviendo de un lado al otro las puntas de las hojas para llegar hasta los dátiles, esto es, a los frutos dulces que están bajo las hojas. Al igual que los cipreses, *sarwat*, también las palmeras son, para los poetas musulmanes, la figura del amado, y, para los místicos, la figura de Dios (véase *Hâfiz*, ed. Brockhaus, II, p. 46). En el fondo está el deseo de Salomón que quiere poseer los frutos de la palmera. Según eso, la palabra ויהיו־נא (וְיִהְיוּ־נָא שָׁדַיִךְ כְּאֶשְׁכְּלוֹת הַגֶּפֶן) está indicando aquello que Salomón pensaba y deseaba (poseer y gustar los frutos de la palmera y de la vid). La imagen de la palmera culmina lógicamente con estas palabras: subiré a la palmera y tomaré sus frutos (אֶעֱלֶה בְתָמָר אֹחֲזָה בְּסַנְסִנָּיו).

Esta imagen era adecuada en relación con la estatura (Salomón podía subir a la palmera...), pero resultaba menos adecuada en relación con los pechos, pues los dátiles de la palmera son de forma ovalada y tienen un núcleo muy duro. Por eso, la imagen nos lleva de los racimos de dátiles a los racimos de uvas de la vid, que son más adecuados, pues a medida que maduran se vuelven más redondos y elásticos. El aliento de la nariz se llama אף, evocando el aire que se inspira y expira a través de sus orificios pues, en general, los seres humanos respiran por la nariz, teniendo la boca cerrada.

En este contexto resulta natural la comparación de las manzanas, que se llaman תפוח (de נפח, según la forma תמכוף; cf. וְרֵיחַ אַפֵּךְ כַּתַּפּוּחִים), por la fragancia que exhalan; una fragancia que la tradición del paraíso de Gn 2–3 ha situado en el principio de la creación de la humanidad como signo de deseo, atracción olorosa, de manera que podemos trazar, una vez más, una línea de comparación entre el conjunto del Cantar y Gn 2–3.

7, 9

⁹ וְחִכֵּךְ כְּיֵין הַטּוֹב הוֹלֵךְ לְדוֹדִי לְמֵישָׁרִים דּוֹבֵב שִׂפְתֵי יְשֵׁנִים:

⁹ Es tu paladar como el buen vino,
que se entra a mi amado suavemente
y hace hablar los labios de los adormecidos.

Escena 2 (Cnt 7, 7 – 8, 4)

יִין טוֹב (Pr 6, 24) es el vino de buena calidad, el mejor, a diferencia de רְעָאוֹשֵׁת que se aplica a una mujer de mala conducta, de vida mala. El neutro, utilizado como adjetivo, cumple aquí la función de un genitivo atributivo, como en Pr 24, 25 donde tenemos un genitivo de fundamento. Estas palabras (tu paladar como buen vino, כְּיֵין הַטּוֹב הֹלֵךְ) dan la impresión de que están aludiendo a un tipo de beso.

Sulamitis se está fijando en los labios del amado como si estuviera pensando en *jungere salivas oris*, en unir la saliva de la boca de uno y de otro (Lucrecio) y en *oscula per longas junge repressa moras*, "darse besos apretados durante largas pausas…" (Ovidio). Pero si hemos entendido bien Cnt 4, 11 y 5, 16, más que a los besos, los labios están vinculados a las palabras de amor que se dicen los amantes en forma de murmullo al abrazarse. Solo desde ese fondo de palabras de amor se entiende la comparación pronunciada ya claramente por la misma Sulamitis: *Como el vino que entra suavemente en mi amado, así fluye el amor por los labios de los que duermen* (הֹלֵךְ לְדוֹדִי לְמֵישָׁרִים דּוֹבֵב שִׂפְתֵי יְשֵׁנִים).

Estas palabras evocan claramente la estructura dramática del Cantar. En este momento, Sulamitis interrumpe las palabras anteriores del rey y continúa hablando con palabras que parecen un eco de las anteriores que el mismo rey ha dicho. Los LXX mantienen aquí la expresión לדודי (para mi amado) que aparece en el texto hebreo. A pesar de ello, esas palabras quizá no son originales. Hitzig supone que han sido introducidas por error a partir de Cnt 7, 11. Ewald (*Hohesl*. p. 137) decía ya lo mismo y Heiligstedt le sigue, como de costumbre.

Sea como fuere, como dirá más tarde Ewald, esta línea o verso del Cantar queda así demasiado corta, de manera que no corresponde a lo que viene después. Pero ¿cómo puede conectarse en ese caso לדודי con las palabras de Salomón? Ginsburg responde: "Su voz no se compara simplemente con el vino en general, porque es dulce para todos, sino con el vino que es especialmente dulce para un amigo, y por eso es más valioso y agradable". Pero esta respuesta ofrece una digresión εἰς ἄλλο γένος (es decir, a otro tema, que no es el del Cantar). Y, además, como Ewald añade rectamente, Sulamitis utiliza siempre דודי al hablar de su amado y el rey no utiliza nunca esa palabra.

De todas formas, Ewald se opone a la idea de que Sulamitis interrumpe aquí a Salomón, es decir, que le replica (*Jahrb*. IV, 75): "Esas interrupciones acontecen con frecuencia en otros textos escritos con menos cuidado. Sin embargo, en el Cantar no encontramos ningún ejemplo de ese estilo descuidado, de manera que deberíamos dudar de que aquí pudiera encontrarse una conversación con interrupciones". Por eso, él prefiere pensar que la palabra originaria está en plural, con לדודים (amados), aunque podría estar con una *i* abreviada de plural, en estilo popular.

Pero ¿no será preferible pensar que *le dodim* es una adición inútil? Por otra parte, ¿el vino excelente es solo bueno para el gusto de los amigos y no para el gusto

Quinto acto: Sulamitis, princesa de gran hermosura, pero humilde (Cnt 6, 10 – 8, 4)

y placer de todos los que lo beben? ¿Y dura menos en el paladar de los no amigos que en el de los amigos? Además, la circunstancia de que Sulamitis interrumpa al rey y se atreva a disentir sus palabras ¿no es algo que sucede con frecuencia en otras obras semejantes, como en el drama griego, por ejemplo, en Eurípides, *Fenicias* 608? El texto, tal como aparece ante nosotros, requiere que haya un intercambio entre los que hablan (Salomón, Sulamitis) y nada nos impide pensar que ha podido existir. Ante este tema, por una vez, Hengstenberg está de acuerdo con nosotros pues, a su juicio, la *lamed* de *ledodi* se entiende en el mismo sentido que cuando la novia bebe por el novio, utilizando la expresión *ledodi* ¡por mi amado!

La *lamed* en למישרים se utiliza para indicar que en el gesto de beber se está siguiendo una norma establecida, como sucede en la *beth* de במי (Pr 23, 31), que sirve para indicar que estamos en un contexto de acompañamiento. Por último, en esta frase se está diciendo que lo que tiene mal sabor queda como pegado al paladar (de manera que es difícil de digerir), pero lo que tiene buen gusto y sabor se desliza hacia el estómago directa y suavemente.

Después de todo esto, preguntamos: ¿qué significa la frase לְמֵישָׁרֵים דּוֹבֵב שִׂפְתֵי יְשֵׁנִים? Los LXX traducen ἱκανούμενος χείλεσί μου καὶ ὀδοῦσιν, "acomodándose (Symmaco: προστιθέμενος) a mis labios y dientes". De un modo semejante, Jerónimo (omitiendo el falso μου) pone *labiisque et dentibus illius ad ruminandum*, donde el término דבה, *rumor*, en vez de דובב, parece haberle llevado a pensar en *ruminare*, rumiar. Finalmente, tenemos la traducción de Lutero que es contraria al texto: "El vino que a mi amigo se le desliza suavemente, de forma que habla de lo que le sucedió el año anterior". Esta traducción supone que el texto pone ישנים (años), como supone también la traducción del Véneto, en vez de *dientes*, como si el buen vino nos llevara a recordar lo que pasó en años anteriores, sin tener en cuenta el significado de los labios, שפתי.

Los diversos intérpretes han querido traducir el texto desde sus diferentes perspectivas, intentando precisar el sentido de las palabras (sueño, dientes y vino) sin encontrar una solución definitiva al enigma del texto, en cuyo fondo está la relación entre el vino y el amor, entre el sueño y el amado, una relación que en el fondo es clara, aunque se puede concretar de diversas maneras. Ciertamente, no se trata de beber mientras se duerme, sino de *dormir porque se bebe y porque se ama*, uniendo las referencias al sueño con las del amor y las del vino, con un tipo de felicidad que está relacionada con el amor, el vino y el sueño y con las palabras que se dicen en una situación semejante.

Lo único seguro es que en el sueño del amor y del vino se mueven suave y amorosamente los labios y los dientes. En ese contexto, se dice que el vino generoso hace que se muevan los labios del que duerme, un movimiento de satisfacción que se expresa en forma de palabras. El vino generoso es una imagen de la respuesta de amor del amado, dando la impresión de que sigue bebiendo a sorbos, moviendo

Escena 2 (Cnt 7, 7 – 8, 4)

los labios, en sueños deliciosos y llenos de alucinaciones. Esta es una imagen llena de posibilidades de interpretación. Recordemos que el texto, hasta ahora, nos ha hecho evocar el signo de la mujer/palmera con unos frutos dulces (dátiles) que son como pechos de amor, pasando a los labios, que se comparan con el vino, el vino que se bebe y conduce al sueño, un sueño en el que los labios siguen gozando el vino del amor simbolizado por los labios de la amada.

7, 10

10 אֲנִי לְדוֹדִי וְעָלַי תְּשׁוּקָתוֹ: ס

[10] Yo soy de mi amado, conmigo tiene su contentamiento.

Tras las palabras "yo soy de mi amado" parece que falta la parte complementaria "y mi amado es mío" como en Cnt 6, 3 (cf. Cnt 2, 16), que da la impresión de que aquí se ha dejado a un lado. La segunda parte se refiere a Gn 3, 15, pues tanto aquí como allí se repite la palabra תְּשׁוּקָה, de שׁוּק, impulsar, moverse. Este es el impulso del amor como poder natural. Cuando una mujer es objeto de una pasión de ese tipo, por un lado, ella se siente muy afortunada por ello. Pero, al mismo tiempo, el amor en su alta exigencia resulta excesivo y, si en ese momento la amante percibe que está siendo observada por muchos ojos, ella se perturba.

Esta mezcla de sentimientos es la que mueve a Sulamitis cuando continúa respondiendo a la alabanza que tan ricamente se le prodiga con palabras que denotan lo que ese amor podría ser para el rey, pero inmediatamente se interrumpe, como muestra el siguiente versículo, para indicar lo que su abundancia de amor significa, exponiendo con amor lo que ella puede pedir a su amado. Ella muestra así que su carácter sencillo e infantil anhela la tranquilidad de la vida rural, lejos del bullicio y la ostentación de la vida de la ciudad y la corte.

7, 11-13

11 לְכָה דוֹדִי נֵצֵא הַשָּׂדֶה נָלִינָה בַּכְּפָרִים:

12 נַשְׁכִּימָה לַכְּרָמִים נִרְאֶה אִם פָּרְחָה הַגֶּפֶן פִּתַּח הַסְּמָדַר הֵנֵצוּ הָרִמּוֹנִים שָׁם אֶתֵּן אֶת־ דֹּדַי לָךְ:

13 הַדּוּדָאִים נָתְנוּ־רֵיחַ וְעַל־פְּתָחֵינוּ כָּל־מְגָדִים חֲדָשִׁים גַּם־יְשָׁנִים דּוֹדִי צָפַנְתִּי לָךְ:

[11] Ven, oh amado mío, salgamos al campo,
pasemos la noche en las aldeas.
[12] Levantémonos de mañana a las viñas;
veamos si brotan las vides, si están en cierne,

161

Quinto acto: Sulamitis, princesa de gran hermosura, pero humilde (Cnt 6, 10 – 8, 4)

si han florecido los granados;
allí te daré mis amores.
[13] Las mandrágoras exhalan su fragancia,
y a nuestras puertas hay toda suerte de dulces frutas,
nuevas y añejas que, para ti, oh amado mío, he guardado.

Hitzig comienza aquí una nueva escena, a la que pone el título de: "Sulamitis se apresura a regresar a casa con su amado". El defensor de la hipótesis del pastor piensa que la fiel Sulamitis, después de escuchar el panegírico de Salomón, sacude la cabeza y dice: "yo soy de mi amado" (es decir, de su amigo pastor), llamándole y diciéndole: "Ven, amado mío". Ewald trata de explicar de esa manera el desarrollo del tema. La confianza dorada de su triunfo cercano eleva a Sulamitis en espíritu inmediatamente por encima de todo lo que ha pasado, llevándole al principio de su amor (es decir, al pastor de su aldea). Solo a su pastor amado puede ella hablar; y como si estuviera mitad aquí y mitad ya allá, en su casa rural, a su lado, le dice: "Vamos al campo".

Pero en contra de esa hipótesis del pastor oculto a quien Sulamitis ama de verdad (no al rey) debemos decir de nuevo que es totalmente increíble. Todo sería increíble en esta Sulamitis, amante del pastor, cuyos diálogos con Salomón no serían más que palabras que le dirige Salomón, pero con respuestas que no son de Sulamitis a Salomón, sino monólogos que ella dirige internamente a su pastor.

No hay nada más inverosímil que esta figura de Sulamitis, cuyo diálogo con Salomón consiste en discursos huecos de Salomón, y en respuestas que Sulamitis no dirige a Salomón, sino a su pastor. No hay nada más cobarde y sombrío que este amante rey fracasado que anda a la luz de la luna buscando a su amada pastora a la que ha perdido, mirando aquí y allá a través de las celosías de las ventanas y desapareciendo de nuevo. Mucho más justificable es el *Drama del Cantar*, escrito por el jesuita francés C. F. Menestrier (nacido en Lyon el año 1631 y muerto en 1705) quien, en dos pequeñas obras sobre ópera y balet, habla de Salomón como creador de la ópera e interpreta el Cantar como una obra de teatro sobre un pastor en la que su relación amorosa con la hija del rey de Egipto se expone bajo las figuras alegóricas del amor de un pastor y una pastora.[5]

Ciertamente, a Sulamitis se la toma como רעה o pastora en Cnt 1, 8 y ella toma a Salomón como un רעה o pastor. Ella sigue sintiéndolo así incluso después de su elevación al rango de reina. La soledad y la gloria de la naturaleza externa (campo de pastores) le son más queridas que el bullicio y el esplendor de la ciudad y la corte. De ahí su deseo de salir de la ciudad hacia el campo.

---

5. Cf. Eugène Despris, *Revue politique et litteraire*, 1873. Esta no es una idea nueva. Así pensaba también en el fondo Fray Luis de León (cf. Wilkens, *Biographie*, 1866, p. 209).

Escena 2 (Cnt 7, 7 – 8, 4)

השׂדה es el campo, en sentido amplio, sin más designación, como *rus* (país). La palabra כפרים (aquí y en 1Cr 27, 25), es el plural de una forma que no se utiliza en singular, כפר, (constructo de כפר, Jos 18, 24) o כפר, árabe *kafar* (cf. siríaco diminutivo *kafrûno*, ciudad pequeña). Por otra parte, como en 1Sa 6, 18, כפר, es el nombre de un poblado o distrito campesino con el que se denominan muchos lugares posteriores, como כפרנחום. En cambio, Ewald entiende aquí *kephārim* como en Cnt 4, 13: nos alojaremos entre los fragantes arbustos de Al-henna.

Pero בכף no puede ser equivalente a הכפרים תחת. Por otra parte, dado que לין, que probablemente es una variante de ליל (noche, pasar la noche), y que השׁכים (Cnt 7, 13) significa estar juntos, podemos suponer que ellos deseaban encontrar un lecho (un tálamo) entre los arbustos de *henna*, lo cual, si pudiera tomarse en serio, sería demasiado parecido a un tipo de matrimonio entre gitanos, algo que era incluso muy bajo para una pareja de amantes con rango de pastores (véase Job 30, 7).

Nada de eso. Las palabras de Sulamitis expresan el deseo de caminar por el campo. Allí estarán en libertad, y por la noche encontrarán refugio (בכף), como en 1Cr 27, 25 y Neh 6, 2, donde también se usa el plural de manera similar, indicando un tipo de paseo por el campo, ahora en este y luego en aquel lugar del campo.

Aplicado al supuesto pastor, este pasaje resultaría ciertamente cómico, porque un pastor no vaga de aldea en aldea. Aquí no se trata tampoco de desviarse hacia las aldeas y pasar allí la noche, sino que se habla de una pastora, o más bien de una viñadora, que ha sido elevada al rango de reina. Este pasaje responde a la relación de Sulamitis con Salomón —que están casados— así como al impulso inexpresable de su corazón después de su anterior vida hogareña en el campo. Ella le pide a su marido que vuelvan durante un tiempo al campo. Y es esa antigua viñadora, la hija de las colinas de Galilea, el lirio de los valles, la que habla en los versículos que siguen.

Levantémonos temprano y vayamos a las viñas (Cnt 7, 12). En la mañana se levantan temprano, tras haber pasado la noche, y así avanza ahora la descripción de lo que sigue. השׁכים es denominativo de שׁכם y, propiamente hablando, significa levantarse, alzarse, prepararse; cuando se quiere indicar la salida a una hora temprana se añade, generalmente, בבקר (cf. Jos 6, 15); de todas formas, esta palabra "por la mañana", בבקר, puede faltar, como en 1Sa 9, 26; 17, 16.

Las palabras siguientes נשׁבונלדלבר = נשׁך לפר son una expresión abreviada de una proposición que podemos encontrar también en prosa, como en Gn 19, 37 (cf. 2Re 19, 9). Ellos desean contemplar el campo por la mañana, cuando la naturaleza puede observarse mejor cómo crece y progresa para ver si las viñas despliegan sus ramas y sus hojas (Cnt 6, 11), si la flor de la vid (véase Cnt 2, 13) se había expandido (LXX ἤνθησεν ὁ κυπρισμός), si la granada tenía sus flores o capullos de flores (הנצו, cf. Cnt 6, 11).

163

Quinto acto: Sulamitis, princesa de gran hermosura, pero humilde (Cnt 6, 10 – 8, 4)

La palabra פתח se utiliza aquí como en Is 48, 8; 60, 11 en forma de transitivo: cumplir algo, ver si algo se realiza, como en árabe *fattaḥ* (véase Fleischer, *Makkari*, 1868, p. 271). Aquí se aplica a la floración de las flores (árabe *tafttaḥ*, desplegarse). Las viñas, aunque no se diga כרמינו, son generalmente las de la propia casa, porque ellas son objeto especial del cuidado de la familia y, en particular, como en este caso, son signo del cuidado y deseo de los amantes. Precisamente allí, entre las viñas, en un espacio de quietud imperturbable, en un lugar consagrado al amor, la amante entregará al amado la plenitud de su amor (שָׁם אֶתֵּן אֶת־דֹּדַי לָךְ).

Diciendo דֹּדַי, Sulamitis muestra la evidencia de comunión (cf. Cnt 4, 10; 1, 2). Ella quiere darle a él su amor, respondiendo de esa forma al amor que él le ha ofrecido. De igual modo, habla ella en la primavera, en el mes de *ijjar*, que corresponde a nuestro *Wonnemond* (=mes del placer, mayo). Así mismo quiere Sulamitis insistir en su promesa, poniendo de relieve las fragantes mandrágoras y los preciosos frutos de todo tipo que ella ha guardado para él en los estantes de su casa natal.

Por su parte דּוּדַי (en su forma לוּלַי), flor de amor, es la *mandrágora officinalis*, que tiene flores de color verde blanquecino y unos frutos amarillos del tamaño de la nuez moscada, pertenecientes a las solanáceas. Sus frutos y raíces se utilizan como afrodisíaco, por lo que esta planta fue llamada por los árabes *abd al-salm*, sierva o mensajera del amor. El hijo de Lea encontró ese tipo de mandrágoras (Gn 30, 14, LXX μῆλα μανδραγορῶν) en el tiempo de la vendimia, que cae en el mes de *Ijjar*. Sus frutos tienen un olor fuerte pero agradable. En Jerusalén las mandrágoras son raras, pero pueden encontrarse de un modo más abundante en Galilea, donde Sulamitis se ha transportado en visión de amor.

La palabra מגדים, (cf. כָּל־מְגָדִים חֲדָשִׁים), de מגד, que en forma singular solo aparece en la bendición de Moisés (Dt 33), sale de un modo particular en Cnt 4, 13. 16. Desde la expresión וְעַל־פְּתָחֵינוּ, hasta el final del verso (צָפַנְתִּי לָךְ), se extiende, según los LXX, Syr., Jerónimo y otros, una sola sentencia, cosa que en sí misma no es imposible porque el objeto puede preceder a su verbo (Is 32, 13), pero una frase tan prolija no forma parte del estilo del Cantar, y no parece clara la razón por la que comience con "sobre nuestra puerta".

Por eso es quizá mejor traducir la frase como hizo Lutero, dividiéndola en dos partes: "y sobre nuestras puertas hay toda clase de frutos preciosos" y "yo los he guardado amado mío para ti". Pero con esta traducción quizá no se gana tampoco en claridad. Por lo tanto, la expresión "amado mío, he guardado para ti", debe tomarse por sí misma, pero no como una oración independiente (Böttcher), sino que debe traducirse, como hace Ewald, como una cláusula relativa refiriéndose, como quiere Hitzig, a ישנים (frutos antiguos). De esa manera, el texto puede referirse a las muchas clases de frutos preciosos que, tras el tiempo de su recolección, se dividen en "nuevos y antiguos" (Mt 13, 52).

Escena 2 (Cnt 7, 7 – 8, 4)

El plural "nuestras puertas", que no sería apropiado aquí como plural amplificativo, se refiere al hecho de que en la casa de los padres de Sulamitis hay varias puertas; y dado que "he guardado" se refiere a una conservación particular de frutas selectas, la partícula *al* (וְעַל־ פְּתָחֵינוּ, Hitzig) no se refiere a un piso superior de la casa o granero, sino a un estante colocado sobre la puerta y utilizado para guardar objetos especiales. Sulamitis sigue así hablando al rey de un modo que parece infantil pues, aunque haya sido elevada a una gran dignidad (como esposa del rey), ella sigue hablando sin ningún orgullo especial, como una niña.

8, 1-2

Si Salomón accede ahora a la petición de Sulamitis, cumpliendo así su ruego, volverá a ver la casa paterna de su amada donde, en los días de su primer amor, ella le guardó lo más precioso para poder darle ahora esta alegría. Puesto que se coloca de esa manera con toda su alma de nuevo en su hogar, en medio de todos sus recuerdos, el deseo expresado en las palabras que siguen surge dentro de ella con la pureza infantil de su amor:

מִי יִתֶּנְךָ כְּאָח לִי יוֹנֵק שְׁדֵי אִמִּי אֶמְצָאֲךָ בַחוּץ אֶשָּׁקְךָ גַּם לֹא־ יָבוּזוּ לִי: ¹

אֶנְהָגֲךָ אֲבִיאֲךָ אֶל־ בֵּית אִמִּי תְּלַמְּדֵנִי אַשְׁקְךָ מִיַּיִן הָרֶקַח מֵעֲסִיס רִמֹּנִי: ²

¹ ¡Oh, si tú fueras como un hermano mío,
amamantado a los pechos de mi madre!
Entonces, hallándote fuera, te besaría,
y no me menospreciarían.
² Yo te llevaría, te introduciría en la casa de mi madre;
tú me enseñarías,
y yo te daría a beber vino adobado
del mosto de mis granadas.

Ciertamente, Salomón no es el hermano que se colgaba con ella de los pechos de la misma madre pero, llevada en su sueño a la realidad de lo deseado, Sulamitis querría tenerlo como hermano ya que ella no dice אח, sino כאח (con כ, que aquí no tiene, como en el Sal 35, 14, el significado de *tanquam*, sino de *instar*, como en Job 24, 14) en lugar de hermanos. En otras palabras: Sulamitis querría que Salomón fuera su hermano. En ese caso, si lo encontrara en la calle, lo besaría (con futuro hipotético en la prótasis, y futuro sin *waw* en la apódosis, como en Job 20, 24; Os 8, 12; Sal 139, 18).

Si fuera su hermano, ella podría sin restricción alguna besarle sin que le llamaran prostituta y sin necesidad (con גם) de que aquellos que le vieran la

165

Quinto acto: Sulamitis, princesa de gran hermosura, pero humilde (Cnt 6, 10 – 8, 4)

despreciaran. La estrecha unión de la relación fraterna le parece, según eso, más alta que la intensa relación establecida por el matrimonio.

Ciertamente, su sentimiento infantil no la engañaba, pues la relación fraternal es más pura, más firme, más duradera que la del matrimonio, en la medida en que esta no culmina en forma de fraternidad, no pudiendo así alcanzar la amistad que se da entre los hermanos (Pr 17, 17). El hecho de que Sulamitis se sentiría feliz siendo hermana de Salomón muestra que ella no estaba dominada por la concupiscencia de la carne, por la concupiscencia de los ojos y por la soberbia de la vida, sino que ama de forma elevada a Salomón.

Si fuera su hermano, ella le tomaría de la mano y lo llevaría a la casa de su madre, y entonces, bajo la mirada de su madre común, Salomón se convertiría en su maestro, y ella en su alumna. Los LXX añaden, después de las palabras "en casa de mi madre", la frase καὶ εἰς ταμεῖον τῆς συλλαβούσης με (cf. Cnt 3, 4). De la misma manera traduce el siríaco, sin haber leído las palabras siguientes, διδάξεις με, que se encuentran en algunos códices de los LXX.

En relación con la palabra *telammedēne* (me instruirías), pensando que es inapropiada, Hitzig pregunta: ¿qué es entonces lo que podría enseñarle? Pero, en contra de eso, el texto lo traducen de un modo correcto Jerónimo, el Veneciano y Lutero: "Tú querrías (deberías) instruirme". También traduce bien el Targum: "Yo te conduciría, oh Rey Mesías, y te llevaría a la casa de mi santuario; y me enseñarías (וּתְאַלְּפִיתִי) a temer a Dios y a andar en sus caminos".

No es su madre, sino Salomón, el que está en posesión de la sabiduría que ella codicia; y si él fuera su hermano, como ella desea, entonces ella lo obligaría a que fuera su maestro. Este es el punto de vista, favorecido por León Hebreo (*Dialog. de amore*, c. III) y por John Pordage (*Metaphhysik*, III 6, 16) en analogía con el pensamiento de Gitagovinda (Bagavad Gita), de Boecio y Dante, al igual que con un libro siríaco titulado "Sabiduría del Sabio". Eso significa que la sabiduría no está personificada en Sulamitis, sino en Salomón, que es su maestro.

La sabiduría en persona es Salomón; Sulamitis es, en cambio, el alma amante de la sabiduría (cf. mi obra: *Das Hohelied* 1851, pp. 65-73). Salomón es la sabiduría y Sulamitis desea compartirla con él. ¡Qué visión tan profunda ofrece esta palabra que brota del corazón de Sulamitis y que ella dirige a Salomón, diciéndole, tú me enseñarías!

Sulamitis sabía lo mucho que le faltaba para ser con Salomón todo lo que una esposa debería ser para su esposo. Pero en Jerusalén, el ajetreo de la vida de la corte y el peso de sus regios deberes no permitían que ella se dedicara al estudio de la sabiduría divina. En contra de eso, si se encontraran en la casa de su madre, él la instruiría y ella le respondería con vino de especias y jugo de granadas.

La palabra *vinum conditum* (מִיַּיִן הָרֶקַח, vino adobado), está en aposición de genitivo; *vinum conditurae* (vino de adobos, de aromas, ἀρωματίτης, en Dioscórides

Escena 2 (Cnt 7, 7 – 8, 4)

y Plinio), como en Sal 6, 5 y לחץ מים y 1Re 22, 27, etc. (véase Philippi, *Stat. Const.* p. 86). La palabra אשקך lleva delante אשקך formando así un hermoso juego de palabras. עסיס designa el jugo exprimido. El caldeo עַ corresponde al hebreo דרך, usado para pisar las uvas. No es necesario traducir רמני en forma de apócope plural, como מני, Sal 59 (Ewald, §177a); *Rimmon* es el nombre que se da al zumo de granada (cf. ῥοΐτης = *vinum e punicis*, en Dioscórides y en Plinio). Las granadas no han de tomarse aquí como un símbolo erótico.[6]

8, 3-4

Sintiendo ahora en sus sueños que Salomón es su hermano, a quien puede besar libre y abiertamente, siendo además su maestro, con quien puede sentarse en relaciones confidenciales bajo la mirada de su madre, tiene la sensación de estar estrechamente abrazada por él, y llama desde lejos a las hijas de Jerusalén para que no perturben su feliz disfrute:

שְׂמֹאלוֹ תַּחַת רֹאשִׁי וִימִינוֹ תְּחַבְּקֵנִי: ³

הִשְׁבַּעְתִּי אֶתְכֶם בְּנוֹת יְרוּשָׁלָ͏ִם מַה־ תָּעִירוּ ׀ וּמַה־ תְּעֹרְרוּ אֶת־ הָאַהֲבָה עַד ⁴
שֶׁתֶּחְפָּץ: ס

³ Su izquierda esté debajo de mi cabeza,
y su derecha me abrace.
⁴ Os conjuro, oh doncellas de Jerusalén,
que no despertéis ni arruinéis al amor, hasta que quiera.

En lugar de תהת ל, "debajo", aquí se pone, como en otras veces, תהת (cf. Cnt 8, 5). En lugar de אם ... ואם en el conjuro, tenemos aquí el equivalente de מה ... ומה. El interrogativo מה, que en árabe se convierte en negativo, aparece aquí (como en Job 31, 1) con un sentido que es ya casi negativo: "que no despertéis…". Aquí no se pone *per capreas* o *per cervas agri* (cf. Cnt 2, 7-9), tal vez porque el sentido cósmico del amor ha terminado ya, y el ἔρως tiende a convertirse en ἀγάπη. Las hijas de Jerusalén no deben convertir esta fiesta de amor en amor mundano, sino dejar que él (Salomón) se transforme a sí mismo.

---

6. Véase Porphyrius (*de Abstin.* iv. 16) e Inman en su libro obsceno *Ancient Faiths* (vol. I, 1868), según el cual la granada es un emblema de "un vientre de mujer lleno". De las granadas se habla aquí porque son bellas, preciosas, y sus granos parecen venir del paraíso. Así dice un proverbio de la Suna-h-Alí, que "en la gloria comerán granadas (persa *an*), porque sus granos vienen del paraíso" (véase Fleischer, *Catal. Codd.*, p. 428).

SEXTO ACTO:
RATIFICACIÓN DEL PACTO DE AMOR
EN CASA DE SULAMITIS
(Cnt 8, 5-14)

Escena 1: Cantares 8, 5-7

El deseo anhelante de Sulamitis alcanza su satisfacción. Mano a mano con Salomón, ella avanza y camina con él hacia su tierra natal que es Sunem (Sulem), que está al final de la parte occidental del pequeño Hermón (Gebel el Duhí), a algo más de hora y media de camino desde Jezrael (Zerain) que, por su parte, está a los pies de una montaña al noroeste del monte Gelboe. Entre los dos montes yace el valle de Jezrael, en la gran llanura que en 2Cr 35, 22 y en Zac 12, 11 recibe el nombre de Megguido (Esdrelon), que ahora se llama *Merj Ibn Amir*, una extensa planicie que, mirada desde las colinas de Galilea en primavera, se ve como un mar verde rodeado de hermosas colinas.

Debemos pensar que desde la zona de Jezrael, que ofrece una visión de conjunto de la tierra, la joven pareja, el rey y su amada, fueron caminando a pie a través del valle que era muy hermoso, que estaba bien regado, lleno de frutos, torciendo después hacia una pequeña ciudad desde donde empezaban a subir las empinadas laderas del pequeño Hermón. Aquí, en este lugar, seguían los paisanos y vecinos de estos caminantes de amor. Sin saber quién venía, los paisanos de la amada empezaron a decir:

Sexto acto: Ratificación del pacto de amor en casa de Sulamitis (Cnt 8, 5-14)

8, 5

‎5 מִי זֹאת עֹלָה מִן־ הַמִּדְבָּר מִתְרַפֶּקֶת עַל־ דּוֹדָהּ תַּחַת הַתַּפּוּחַ עוֹרַרְתִּיךָ שָׁמָּה חִבְּלַתְךָ
‎אִמֶּךָ שָׁמָּה חִבְּלָה יְלָדַתְךָ:

> [5] ¿Quién es esta que sube del desierto,
> recostada sobre su amado?
> Debajo de un manzano te desperté;
> Allí donde tu madre te concibió;
> Donde te concibió la que te dio a luz.

El tercer acto del Cantar (3, 6) comenzaba con una pregunta semejante a la del inicio de este sexto acto (8, 5). Con la pregunta anterior concluía la descripción del crecimiento de la relación de amor. Con esta pregunta se consuma la relación de amor como tal. En vez de "subiendo del desierto", los LXX ponen "vestida de blanco" (λελευκανθισμένη). El traductor ha tenido que suponer que la palabra ilegible que tenía delante era *mitchauweret*, en vez de מִתְרַפֶּקֶת.

El hecho de que Sulamitis se apoyara en su amado no se debe solo a su cansancio, con el fin de suplir su propia debilidad con la plenitud de su fuerza, sino también al ardor y poder que el amor concedía al feliz y orgulloso Salomón, elevando por encima de todos los temores el sentimiento de tener ya a Sulamitis en posesión absoluta. El camino llevaba a la pareja de enamorados hasta el manzano frente a la casa paterna de Sulamitis, hasta la casa que había sido testigo del comienzo de su amor.

Así sigue diciendo Salomón: "Debajo del manzano te desperté...". Pero esas palabras (debajo del manzano te desperté...) pueden tomarse también como palabras de Sulamitis a Salomón. Aquí, bajo este manzano, fue donde Salomón se encontró con ella, y ella disfrutó en él su primer amor. Esa palabra no puede significar solo que Salomón despertó físicamente a su amada del sueño bajo el manzano, pues עורר no tiene nunca el significado de העיר y הקיץ que da aquí Hitzig (puro despertar físico). Esa palabra significa, más bien, agitar, poner en movimiento.

No se trata, pues, de despertar de un sueño físico, sino de conmocionar, de animar, de intensificar y renovar la vida. Estas palabras nos llevan hasta el recuerdo del principio del amor entre Salomón y Sulamitis, para renovar, para reinterpretar y ratificar todo el camino del amor, aunque para ello debamos cambiar la puntuación del texto.[1]

---

1. La palabra חִבְּלַתְךָ, despertar, lleva el acento en la penúltima y la *lamed* con *pathachh*. La Biblia Rabínica de 1526 y 1615 también tienen la misma puntuación.

Escena 1 (Cnt 8, 5-7)

Los intérpretes alegorizantes también encuentran problemas en el caso de que estas palabras sean de Sulamitis y se dirijan a Salomón. Algunos piensan que הַתַּפּוּחַ (el manzano) es un signo del monte de los Olivos que, al dividirse al fin de los tiempos en dos (cf. Zac 14, 4), devolverá vivos a los muertos de Israel (Targum) o que es un signo del monte Sinaí donde se reveló Dios al pueblo en el comienzo del éxodo (Rashi). Sea como fuere, parece preferible pensar que estas palabras son de Salomón y están dirigidas a Sulamitis, no dichas por ella.

Aben-Ezra atribuye estas palabras a Sulamitis, porque piensa en oraciones (en joyas de amor) que son como manzanas de oro en cuencos de plata (Pr 25, 11). Hahn piensa que el manzano es Canaán, donde el pueblo engendró con dolor a Salomón (al mesías). Hengstenberg, presentando aquí una comparación remota, dice que "la madre del Salomón celestial es al mismo tiempo la madre de Sulamitis". Hoelemann piensa en el Corán (*Sura.* 19,32s.), según el cual 'Isa (Jesús), el hijo de Miriam, nació debajo de una palmera. Pero él es incapaz de responder a esta pregunta: ¿qué sentido tiene este manzano en el contexto del nacimiento de Salomón? Si tuviéramos que interpretarlo alegóricamente, sería mejor pensar en el árbol del conocimiento del paraíso (Gn 2-3), al que parecen referirse Aquila y Jerónimo. La expresión ἐκεῖ διεφθάρη, allí fue corrompida, es una interpretación (una visión teológica) que ha sido desarrollada por San Juan de la Cruz en su recreación poética del Cantar en *Cántico espiritual*, y que ha sido aceptada por Godet.[2]

Así podemos suponer que Sulamitis, la pobre humanidad, fue despertada (recreada) por el amor compasivo del Salomón celestial que le dio una prenda de su amor conforme al *Protoevangelium* (como suele decir la interpretación tradicional de Gn 3, 15: con la promesa de la victoria de la mujer Sulamitis sobre la serpiente). De todas formas, en esa línea, en vez de Sulamitis sería mejor hablar de la madre de Sulamitis, que no es la iglesia cristiana (esposa del Cordero), es la iglesia precristiana del Antiguo Testamento, de la que nació el mismo Salvador que por amor elevó a la pobre Sulamitis de la hondura de la muerte a la altura de su honor real.

Salomón recuerda a Sulamitis, junto a ese manzano memorable, trayendo a su memoria el tiempo en que encendió en ella el fuego del primer amor. Aquí y en otros lugares, עורר significa dar energía (Sal 80, 3), encender la pasión (Pr 10, 12), evocando el despliegue de un estado de conmoción violenta (conectado con acusativo de persona). En Zac 9, 13, esa palabra significa excitada de una manera guerrera; aquí, colocada en un estado de agradable excitación de amor que aún no ha alcanzado su objetivo.

---

2. Otros, por ejemplo, Bruno de Asti († 1123) y la Exposición Valdense, editada por Herzog en *Zeit. fürhist. Theol.*, 1861, identifican al manzano con Cristo. Entre esos absurdos, que van en contra del significado de las palabras, vagan los intérpretes alegorizantes.

Sexto acto: Ratificación del pacto de amor en casa de Sulamitis (Cnt 8, 5-14)

Con שמה (allí te concibió tu madre, שָׁמָּה חִבְּלַתְךָ אִמֶּךָ) continúan las palabras de Salomón, pero no para indicar que lo que sigue hubiera sucedido también debajo del manzano, porque Sulamitis no es hija de beduinos, de manera que podría haber nacido bajo un árbol. Entre los beduinos, una doncella nacida accidentalmente en el abrevadero (*menhîl*), en el camino (*rahîl*), en un campo cubierto de rocío (*tall*) o de nieve (*thelg*), recibe por esa circunstancia un nombre adecuado por esa circunstancia: *Munêhil* (de *menhîl*), *Ruhêla* (de *rahîl*), *Talla* o *Thelga*, etc.

El lugar de nacimiento de su amor es también el lugar de nacimiento de su vida. Así como התפוח señala el manzano que hallaron en su camino, así שמה señala el final de su camino, la casa paterna que se encuentra cerca (Hitzig). Los LXX traducen bien: ἐκεῖ ὠδίνησέ ἡ μήτηρ σου, mientras que en árabe *habida* significa *concipere*.

En esa línea, después que Salomón ha recordado el comienzo de su relación de amor con Sulamitis, indicándole también el momento de su nacimiento a la vida (allí te concibió tu madre), Sulamitis le responde pidiéndole que conserve el amor que ha tenido y tiene por ella:

8, 6-7

> ⁶ שִׂימֵנִי כַחוֹתָם עַל־ לִבֶּךָ כַּחוֹתָם עַל־ זְרוֹעֶךָ כִּי־ עַזָּה כַמָּוֶת אַהֲבָה קָשָׁה כִשְׁאוֹל קִנְאָה רְשָׁפֶיהָ רִשְׁפֵּי אֵשׁ שַׁלְהֶבֶתְיָה:
>
> ⁷ מַיִם רַבִּים לֹא יוּכְלוּ לְכַבּוֹת אֶת־ הָאַהֲבָה וּנְהָרוֹת לֹא יִשְׁטְפוּהָ אִם־ יִתֵּן אִישׁ אֶת־ כָּל־ הוֹן בֵּיתוֹ בָּאַהֲבָה בּוֹז יָבוּזוּ לוֹ: ס

> ⁶ Ponme como un sello sobre tu corazón,
> como una marca sobre tu brazo;
> porque fuerte es como la muerte el amor;
> obstinados como el Sheol son los celos;
> sus saetas son saetas de fuego;
> sus llamas, llamas de JAH.
> ⁷ Las muchas aguas no podrán apagar el amor,
> ni lo ahogarán los ríos.
> Si diese el hombre todos los bienes de su casa por este amor,
> de cierto lo menospreciarían.

El anillo o sello, que se llama חותם (חתם imprimir), se llevaba atado por una cuerda en el pecho (Gn 38, 18) o también agarrado por la mano, como indica טבעת (de טבע, hundirse en la mano, cf. Jer 22, 24; Gn 41, 42; Est 3, 12), pero no en el brazo. Las palabras "ponme en tu corazón" y "(ponme) en tu brazo", han de expresar

172

pensamientos especiales de cercanía[3]. Con razón, Hitzig encuentra expresado el pensamiento de esa forma en las palabras de Cnt 8, 5: "ponme como sello sobre tu corazón...", שִׂימֵנִי כַחוֹתָם עַל־ לִבְּךָ.

El anillo de sello aparece así, como una joya de la que uno no se separa; y la primera petición de Sulamitis a Salomón es que él lleve su anillo de amor apretado en su corazón (Éx 28, 29); la segunda petición es que la lleve inseparablemente como sello de amor en su brazo, en su mano (cf. Os 11, 3: "He enseñado también a Efraín a caminar, tomándolo en los brazos"). Sulamitis quiere recostarse de esa forma sobre el corazón de Salomón y tenerlo siempre a su lado (cf. Sal 110, 5), estar siempre unida con él de un modo indisoluble, en afecto de amor, en comunión de experiencia de vida.

La razón de la doble petición que sigue a כִּי supera ya el plano individual y se eleva a la universalidad de la alabanza del amor. Por eso, ya no dice ni "mi amor", ni "tu amor", sino אהבה, "el amor" (como en Cnt 7, 7). Ella quiere así decir *amor indivisible*, no fingido, *amor entero y duradero*, no pasajero. Este es el amor verdadero y genuino en el que se cumple de un modo total la idea del amor.

La palabra קנאה que está aquí en paralelo a la palabra amor, está indicando el celo del amor que se esfuerza por poseer al amado de un modo pleno. El celo indica la reacción del amor en contra de cualquier disminución de su posesión, en contra de cualquier reserva propia y egoísta de aquellos que lo acogen. En otras palabras: celo es la "autoreivindicación del amor enojado", como he puesto de relieve en *Prolegomena* a Weber (1836-1879), *Vom Zorne Gottes* (1862), p. 35ss.

El amor es una pasión, es decir, un afecto humano, poderoso y duradero, como lo muestran los "celos". Según la definición del teólogo luterano Dav. Chyträus (2530-1600), el celo *est affectus mixtus ex amore et ira, cum videlicet amans aliquid irasciturilli, a quo laeditur res amata* (es un afecto mixto, compuesto de amor y de ira, por el que el amante se aíra en contra de aquel que daña a su amado).

Por eso, en este pasaje, se utilizan los adjetivos עזה (fuerte) y קשה (duro, inexorable, firme, severo), refiriéndose, por una parte, al "amor" y, por otra parte, a los "celos" (como en Gn 49, 7). En este contexto es muy notable el hecho de que la energía del amor que, por así decirlo, es la vida de la vida, se compare con la energía de la muerte y del hades/sheol (מְמָוֶת y מְשׁאוֹל).

Pues bien, tomado en sentido radical, el amor desprecia a esos dos poderes (la muerte y el hades), triunfa sobre ambos, como dice Pablo en Ro 8, 38 y en 1Co 15. Pero nuestro texto, aquí, no habla de superación. No dice que el amor y los celos superan a la muerte y al hades, sino que están a la altura de ella. El punto de comparación en ambos casos debe obtenerse a partir de los predicados.

---

3. De la copia de la *Tôra*, que debía ser norma de vida para el rey, se dice en *Sanhedrin* 21b que el rey debe llevarla enrollada alrededor del brazo.

Sexto acto: Ratificación del pacto de amor en casa de Sulamitis (Cnt 8, 5-14)

עז, poderosa, es la persona que, siendo atacada, no puede ser vencida (Nm 13, 28) y que, al atacar, no puede encontrar resistencia que le venza (Jue 14, 18). Obviamente, el texto está pensando en la muerte como agresor (Jer 9, 20), contra el cual nadie puede defenderse, del que nadie puede escapar, a cuyo cetro todos deben finalmente ceder (véase Sal 49). Pues bien, el amor es semejante a la muerte por el hecho de que se apodera de los hombres con una fuerza irresistible (Böttcher: "Aquel a quien la muerte ataca debe morir; aquel a quien el amor ataca debe amar").

Una vez que el amor ha asaltado a alguien no descansa hasta tenerlo completamente bajo su poder; el amor lo mata, por así decirlo, con respecto a todo lo que no sea objeto de su amor. Por su parte, קשׁה, duro (opuesto a רך, σκληρός, 2Sa 3, 39), designa a alguien a quien nadie vence, que no cederá (Sal 48, 4; Sal 19, 4), o a alguien a quien el severo destino ha hecho interiormente terco y obtuso (1Sa 1, 15).

De esa forma, los celos del amor se apoderan por completo del objeto amado, no solo le detienen, le paran, sino que le custodian. Los celos guardan su "pera" de manera que nadie se la pueda quitar (Sab 2, 1), y se encienden de modo implacable e inexorable en contra de cualquiera que haga daño a esa presa que tienen (Pr 6, 34ss.). Pero cuando Sulamitis dice "ponme como sello en tu corazón…", está diciéndole que quiere estar atada al corazón y al brazo de Salomón. Pero ¿qué sentido tiene exactamente este deseo de estar atada al amado o de impedir por celos que otros le quieran y posean?

Ciertamente, en primer lugar, Sulamitis quiere el amor del amado, quiere que ese amado la llene; y quiere, al mismo tiempo, llenar de amor a su amado, de tal forma que el amado sea de ella, solo de ella y, por su parte, ella sea totalmente del amado. En esa línea, sabiendo que el amor es más fuerte que la muerte, la amante quiere entregarse plenamente al amado, pero con la condición de que él se confiese dispuesto a vivir también solo para ella estando así, como muerto para todos los demás. Por eso añade "inexorables como el infierno son los celos", de manera que ella se refugia en los celos (apelando a ellos, para que el amado no la pueda abandonar, ni tenga deseo de engañarla).

Con קנאה, cuyo sentido proviene de la idea primaria de un resplandor rojo, se conecta la descripción posterior del amor de su amado como poder protector en cuyas manos ella se entrega, pero de tal forma que ese amor sea también protector para su amado. "Sus llamas, רשׁפיה, son llamas de fuego"; su centelleo es destello de llamas. El verbo רשׁף significa, en sirio y árabe, arrastrarse, dar pasos cortos; en hebreo y caldeo significa brillar, ser llameante (expresarse en forma de llamaradas), idea que en el hebreo samarita se vincula con la impetuosidad.

Símaco traduce, según el Samaritano (que Hitzig aprueba): ἁι ὁρμαὶ αὐτοῦ ὁρμαὶ πύρινοι (sus ataques, sus asaltos, ataques de fuego). El Véneto, siguiendo a

Escena 1 (Cnt 8, 5-7)

Kimchi, pone ἄνθρακες (carbones), pues intercambia רשף con רצפה, palabra que probablemente no proviene de la misma raíz. Otros traducen todo el pasaje con palabras que denotan los brillantes destellos (*reshef*) del fuego, con רשפי, que aquí según la Masora, en contra de Sal 76, 4, רשפי, son fulguraciones (fulgores). El predicado dice que estos destellos del amor no son solo de resplandor brillante, sino de naturaleza ardiente, pues proceden del fuego, como fulguraciones de naturaleza ardorosa.[4]

El amor, en sus destellos, es como un chispazo de fuego de relámpagos, como indica la palabra שלהבתיה (אֵשׁ שַׁלְהֶבֶתְיָה).[5] Esa expresión debe escribirse como una sola palabra con ה *raphatum* al final, según la Masora. Escrita así, esa la palabra que termina en יה (יָה) contiene el nombre de Dios que es *fulguración/ardor de Yahvé*. De la misma manera se forma להבה a partir del *kal* להב, flamear (raíz לב, *lamer*, como להט, raíz לט, torcer). En ese sentido, se puede utilizar la palabra שלהבת, *safel* de שלהב, hacer arder, una raíz que se encuentra con frecuencia en arameo.

שלהבת se relaciona principalmente con להבה como *inflammatio* de *flama* (alemán *flamme*). יה se presenta así con la mayor naturalidad y ha de interpretarse como *gen. subjecti*, genitivo de sujeto. El amor, cuando es correcto, es una llama que ha sido encendida e inflamada por Dios, no por el hombre (Job 20, 26): es la libre inclinación divinamente influenciada de dos almas entre sí y al mismo tiempo, como se dice más adelante en Cnt 8, 7, es una situación que soporta todas las adversidades y asaltos, una relación "divina" que no está condicionada por ninguna dependencia material del mundo. Es una llama de fuego que las aguas (רבים grandes y poderosas) como en Hab 3 15 (cf. עזים salvaje, Is 43, 16) no pueden extinguir y que los arroyos no pueden inundar (cf. Sal 69, 3; Sal 124, 4) o apagar (cf. Job 14, 19; Is 28, 17).

Hitzig adopta la última lectura (la del agua que no puede apagar la llama del amor), pero la primera (la del fuego inextinguible como el amor) parece más natural. Ningún cúmulo de circunstancias adversas puede extinguir el amor verdadero, a diferencia de muchas aguas materiales que podrían extinguir el fuego

---

4. Diversas inscripciones fenicias recogen un nombre divino que es רשפיחץ (fuego ardiente) o simplemente שׁ (ardiente) que parece corresponder a Ζεὺς Κεραύνιος de las inscripciones de Larnax (véase Vogué, *Mélanges Archéologiques*, p. 19). רשפי no son, por tanto, las flechas como tales (Grätz) sino, por así decirlo, los relámpagos que provienen del arco de Dios, sus flechas relampagueantes (Sal 76, 4).

5. Así aparece en la Biblia Rabínica, con la nota מלהחד אולאמפיק . De esa manera pone Ben-Asher, que sigue a la Masora (cf. *Liber Psalmorum Hebr. Atque*, Lat. p. 155; Sal 118,5); Kimchi, *Wörterb.*, bajo אפל y שלהב . Ben-Neftalí, por otro lado, lee como dos palabras, שלהבתיה . Excepto en esta ocasión, las recensiones de Ben-Aser y Ben-Neftalí difieren solo "de punctis vocalibus et accentibus", en temas de puntuación de las vocales y en acentos (C. Strack, *Prolegomena Critica in Vetus Testamentum Hebraicum*, 1873, 28).

175

Sexto acto: Ratificación del pacto de amor en casa de Sulamitis (Cnt 8, 5-14)

material. En contra de eso, ningún poder terrenal puede suprimir el amor por la fuerza de su asalto. Las grandes aguas empapan todo, lo arrastran o destruyen, pero la llama del amor de Jah (Yahvé) es inextinguible. Así se añade que el amor no se puede comprar ni vender: "Si un hombre diera todos los bienes de su casa por amor, de cierto lo menospreciarían": אִם־יִתֵּן אִישׁ אֶת־כָּל־הוֹן בֵּיתוֹ בָּאַהֲבָה בּוֹז יָבוּזוּ לוֹ.

Con ninguna otra cosa se puede comprar este amor. Cualquiera que intentara hacerlo sería despreciado y considerado un loco. La expresión es como la que aparec en Pr 6, 30ss. (cf. Nm 22, 18; 1Co 13, 3). Con respecto a הוֹן, *han* (del árabe הוּן), significa conveniencia y aquello por lo que se hace cómoda la vida, cf. Pr 1, 13.

Conforme a la hipótesis del pastor, aquí vendría a centrarse la historia de la relación entre Salomón y Sulamitis. Conforme a esa visión del "pastor", Sulamitis desprecia las ofertas de Salomón diciéndole que el amor no se puede comprar, y que, además, el amor de Sulamitis ya pertenece a otro.

Por otra parte, de las ofertas de amor falso de Salomón no leemos nada desde Cnt 1, 11, de manera que tanto aquí como Cnt 8, 12, resulta claro que Sulamitis está en realidad excitada en buen amor por Salomón. Hitzig también comenta en el Cantar de los Cantares 1, 12: "Cuando el narrador dice que la fragancia de su nardo está relacionada con la presencia del rey, quiere decir que solo esa presencia del rey excita con su amor la fragancia del nardo de Sulamitis. Solo la presencia del rey excita las sensaciones agradables y los sentimientos dulces del amor de Sulamitis".

Es evidente que Sulamitis habla así, en la línea de Cnt 6, 12, poniendo de relieve la espontaneidad de su relación con Salomón. En contra de eso, Hitzig añade que las "palabras de Cnt 1, 12 habían sido pronunciadas por una dama de la corte". Pero el Cantar de los Cantares solo conoce un coro de las "Hijas de Jerusalén", de manera que esa dama de la corte no es más que un fantasma por medio del cual Hitzig quiere defender la hipótesis del pastor, cuya falta de sentido él mismo termina poniendo de relieve. Nada en todo el mundo es capaz de impedir que ella ame al rey. Su amor por Salomón es amor por su persona, no un amor por su riqueza o su poder; es un amor libre y personal, que responde al amor que Salomón siente por ella.

El manzano, donde despertó en ella el primer amor, es testigo de la renovación de su mutua alianza de amor; y es significativo el hecho de que solamente aquí junto al manzano se expresa de la manera más plena la idea de la totalidad del amor, de manera aún más intensa que en Cnt 7, 7. De un modo consecuente, Dios viene a revelarse por el nombre con el que se revela en la historia de la redención, es decir, como Yahvé.

רִשְׁפֵּי אֵשׁ שַׁלְהֶבֶתְיָה: llamas de fuego son llamas de Yahvé,; este es un tema que aparece en Sal 24, 6; 48, 7 y en otros lugares. Al llegar aquí, dice Herder en su *Lied der Lieder* (Cantar de los Cantares, 1778): "Yo casi cerraría el libro, con este sello divino. Es incluso bueno cerrarlo aquí, porque lo que sigue aparece solo como un eco añadido".

Por su parte, Daniel Sanders (1845) cierra el libro en Cnt 8, 7, colocando Cnt 8, 12 después de Cnt 1, 6, y añadiendo que Cnt 1, 8-11 y Cnt 1, 13-14 no son textos originales. Buscadores de pretendidas antologías originales del Cantar, como Döpke y Magnus, piensan que el Cantar está compuesto por fragmentos como el Pentateuco, suponiendo sin razón alguna que aquí se confirman sus hipótesis. El mismo Umbreit pensaba ya en 1820 que Cnt 8, 8-14 son fragmentos que no pertenecen a la obra original.

Hoelemann, sin embargo, en su *Krone des Hohenliedes* (*Corona del Cantar*, 1856, como él denomina a estos versos finales de Cnt 8, 5-14), piensa que forman el acto final del Cantar de los Cantares, que llega a meta con tonos puros e idílicos de amor pleno. Así vemos en Cnt 8, 8ss. la continuación de la historia de amor prácticamente idealizada y expuesta en figuras dramáticas. En un sentido, no hay ninguna necesidad interna para esta continuación. Podríamos decir que el autor del Cantar se conforma a sí mismo con lo que ya ha sucedido.

Pero, en contra de las opiniones anteriores, tenemos que decir que Cnt 8, 8ss. sigue siendo la continuación real de la historia de amor de Salomón y Sulamitis, hasta llegar a su conclusión completa, no un mero apéndice que podría faltar sin que por ello se perdiera nada. Porque después que el poeta ha puesto ante nosotros a la pareja de enamorados mientras vagan cogidos del brazo a través de los verdes pastizales entre Jezreel y Shunem hasta que llegan a los alrededores de la casa paterna, que les recuerda el comienzo de sus relaciones amorosas, el conjunto del Cantar no puede representarlos como si se volvieran atrás (retornando a Jerusalén sin decir nada), sino que deben presentar ante nosotros la plenitud final de ese amor como una visión final o un compendio y culminación de lo que sucedió allí (ante el manzano). En esa línea, después de la primera escena del acto final que aquí termina, tiene que verse pues, la segunda escena.

Sexto acto: Ratificación del pacto de amor en casa de Sulamitis (Cnt 8, 5-14)

Escena 2: Cantares 8, 8-14

El lugar de la segunda escena es la casa paterna de Sulamitis. Ella misma es la que habla con estas palabras:

8, 8

8 אָח֥וֹת לָ֙נוּ֙ קְטַנָּ֔ה וְשָׁדַ֖יִם אֵ֣ין לָ֑הּ מַֽה־נַּֽעֲשֶׂה֙ לַאֲחֹתֵ֔נוּ בַּיּ֖וֹם שֶׁיְּדֻבַּר־בָּֽהּ׃

[8] Tenemos una hermana pequeña, y todavía no tiene pechos;
qué haremos por nuestra hermana el día en que se pierda?

Entre Cnt 8, 7 y 8, 8 hay una un espacio en blanco. A la imagen de los amantes que han vuelto a la casa del amor primero, que se inició bajo el manzano, sigue la imagen de otros que aquí hablan como visitantes. Pero ¿quién habla aquí? El intercambio de imágenes permite que Sulamitis concluya la escena anterior y comience esta nueva como en el primer acto; o también que, al mismo tiempo que se cambia de escena, haya un intercambio de personas como courrió, por ejemplo, en el tercer acto.

Pero si Sulamitis habla, todas sus palabras no están incluidas de la misma manera, pues las palabras de Cnt 8, 11ss., son verdaderamente de Sulamitis, como la escena 2 del acto II (Cnt 3, 1-5). Pero en Cnt 3, 1-5 el discurso de Sulamitis aparece como narración de una experiencia dramáticamente enmarcada y expresada, está profundamente penetrada por el yo del hablante. En cambio aquí, como explican, por ejemplo, Ewald, Heiligstedt y Böttcher, la escena parece empezar con un diálogo de Sulamitis con sus hermanos, un discurso referido a ella misma, un discurso que había tenido lugar anteriormente (ella es la hermana de la que habían hablado sus hermanos). Pues bien, esa hermanita, comenta Ewald en Cnt 8, 10, dándose cuenta de la severa palabra que antes habían hablado sus hermanos, puede ahora exclamar alegremente ante todos, tomando el mismo lenguaje florido, que ella es un muro, etc.

Aquí tenemos, por tanto, un discurso anterior introducido sin ninguna indicación formal del hecho, al final del libro; pero dentro del discurso de la propia narradora. Con Cnt 8, 8 comenzará así un coloquio que brota de la circunstancia actual en que se encuentra Sulamitis.

Es evidente que esta conversación de Cnt 8, 8 se refiere a los hermanos. La áspera oposición expresada en forma de *entweder oder* (esto o esto, *aut ... aut*, o...o) no parece apropiada en boca de Sulamitis. Al contrario, son sus hermanos los que tienen que haber planteado esta oposición, como podría haberse esperado

Escena 2 (Cnt 8, 8-14)

desde Cnt 1, 6. Pero ¿son ellos también los que hablan en Cnt 8, 8? Puede haber dos de ellos, dice Hitzig, y uno puede hablar en Cnt 8, 8 y otro responder en Cnt 8, 9. Pero la transición de la primera a la segunda escena se explica más fácilmente si Sulamitis propone la cuestión en Cnt 8, 8 para que sus hermanos respondan a ella en Cnt 8, 9.

En este contexto plantea Hitzig sus preguntas: "¿qué tiene que decidir Sulamitis respecto a su hermana? ¿Cómo puede plantear su problema? ¿Cómo puede venir al final de todo el poema a casa de sus hermanos para no hacer nada, para no resolver un problema pendiente desde el principio del libro? Para responder a estas preguntas debemos introducir algunas consideraciones:

1. Las figuras dramáticas del Cantar se suceden cronológicamente, pero dejando espacios en blanco. Por otra parte, el poeta no exige en absoluto que consideremos que el texto de Cnt 8, 8 son las primeras palabras de Sulamitis después que ha entrado en su casa paterna.

2. Puede parecer que, ahora que se ha independizado y que ha sido elevada tan alto, Sulamitis debe desechar esta cuestión del cuidado amoroso de su hermana. Además, el hecho de que en Cnt 8, 8 comienza la representación de un suceso presente, es una prueba de que la hermana de la que aquí se habla no es la misma Sulamitis. Si se tratara de la misma Sulamitis, las palabras de Cnt 8, 8 y 8, 9 mirarían hacia atrás a lo que había sucedido anteriormente, lo cual resulta imposible.

¿O es que Cnt 8, 9 requiere que pensemos que Sulamitis no tiene hermana? Ciertamente no, porque así entendidas estas palabras carecerían de propósito. Se ha dicho antes que Sulamitis es única para su madre, pero no en sentido numérico, sino enfático, como en Pr 4,3 (Hitzig); ella es llamada por Salomón la "única" de su madre en este sentido, que no hay otra igual que ella.

Por lo tanto, la que habla aquí es Sulamita y ella no es la "hermana" a la que se hace referencia. De todas maneras, las palabras "tenemos una hermana...", pronunciadas en el círculo familiar, ya sea que se consideren pronunciadas por Sulamitis o no, tienen algo extraño porque un miembro de una familia no necesita hablar así a otro. A pesar de ello, la pregunta es posible y puede plantearse así: con respecto a nuestra hermana, que todavía es pequeña y no ha alcanzado la mayoría de edad, surge la pregunta: ¿qué haremos cuando haya llegado a la madurez para proteger su inocencia?

La sentencia podría haber sido planteada de forma unitaria, pero el poeta la separa en pequeñas frases simétricas, y lo hace al modo poético, porque la poesía presenta los hechos en un estilo diferente al de la prosa. Sea como fuere, el tema es que Sulamitis plantea a sus hermanos un hecho y una pregunta: (a) un hecho:

Sexto acto: Ratificación del pacto de amor en casa de Sulamitis (Cnt 8, 5-14)

tenemos una hermana pequeña; (b) una pregunta esencial: cuando esa hermana pequeña crezca y sea pretendida como esposa, ¿qué pasará?

Decir que es una hermana pequeña se refiere a la edad, como en 2Re 2 y en Gn 44, 20. La descripción de la niña con las palabras: "no tiene pechos", no tiene en sí misma ni de un modo particular para los orientales nada indecente en sí mismo (cf. *mammae sororiarunt*, Ez 16, 7). La ל que sigue a מה־נעשֹה no está indicando un *dativum commodi* como, por ejemplo, en Is 64, 3 (actuar a favor de alguien), sino un dativo de especificación: ¿qué haremos por ella? ¿Qué haremos a favor de esta hermana pequeña cuando se haga mayor y le crezcan los pechos?

La partícula מה es, según la conexión, como en Gn 27, 37; 1Sa 10, 2; Is 5, 4, equivalente a: ¿qué es lo que la beneficia? ¿Qué podremos hacer en favor de ella? El artículo en ביום se entiende, como en Ec 12, 3, en forma de demostrativo, refiriéndose al día en que ella, haciéndose mayor, atraiga la atención de pretendientes. La ב después de דבר puede tener varios significados (véase *Coment.* Sal 87, 3), pero en nuestro caso (cf. 1Sa 19, 3) ha de interpretarse en el sentido de cortejar a una mujer para el matrimonio (1Sa 25, 39). Desde ese fondo, los hermanos toman ahora la palabra y responden a la pregunta de Sulamitis sobre lo que habrá que hacer para la seguridad futura de su pequeña hermana.

8, 9

⁹ אִם־חוֹמָה הִיא נִבְנֶה עָלֶיהָ טִירַת כָּסֶף וְאִם־דֶּלֶת הִיא נָצוּר עָלֶיהָ לוּחַ אָרֶז:

⁹ Si ella (nuestra hermana) es una muralla,
edificaremos sobre ella un baluarte de plata;
pero si es una puerta,
la reforzaremos con tablas de cedro.

Los hermanos son los guardianes y consejeros más cercanos de la hermana, y en especial lo son en lo referente a los temas de matrimonio, de forma que tienen incluso precedencia sobre el padre y la madre (cf. Gn 24, 50. 55; 34, 6-8). Para responder a esa pregunta (¿qué haremos con nuestra hermana pequeña cuando se haga mayor?), los hermanos presentan dos alternativas, indicando la forma de proceder que ha de tenerse en cada caso.

Hoelem supone que estamos ante un paralelismo sinonímico y no antitético, pensando que ואם־אם no denota un contraste, sino que los dos casos (muralla, puerta) son equivalentes. Pero aquí no se pueden aducir ni aplicar ejemplos como en Dt 18,3 (*sive bovem, sive ovem*, sea buey, sea oveja). Nos hallamos ante una alternativa formulada con אם ... אם: en el caso de que... o en el caso de que... Siempre que la expresión ואם ... אם venga seguida por dos cláusulas condicionales

Escena 2 (Cnt 8, 8-14)

paralelas, el contenido de estas cláusulas puede ser *sinónimico*, como en Gn 3, 5 (cf. Am 9, 2-4; Ec 11, 3), donde el primer ואם significa *ac si,* y el segundo *sive*; pero puede ser también *antitético*, como en Nm 16, 29ss.; Job 36, 11s.; Is 1, 19s. El contraste que aquí se propone entre *muralla*, חוה (del árabe מה, *haman*, preservar, proteger), y *puerta*, דלת (de דלל, colgar de puertas, Pr 26, 14, que se mueven de un lado para otro), resulta evidente. Estamos pues, ante una *mujer muralla* que cierra o *mujer puerta* que abre, es decir, ante un paralelismo antitético.

— La hermana puede parecerse a una *muralla*, que se mantiene firme y resiste todos los asaltos si sirven a su propósito (como aquí se presupone, utilizándose como signo de firmeza de carácter).

— Pero la hermana puede parecerse, por el contrario, también a una *puerta*, que es movible; y aunque por el momento esté cerrada (דלת se usa intencionalmente, y no פתח, véase Gn 19, 6), puede siempre abrirse de nuevo.

Una doncella *inaccesible a la seducción* es como un muro que se opone. Por el contrario, una que es *accesible a ella* es como una puerta que se abre. En la apódosis de Cnt 8, 9, los LXX traducen correctamente טירת por ἐπάλξεις; Jerónimo por propugnáculo. Pero no es necesario leer טירת. Pues bien, tanto en un caso como en el otro, tanto si la hermana es muro como si es puerta, los hermanos tienen que defender su honor del modo que sea más conveniente en cada caso.

— *En el caso de que sea muralla*, la hermana resistirá con firmeza y éxito todos los acercamientos inmorales. En ese caso, se adornará esta pared con pináculos de plata (cf. Is 54, 12), es decir, le concederán el alto honor que se debe a su pureza y firmeza de doncella. La plata es el símbolo de la santidad, como el oro es el símbolo de la nobleza.

— *En el caso de que la hermana sea puerta*, sus hermanos tendrán que protegerla, como se protege una casa o ciudad cerrando y ajustando (defendiendo) las puertas. En ese caso, en la apódosis de Cnt 8, 9b, la palabra עלצור ha de entenderse en el sentido militar de cerrar, como se hace en un momento de asedio, como en Isaías 29, 3, presionando desde dentro con acusativo de objeto y resistiendo contra todos los ataques, como indica la palabra צור, que significa presionar contra, como סגר (Gn 2, 21).

En este último caso se utiliza la palabra ארזלוה, que es una tabla o tablón (cf. Ez 27, 5, aludiendo a los tablones dobles del costado de un barco) de madera de cedro (cf. Sof 2, 14, ארזה, revestimiento de cedro). La madera de cedro se cita

Sexto acto: Ratificación del pacto de amor en casa de Sulamitis (Cnt 8, 5-14)

aquí no por el hermoso pulido que adquiere, sino simplemente por su dureza y durabilidad. En el caso de que la hermana sea una puerta, es decir, una mujer accesible a la seducción, sus hermanos tendrán que cerrar la puerta y su entorno con un tablón de cedro, observando bien todo lo que sucede en torno a ella, de tal manera que ningún seductor o amante pueda acercarse a ella.

Con esta respuesta moralmente severa pero fiel, Sulamitis puede recordar sus tiempos anteriores cuando era una doncella y cuando sus hermanos, con buena intención, la trataron con severidad. Mirando hacia atrás a este tiempo, pudo confesar con alegría:

8, 10

10 אֲנִי חוֹמָה וְשָׁדַי כַּמִּגְדָּלוֹת אָז הָיִיתִי בְעֵינָיו כְּמוֹצְאֵת שָׁלוֹם: פ

10 Yo soy un muro, y mis pechos como torres,
  desde que fui a sus ojos como quien ha encontrado la paz.

En un lenguaje de prosa, la afirmación sería: tu conducta es buena y sabia, como muestra mi propio ejemplo. De mí también cuidasteis fielmente; y el hecho de que haya respondido a vuestra solicitud con un esfuerzo adecuado ha sido para mí causa de alegría y para vosotros causa de felicidad de mi vida.

Está claro que, en este sentido, Sulamitis quiere compararse y se compara con una muralla (אֲנִי חוֹמָה), pero se compara también con su hermana, de manera que los elogios que recibe para sí misma los recibe para honrar a sus hermanos (y en especial a su hermana).

La comparación de sus pechos con torres está sugerida por el cotejo de su persona con una muralla; Kleuker observa con razón que aquí la comparación no es entre cosa y cosa, sino entre relación y relación, entre los pechos de su persona y las torres que eran de la muralla que, en virtud del poder de defensa que tienen en sí mismas, nunca permiten que el enemigo, cuya atención atraen, se acerque a ellas.

Las dos cláusulas sustantivas *murus et ubera mea instar turrium* (mi muralla y mis pechos como torres) no tienen naturalmente un significado retrospectivo, como lo tendrían en un contexto histórico (véase Gn 2, 10); pero se vuelven retrospectivas por la frase que sigue (entonces llegué a ser..., como Dt 26, 5). De esa manera, Sulamitis está comparando su historia pasada con lo que ha de ser el futuro de su hermana, mencionando el pasado de forma que no excluya el presente, incluyendo, al mismo tiempo, el presente de su hermana, que ha de ser muralla y torre, para defenderse de todos los ataques de aquellos que intenten poseerla.

Ella, Sulamitis, *era una muralla*, y sus pechos *eran como torres*, de manera que todas las seducciones (todos los seductores) rebotaban en ella, y no se

Escena 2 (Cnt 8, 8-14)

aventuraban a acercarse a sus imponentes atractivos. En esa línea, con אז, en sentido temporal y, al mismo tiempo, consecuente, como en Sal 40, 8; Jer 22, 15, etc., Sulamitis confirma que ella vino a presentarse ante sus ojos (ante los de Salomón) como alguien que encuentra la paz; ella no ha sido asaltada y dominada por nadie, sino que ha encontrado con Salomón y por Salomón la paz.

En caso de que aceptáramos la hipótesis del pastor, tendríamos que decir que Salomón (el pretendido asaltante) tuvo que desistir de sus asaltos, dejando en paz a Sulamitis. De esa forma, habría que añadir "así fui a sus ojos como el que halla paz", es decir, "entonces encontré (אזמצאתי) en sus ojos la paz", que sin duda significa más que "entonces conseguí que él (Salomón) me dejara tranquila"; Salomón no solo "me dejó en paz", siendo que fue para mí principio de paz. Según eso, llegando al final de todos los argumentos anteriores, Sulamitis quiere decir y dice que ella ha encontrado en Salomón la paz, y que de esa forma ella vive pacificada por Salomón.

En este caso, la palabra שלום que es sinónimo de חן, significa plenitud interna, confianza, amistad (como en Sal 41, 10). Esa palabra (שלום) implica un bien positivo, la plenitud de la vida, y se emplea en lugar de חן para formar un juego de palabras con el nombre que inmediatamente aparece en Cnt 8, 11, שלמה, y que significa: "El hombre de paz" (1Cr 22, 9), de manera que el amor se identifica con la paz final, con el *Shalom* escatológico que es el amor para la vida humana.

El hecho de que Sulamitis haya encontrado *shalom* (paz) con *Shelomoh* (Salomón), no puede significar que ella escapó ilesa de él (para volver con el pastor), sino todo lo contrario. Ella ha superado el posible amor del pastor y se ha introducido en una relación más alta de amor y de paz con Salomón, una relación y estado de paz bendita, de amor en plenitud, de culminación pacífica de la vida.

La delicada descripción, "a sus ojos", está diseñada para indicar que ella apareció ante él en el tiempo de su maduración juvenil como alguien que encuentra la paz. La כ (cf. כְּמוֹצְאֵת שָׁלוֹם) es un כ *veritatis*, es decir, de verdad, de identificación del hecho con su idea de fondo, al igual que en Is 29, 2, donde la paz es la identificación de una realidad individual (de una forma de vida particular) con la verdad general de la paz (cf. Is 13, 6; Ez 26, 10; Zac 14, 3). El amor de Sulamitis hacia Salomón es para ella la paz definitiva.

Según eso, Sulamitis "encuentra la paz" con Salomón (en Salomón), ganando así el corazón de un hombre, de modo que entra en una relación de estima y afecto por él. En un sentido complementario, podemos decir que Salomón encuentra la paz en Sulamitis. Es ella la que le pacifica y le hace ser Salomón, el rey de la paz.

Esta generalización (universalización de la idea del amor) se opone a la noción de una historia de seducción. El amor de Salomón no ha sido para Sulamitis un amor de seducción, sino de planificación y salvación. En ese sentido, la

Sexto acto: Ratificación del pacto de amor en casa de Sulamitis (Cnt 8, 5-14)

palabra מוֹצָאֵת (cf. בְּעֵינָיו כְּמוֹצְאֵת שָׁלוֹם) proviene de la forma fundamental *matsiat* (la forma paralela a 1Sa 18, 22, מוצאת). Salomón ha ganado el amor de Sulamitis, pero no por imposición o violencia, sino porque ella no podía ser de ningún otro hombre, porque se introdujo por el matrimonio en un pacto de paz con él (cf. Pr 2, 17; Is 54, 10). Este es el momento más cercano que lejano en el que Sulamitis, pensando en sus hermanos, presenta su petición a su esposo real.

8, 11-12

[11] כֶּרֶם הָיָה לִשְׁלֹמֹה בְּבַעַל הָמוֹן נָתַן אֶת־הַכֶּרֶם לַנֹּטְרִים אִישׁ יָבִא בְּפִרְיוֹ אֶלֶף כָּסֶף:

[12] כַּרְמִי שֶׁלִּי לְפָנָי הָאֶלֶף לְךָ שְׁלֹמֹה וּמָאתַיִם לְנֹטְרִים אֶת־פִּרְיוֹ:

[11] Salomón tenía una viña en Baal Hamón,

y la encomendó a los guardas,

cada uno de los cuales debía traer mil monedas

de plata por su fruto.

[12] Mi viña, la que es mía, está delante de mí;

las mil monedas serán tuyas, oh Salomón,

y doscientas para los que guardan su fruto.

El lugar de Baal Hamón, בְּבַעַל הָמוֹן (LXX Βεελαμών), es ciertamente el mismo lugar que se menciona en Judith 8, 3, en el que el esposo de Judith murió de insolación en Betulia, y fue enterrado junto a sus padres "entre Dotaim y Baal Hamón".[6] Así lo indica el sonido de la palabra *Belmen* o, de modo más preciso, *Belmaïn*, como se le llama en Judith 4, 4 (Kleuker, en Schenkel, *Bibl. Lex*, y Bruin en su *Karte*, intercambian ambos nombres) y el de חמון (Jos 19, 28), que forma parte de la tribu de Asher.

Este Baal Hamón no está lejos de Dothan y, por lo tanto, tampoco de la llanura de *Esdräelon*. Dothan se encuentra (cf. Judith 3, 10) al sur de la llanura de Jezrael, donde ha sido descubierta con el nombre de *Tell Dotan*, en medio de una pequeña llanura que se encuentra hacia el sur rodeada de colinas.[7]

Los antiguos, desde Aquila, Symmaco, Targum, Syr. y Jerónimo, ponen el nombre al lugar de Baal Hamón al servicio de su interpretación alegorizante,

---

6. Ciertamente, este Baalamón no es el mismo *Baal-meon* (ahora *Maïn*) que está a media hora de distancia al sur de Hesbón. Hay además otro *Meon* (hoy *Maïn*) que está al oeste del Jordán, cerca del Carmelo (cf. Kleuker, en Schenkel, "*Maon*", *Bibl. Lex*).

7. Cf. Robinson, *Physical Geogr. of the Holy Land*, p. 113; Morrison, *Recovery of Jerusalem*, 1871, p. 463, etc.

Escena 2 (Cnt 8, 8-14)

sirviéndose de fantasías que son como pompas de jabón. Así, por ejemplo, Hengstenberg dice que Baal Hamón es signo del mundo, y que los *nothrim* (guardianes) son las naciones, y que las 1000 piezas en plata son los deberes comprendidos en los Diez Mandamientos, suponiendo, además, que Hamón es una multitud grande y ruidosa.

Ciertamente, el nombre de un lugar puede referirse a la multitud de sus habitantes o al año en que fue fundada, o al mercado anual que allí se celebraba o a las disputas y guerras que allí hubo. Pero no hay razón ninguna para interpretar los lugares a partir del sentido de Baal (Dios) al que se une un nombre particular de Dios como en *Baal-gad* y *Baal-zephon*.

Sea como fuere, *Amón* era el nombre del dios-sol, especialmente adorado en la ciudad egipcia de Tebas, que llevaba el nombre bíblico de אמון, una palabra que, conforme a su sonido, se suele identificar con un lugar que el Targum (*Jer. Demaï* ii.1) sitúa en la región de Tiro (aunque el sentido de la palabra Hamón אמון sea distinto en un caso y en otro). La referencia al egipcio *Amón Ra* nos llevaría más bien a Baalbec, que es Heliópolis, ciudad del sol, que forma parte de Cele-siria.

Sulamitis se dirige en este pasaje a Salomón como rey, relatando un incidente sin valor histórico en sí mismo sobre la cercana Sunem (Sulem), situada no lejos de Baal Hamón al norte, en el lado más alejado de la llanura de Jezreel. Ella forma parte de una familia cuya herencia consistía en viñas, y ella misma había actuado en calidad de guardiana de una viña (Cnt 1, 6). Por eso, no tiene nada de extraño que se interese por la viña de Baal Hamón que Salomón había arrendado a los cuidadores con la condición de que le pagaran por su cosecha la suma de 1000 siclos de plata (según Ges. §120. 4, Anm. 2, hay que suplir los siclos).

Por otra parte, la palabra יבא, en imperfecto, tiene el sentido de *afferebant* o, según Ewald, §136c, *afferre solebant* (dar, נתן = ἐξέδοτο, Mt 21, 33), indicando que el regalo de la viña a los destinatarios había sido bajo una obligación: cada uno de los guardias (renteros) de la vida debía pagar por ella mil siclos de plata.

Ciertamente, נארים no significa inquilinos, sino vigilantes. En lenguaje postbíblico חכר significa arrendar, קבל, tomar en arrendamiento, *chikuwr*, alquilar (cf. *Mezîa* ix. 2). Pero en este caso, se trata de *locatio conductio* (contrato de arrendamiento/vigilancia), porque las plantas de vid de esa región se confían a los "guardianes" por una renta que tenían que pagar, no en frutos, sino en dinero, como el equivalente a una parte del producto (el ב en בפר es ב *pretii*, *beth* de precio).

Este pasaje suele compararse usualmente con Is 7, 23. Pero en Isaías el valor monetario de una porción particularmente valiosa de una viña, que consta de 1000 vides, se computa en "1000 monedas de plata" (que equivalen a un *shekel*); mientras que, por otro lado, las 1000 monedas de nuestro pasaje corresponden a la renta de un viñedo cuya extensión no se menciona. De todas formas, el texto de Isaías nos ayuda a interpretar este pasaje del Cantar, pues nos muestra que una viña estaba

Sexto acto: Ratificación del pacto de amor en casa de Sulamitis (Cnt 8, 5-14)

dividida en porciones de un número definido de vides cada una. Nuestro pasaje supone que la viña del Cantar estaba también dividida en porciones o *mekomoth*.

Si cada "guardián" a quien se confiaba la viña tenía que contar 1000 siclos para su producto, entonces la viña se encomendaba al mismo tiempo a varios guardianes, y así se dividía en pequeñas secciones (Hitzig). Es evidente que la ganancia del arriendo y cuidado de la viña solo se computaba después de la renta que debían pagar los "guardianes". Pero como el producto variaba y también el precio del vino, esta ganancia no era la misma todos los años, aunque, en general, hemos de suponer, por lo que indica Cnt 8, 12, que los guardianes tenían que pagar cada año en torno al veinte por ciento de la cosecha.

No obstante, la viña a la que se refiere Sulamitis en Cantar 8, 12 es completamente diferente de la de Baal Hamón, de la que ahora trata el final del libro del Cantar. Al principio del libro, Cnt 1, Sulamitis aparece como guardiana de una viña, que ella no es capaz de cuidar soportando el calor del día. Pues bien, ahora, al final del libro, la viña puede identificarse con la propia "amada", es decir, con la misma Sulamitis. De esta viña figurativa (que es ella misma) Sulamitis dice: לפני שלי כרמי. Esto debería indicar, según Hitzig, Hoelem y otros, que ella misma (Sulamitis) era la viña que estaba bajo su protección, bajo su cuidado afectuoso, que se puede indicar con לפני (Gn 17, 18; Pr 4, 3), que no tiene solo un significado local o temporal, sino ético: la viña que está bajo mi cuidad, bajo mi dirección (Gn 13, 9; 20, 15; 47, 6; 2Cr 14, 6; 1Sa 16, 16), es decir, mi propia vida, mi camino de amor.

Con razón dice Heiligst., siguiendo a Ewald: *in potestate mea est* (mi viña que soy yo está bajo mi potestad). Sulamitis también tiene una viña de la cual ella es tan libre de disponer como Salomón de la suya en Baal Hamón. Ella es la viña y, en la totalidad de sus dotes personales y mentales, ha sido entregada con libre y gozosa cordialidad a la posesión de Salomón.

Esta viña también tiene guardianes (se ve aquí con qué intención ha elegido el poeta en Cnt 8, 11 solo esa palabra נארים), a quienes la misma Sulamitis ha debido confiar su vida. Estos son sus hermanos, los verdaderos guardianes y protectores de su inocencia. De aquí surge la pregunta: ¿deben no ser recompensados?

Así dice Sulamitis, dirigiéndose al rey: los mil siclos que me corresponden por guardar mi viña no pertenecerán a nadie más, oh Salomón, que a ti, y doscientos a los guardianes de su fruto. Los guardianes de Baal Hamón no vigilan la viña sin recompensa. Por eso, el rey debe dar gracias a los que tan fielmente guardaron a su Sulamitis.

De esa manera, Sulamitis presenta el caso de la viña en Baal Hamón como una parábola de su relación con Salomón (su esposo-dueño) por un lado, y de su relación con sus hermanos guardianes, por otro. A partir de מאתים, se puede concluir que había dos hermanos que cuidaban de Sulamitis, a quienes el rey debe

Escena 2 (Cnt 8, 8-14)

recompensar por el cuidado que han tenido por ella. El rey, que hasta este punto parece haber escuchado y visto todo en silencio con la más íntima simpatía, ahora, al ser dirigido por Sulamitis, toma el discurso en la mano. No se refiere expresamente a su petición, pero se percibe por sus palabras que las ha escuchado con placer y así expresa el deseo de que se satisfaga a los compañeros de su juventud que, con una canción, como en otros tiempos, solía cantar en estas montañas y valles.

8, 13

¹³ הַיּוֹשֶׁבֶת בַּגַּנִּים חֲבֵרִים מַקְשִׁיבִים לְקוֹלֵךְ הַשְׁמִיעִינִי:

¹³ Oh, tú que habitas en los huertos,
los compañeros prestan oído a tu voz;
házmela oír.

Observamos que Sulamitis, en el paraíso o paraísos (_ganim_) que la rodean, se encuentra en su elemento. Así aparece aquí un rasgo primario de su carácter: su anhelo de quietud y paz, su amor por la serenidad de la mente y por la contemplación; su deleite en los pensamientos del Creador sugeridos por el mundo vegetal y, particularmente, por la múltiple y suave belleza de las flores. Ella está de nuevo en los jardines de su casa, por eso el discurso de Salomón (oh tú, que moras en los paraísos/huertos) muestra que ella se encuentra en su verdadero paraíso: los jardines de su casa, ellos son su paraíso.

Los _haberim_, חברים, no son compañeras de Salomón, porque Sulamitis ha venido a solas con Salomón, apoyada en su brazo. Los חבר son los compañeros de la antigua pastora y cuidadora de una viña (Cnt 1, 6), compañeros de juegos de su juventud, los amigos de su hogar. Con un tacto fino, el poeta no presenta a Salomón diciendo חבריך ni חברינו: lo primero hubiera sido contrario a su relación con Sulamitis; lo último a su dignidad de rey. La palabra חברים no expresa una referencia unilateral, ni excluye una bilateral. Que "por tu voz" no se refiere a su voz hablando, sino como los viejos buenos amigos desean, a su voz cantando (como en Cnt 2, 14), donde también קולך alude al canto. Por su parte, Sulamitis escucha la petición y responde:

8, 14

¹⁴ בְּרַח ׀ דּוֹדִי וּדְמֵה־לְךָ לִצְבִי אוֹ לְעֹפֶר הָאַיָּלִים עַל הָרֵי בְשָׂמִים:

¹⁴ Apresúrate, amado mío,
y sé semejante al corzo, o al cervatillo,
por las lomas de las balsameras.

Sexto acto: Ratificación del pacto de amor en casa de Sulamitis (Cnt 8, 5-14)

Hitzig supone que estas palabras son de rechazo y que ella pide a Salomón que se aleje, diciéndole, sin embargo, "mi amado", las dice en un mal sentido. Por tanto, como dice Renan, estarían bromeando con coquetería. Si Sulamitis se dirige a Salomón, a pesar de que le ha dicho "los mil siclos son tuyos" (Cnt 8, 12), estas palabras serían de desdeño, serían resultado de un fracaso.

Si Sulamitis ignorara la petición de Salomón que le pide que cante, sería desdeñoso. Pero también sería indecoroso si cantara en contra de su voluntad para complacer a sus amigos. Hasta aquí tiene razón el autor español Sotomayor (1599): *jussa et rogata id non debuit nec potuit recusare* (ya fuera mandato, ya fuera ruego, ella no debía haber recusado). De esa forma, con "huye" (apresúrate) comienza una canción que canta (como en Cnt 2, 15), en respuesta a una petición similar con "atrápanos".

Hoelem encuentra en su felicidad presente, que la llena más que nunca, el pensamiento aquí expresado de que su amado, si se alejaba de ella por un momento, sería para volver de nuevo anhelante y expectante.[8] Pero, sin tener en cuenta el hecho de que Sulamitis ya no es una novia, sino que está casada, y que la fiesta de bodas ha pasado hace mucho tiempo, no hay en el texto ni una sílaba de ese pensamiento de que Salomón deba marcharse.

Para decirle que se fuera, las palabras deberían haber sido al menos אליברח. Por lo tanto, lo mismo que en סב (Cnt 2, 17), sin אלי, las palabras de Sulamitis a Salomón no significan que se marche, que se vaya, sino que se quede aquí, que se goce con ella, que disfrute de un modo alegre sobre los montes de mirra, esto es, sobre los montes de especias o aromas. Sulamitis le pide a Salomón que se quede con ella, que puedan así gozar del amor sobre las montañas de especias. Así se pone de relieve, como Hitzig, Hoelem y otros han descubierto, la intención final del poeta, que consiste en querer que el poema de amor concluya con un canto de amor que ha llegado a su perfección y plenitud con una palabra absolutamente gozosa.

Pero ¿con qué intención ha llamado Salomón a Sulamitis para que cante a su amado esta palabra con רה, que obviamente no tiene aquí el significado de *escapar* (según el sentido fundamental, *transversum currere*), sino solo el de correr, apresurarse? Esta palabra podría tener el sentido de salir del jardín, del entorno cerrado de la casa, para apresurarse a correr por las montañas para allí desahogarse realizando un tipo de ejercicio que da placer a los amigos y amantes. Podría suponerse que aquella a quien se ha dirigido como si estuviera en casa, en los jardines, respondió a su petición con la invitación de apresurarse a salir a las montañas, un ejercicio que da placer a los hombres. Se puede responder con tres reflexiones:

---

8. De manera similar, Godet: la tierra durante el tiempo presente pertenece al poder terrenal; solo al final el novio traerá a la novia y aparecerá como el Salomón celestial para expulsar a los falsos amigos carnales, y para celebrar la fiesta celestial de las bodas.

Escena 2 (Cnt 8, 8-₁

1. Según Cnt 2, 16; 6, 2s., también Salomón es aficionado a los jardines y a las flores. Pues bien, ahora Sulamitis le invita a disfrutar con ella en el campo, a que se apresure a salir y caminar con ella.

2. Salomón se complacía en subir montañas, duplicando su gozo, según Cnt 4, 8, al compartirlo con Sulamitis.

3. Nos preguntamos así al final: ¿encontrará esta escena final, y junto con ella toda la serie de cuadros dramáticos, una conclusión satisfactoria si Salomón se quedara y no respondiera a la llamada de Sulamitis, o si él, como dicen algunos que se le ordenó, desapareciera solo y dejara a Sulamitis a solas entre los hombres que la rodeaban? Ninguna de estas dos cosas puede haber sido la intención del poeta que se muestra en otra parte como un maestro en el arte de la composición.

En Cnt 2, 17 el asunto era diferente. Allí la relación amorosa estaba todavía en progreso, y el abandono sería un abandono al amor no cumplido todavía. En ese momento, el amor no cumplido no puede ya abandonarse. No tiene sentido escapar, dejando el amor. Ahora, sin embargo, Sulamitis está casada, y la citación es ilimitada. No se reconcilia ni con la fuerza de su amor ni con la ternura de la relación, que con un espíritu tan alegre dé ocasión a su marido de dejarla sola por tiempo indefinido.

Por lo tanto, tendremos que suponer que cuando Sulamitis canta la canción: "Huye (apresúrate), amado mío", ella está ya saliendo abrazada a Salomón hacia el campo, sabiendo que Salomón no se escapará nunca ni la dejará abandonada, huyendo de las montañas de su hogar natal sin ella. Con este canto que expresa la alegría del amor y de la vida, el poeta representa a la pareja de enamorados como desapareciendo sobre las colinas floridas, mientras recordamos y contemplamos el encanto del Cantar de los Cantares, saltando como gacela fragante, saltando por las diversas escenas del conjunto de este libro.